Perthynas crefydd a gwyddoreg

Presented By The
Author To
Marietta College, O.

PERTHYNAS

CREFYDD A GWYDDOREG

—GAN—

Y PARCH. JOSEPH ROBERTS, D. D.

"Peace settles where the intellect is meek,   The faith
heaven strengthens where He moulds the creed."—

Wordsworth

"I am of the opinion that a standing miracle exists,
and that it has ever existed—a direct and continued in
fluence exerted by the supernatural on the natural "—

Paradoxical Philosophy.

UTICA, N Y
PRESS OF T J GRIFFITHS, EXCHANGE BUILDINGS
1897

RHAGYMADRODD.

———

Yr unig reswm am ymddangosiad y llyfr hwn ydyw
ddarfod i gais gael ei wneyd gan Gyfarfodydd Dosbarth
Minnesota, a chan luaws o gyfeillion, am i mi gyhoeddi
cyfrol o fy mhregethau

Gwelir fod y pregethau, yn mron oll, yn dal cysylltiad
a chrefydd a gwyddoniaeth, y rhai a draddodwyd yn
awr a phryd arall, yn ystod yr ugain mlynedd diwedd-
af, yn Racine, Wis , Minneapolis, Minn , ac yn New
York. Ac i'r tair eglwys uchod yr wyf yn ostyngedig
gyflwyno y llafur hwn. Os bydd y llyfr hwn yn dder-
byniol gan fy nghydgenedl yn y wlad hon, y mae genyf
fwriad, os byw ac iach, i gyhoeddi un arall, ar Berson a
Gwaith yr Ysbryd Glan

New York, 1897   JOSEPH ROBERTS

CYNWYSIAD.

CREFYDD A GWYDDOREG.

PREGETH I.

Y PEDAIR GWYRTH A GWYDDOREG

"Yn y dechreuad y creodd (Heb. *bara*) Duw y nef oedd a'r ddaear A'r ddaear oedd afluniaidd a gwag, a thywyllwch oedd ar wyneb y dyfnder, ac Ysbryd Duw yn ymsymud ar wyneb y dyfroedd "—Genesis 1 1, 2.

"A Duw a greodd (*bara*) y morfeirch mawrion, a phob ymlusgiad byw, a phob chediad asgellog yn ei rywogaeth A gwelodd Duw mai da oedd "—Genesis 1 21

"Duw hefyd a ddywedodd Gwnawn (*bara*) ddyn ar ein delw ni, wrth ein llun ein hunain "—Genesis 1 26

"A'r Gair a wnaethpwyd (*Gr ginomai*) yn gnawd ac a drigodd yn ein plith ni."—Ioan 1 14

Yn y benod hon, a elwir gan rai yn Psalm y Greadigaeth, cawn broffwydoliaeth yn edrych yn ol. Y rheol gyda'r proffwydoliaethau ydyw eu bod oll â'u gwynebau ar y dyfodol, yn codi y llen oddiar ryw ddygwyddiadau a gymerent le yn yr oesoedd a ddeuai Ond dyma broffwydoliaeth yn edrych yn ol, yn codi y llen

oddiar wyneb prif weithrediadau y Duwdod am
oesoedd afrifed, ac yn neidio dros riniog amser
i'r dystawrwydd cyn bod y dechreuad, lle y
preswyliai y Drindod Sanctaidd. Ni chaf am-
ser i fanylu ar bob gwirionedd sydd yn y tes-
tyn; fy amcan fydd cael eich meddwl at rai o'r
prif wirioneddau.

I —Y ddau ddull o eiddo y Creawdwr o greu,
sef trwy act uniongyrchol, a thrwy weithrediad
achosion naturiol

Defnyddir y gair "creu" (*bara*) dair gwaith
yn y benod, a hyny, fel y mae yn amlwg, yn
fwriadol, i osod allan dair act fawr, uniongyrch-
ol, o eiddo Duw, sef creadigaeth defnydd, cre-
adigaeth bywyd, a chreadigaeth dyn   Y fraw-
ddeg neillduol a ddefnyddir mewn dull unffurf
i osod allan yr actau creadigol nad ydynt yn
ganlyniad ymyriad uniongyrchol y Creawdwr,
ydyw, "A Duw a ddywedodd, Bydded." Pan
gynysgaeddwyd defnydd â gallu i symud yn
sigledig am y tro cyntaf gan Ysbryd Duw, dy-
wedir, "A Duw a ddywedodd, Bydded goleu-
ni," pan y cynwysai y cymylau yn eu mynwes
y moroedd, "Duw a ddywedodd, Bydded ffurf-
afen," pan nad oedd creadur byw yn hanfodi o

gwbl, "Duw a ddywedodd, Heigied y dyfr-
oedd;" a phan nad oedd bywyd yn bodoli mewn
un ffurf, "Duw a ddywedodd, Dyged y ddaear
bob peth byw." Yn mhob un o'r engreifftiau
hyn llefarai Duw, nid wrtho ei hun, ond wrth
yr hyn a fodolai eisoes, gan orchymyn i'r peth
hwnw gynyrchu peth arall newydd. Yn mhob
engraifft y dywedir y gair "Bydded," dygir
peth newydd i fod—nid gan Natur ei hun, ac
nid gan y Creawdwr trwy ymyriad uniongyrch-
ol; ond gan Natur a Duw fel cyd-achosion. Y
dull graddol, y dull o weithredu trwy achosion
naturiol, a ddewiswyd gan y Creawdwr i ddwyn
yr holl greadigaeth, y nefoedd a'r ddaear, i
drefn. Dyma'r dull mwyaf cyffredin ac adna-
byddus i ni o eiddo y Duwdod o weithredu, ac
nid trwy actau uniongyrchol. Tra nad ydym
byth yn gweled rhywogaeth newydd o fodau,
eto yr ydym yn gweled yn barhaus unigolion
newyddion wedi eu dadblygu o rieni Onid yw
pob anifail yn anifail newydd, a phob dyn yn
ddyn newydd, er eu bod wedi tarddu mewn
dull graddol o'r anelwig ddefnydd? Fel hyn,
mae y Creawdwr yn parhau i ddweyd "Bydd-
ed" wrth achosion naturiol, mewn trefn i gadw

unffurfiaeth trwy yr holl greadigaeth. Ond
pan y defnyddir y gair "creu" (*bara*) dair
gwaith, golyga ymyriad uniongyrchol y Duw-
dod, nid trwy achosion naturiol, yn rhoddi bod
i beth newydd. Trwy act uniongyrchol y cre-
wyd mater yr holl greadigaeth, y crewyd byw-
yd, y crewyd dyn, a phan y crewyd dyn darlun-
ir y Creawdwr yn llefaru, nid wrth achosion
naturiol, ond wrth y Drindod sanctaidd; "Awn
a gwnawn ddyn."

Yn awr, yn ol y ddau ddull a nodwyd o greu,
fel y desgrifir hwynt yn yr amlinelliad a gawn
yn y benod hon gan ysbrydoliaeth ddwyfol, y
mae yn rhaid i ni droi at wyddoreg i lenwi i
fyny rhwng y llinellau. Yr ydym yn dysgwyl
i Seryddiaeth, Daeareg a Bywydeg egluro i ni
y manylion, oblegid nid yw dadguddiad byth yn
ysbeilio dyn o'i ragorfraint fel meddyliwr, trwy
fynegu pethau ag y gall ef ei hun eu cyraedd
trwy ymchwiliad. Y gwasanaeth penaf a ddys-
gwyliwn oddiwrth wyddoreg, ydyw cyfansoddi
ei hesboniad ar hanes y greadigaeth, o fewn cylch
y llinellau mawrion a roddir yma gan wr Duw;
neu os myn, neu yn hytrach os gall, o'r tu allan
i'r amlinelliad hwn Gwyddom am un gwydd-

onydd enwog a ymgymerodd a chyfansoddi
esboniad ar hanes y greadigaeth, gan anymwy-
byddu y Beibl yn hollol, ac er ei syndod, ar ol
iddo orphen ei esboniad, wedi blynyddoedd o
lafur ymroddedig, a'i gymharu â'r benod hon,
yr oedd y naill yn ateb i'r llall, fel y mae gwyneb
yn ateb i wyneb mewn dwfr. Pan y bydd
gwyddoreg wedi gorphen ei gwaith, a'i orphen
yn ymddiriedol, bydd gogoniant Gair yr Ar-
glwydd yn fwy amlwg, er i rai o'n syniadau
plentynaidd ni gael eu hysgubo ymaith

2.—Y mae y testyn yn ein dwyn i olwg ped-
air gwyrth sylfaenol y dadguddiad o Dduw.

Creu mater, creu bywyd, creu dyn ar ddelw
Duw, ac ymgnawdoliad y Gair, ydynt bedair
gwyrth fawr sylfaenol y dadguddiad o Dduw;
a'r rhai hyn hefyd ydynt gamrau mawrion ac
esgynol y dadguddiad hwnw. Y mae y gair
"Bara" fel porth yn arwain i'r tair gwyrth yn y
benod hon, a'r gair "gwnaethpwyd" yn ein hai-
wain at y wyrth olaf, sef yr Ymgnawdoliad.
Chwi a welwch oddiwrth hyn mai ychydig ydyw
nifer drychfeddyliau y Creawdwr—dim ond
pedwar o rai gwreiddiol a sylfaenol, sef creu o
ddim, creu bywyd, creu dyn, a'r ymgnawdoliad

Ei ddull ef o weithredu ydyw lluosogi ei ddrychfeddyliau gwreiddiol yn gangenau, yn debyg fel y mae unoliaeth corff y goeden yn ymdori i wreiddiau a changenau. Yr ydym wedi cyffwrdd yma â gwraidd y ddamcaniaeth ddadblygiadol. Hyd y gallaf ddeall, yr unig wahaniaeth rhwng syniad y dadblygwyr a'r syniad yn y benod hon ydyw fod y rhai cyntaf yn priodoli pob amrywiad, a phob ffurf, i weithrediad gallu anweledig ac anwybodadwy, a'r olaf yn priodoli pob amrywiad a phob ffurf ar Natur, ac mewn Natur, i gydweithrediad yr Elohim ag achosion naturiol. Un drych-feddwl mawr sydd yn rhedeg trwy y greadig-aeth faterol. Yn nheyrnas bywyd cawn olwg ar yr ail ddrychfeddwl, a hwnw yn hollol newydd; ie, yn ddechreuad creadigaeth newydd, yr hen a lywodraethir gan ddeddf newydd a gwahanol i'r hon sydd yn llywodraethu mater. Yn nghorff y llysieuyn llywodraethir mater gan egwyddor neu allu newydd, sef bywyd. Gwel-ir yr archadeiladydd hwn yn adeiladu corff iddo ei hun, naill ai yn y greadigaeth lysieuol neu anifeilaidd, o ronynau materol. Yn y gread-igaeth anifeilaidd cewch y drychfeddwl hwn yn

ymgangenu i bedwar math o rywogaethau, y
rhai a elwir gan y naturiaethwr y meddalogion,
y rhinogion, y cymalogion, a'r cefnesgyrnog-
ion. Cynwysa y pedair cangen yma yr holl
greadigaeth anifeilaidd, yn nghyd a dyn Yn
nghreadigaeth dyn, er ei fod yn rhan o'r gread-
igaeth anifeilaidd, cawn y trydydd drychreddwl
mawr, yr hwn sydd yn dwyn i fod elfen holloi
newydd. Yr hyn sydd yn newydd, ac yn ych-
wanegol, ydyw undeb yr holl greadigaeth, yn
elfenol, yn fywydol, yn foesol, ac yn ysbrydol,
mewn un creadur, a hwnw ar lun a delw Duw.
Yn yr Ymgnawdoliad cawn y pedwerydd drych-
feddwl. Yr hyn sydd yn newydd yn hwn ydyw
fod yr holl greadigaeth yn faterol, yn elfenol,
yn fywydol, yn foesol ac ysbrydol—yr holl gre-
adigaeth fel y mae yn cael ei chynrychioli mewn
dyn, wedi ei huno â'r Duwdod, yn Mherson y
Tragwyddol Fab.

Fel hyn, nid gair gwag ydyw y gair "dadblyg-
iad," eithr gair llawn o ystyr. O'i iawn ddeall
arweinia chwi i olwg rhyfeddodau creadigaeth
Duw, a noda allan ddull y gweithrediadau
dwyfol ynddi. Dadblygiad! Pa beth ydyw?
Dim ond hanes y Creawdwr doeth yn uno y

pedwar drychfeddwl hyn â'u gilydd, ac er eu
huno yn nghyd parha pob drychfeddwl i gadw
ei neillduolion ei hun   Sylwch arnynt   Dyna
y drychfeddwl cyntaf, sef creadigaeth mater ac
elfenau, ymddwyniad cyntaf ei dragwyddol allu
ef a'i Dduwdod, yn cael ei uno â bywyd, sef yr
ail ddrychfeddwl.   Mater ydyw corff pob llys-
ieuyn, ac amod y briodas rhyngddynt ydyw,
"Hyd oni eich gwahenir gan angeu"   Yn y
man wele fywyd yn cymeryd cam yn uwch ar
raddfa y drychfeddwl; bywyd yn gweled trwy
ffenestri o fater, bywyd a goleuni ar ei dy, byw-
yd yn anadlu, yn meddwl trwy ymweithiad
gronynau materol yr ymenydd, yn ofni perygl,
ac yn caru ei ryw   Daliwch i edrych i fyny.
Mewn dyn chwi a welwch y ddau ddrychfedd-
wl mawr cyntaf—y greadigaeth faterol a byw-
ydol yn ei holl neillduolion, yn ei phethau gor-
eu, wedi eu huno â chreadigaeth foesol ac ys-
brydol   Ond nid ydym eto wedi cyraedd i
olwg y ffon uchaf yn ysgol fawr dadblygiad.
Yn ymgnawdoliad y Gair unwyd y tri drych-
feddwl cyntaf, sef creadigaeth faterol, fywydol
a moesol, mewn undeb tragwyddol â'r Ail Ber-
son yn y Duwdod   Bellach, nid yn unig y mae

mater a bywyd y greadigaeth ar ddelw Duw,
fel y ceir hwy mewn dyn, ond mewn undeb a
Duw. Mater sydd yn ffurfio corff yr Arglwydd
Iesu ar y ddeheulaw, eithr mater wedi ei ys-
brydoli. Gadewch i ni droi yn ol, a sefyll uwch-
ben y wyrth gyntaf. Pa fodd y daeth y gronyn
cyntaf o ddefnydd i fod? Pa ffurf oedd ar
ddefnydd pan y daeth gyntaf i fod? Beth yw
y cysylltiad a'r cysondeb sydd rhwng y syniad
dadblygiadol a'r syniad a ddysgir yn y benod
hon? Beth oedd y gallu ffurfiol, neu awdwr
trefn yn hanes y ddaear?

I.—Genesis Mater.

Un o'r cwestiynau pwysicaf y gall gwyddon-
iaeth ymaflyd ynddo ydyw—O ba le y daeth
mater? Pa fodd y cafodd ei fodolaeth ar y
cyntaf? Pa ffurf bynag oedd arno yn y dech-
reuad; pa un ai fel corff caled, ynte fel cwmwl
nofiedig a diffurf, yn ymdoni, yn ymchwalu, ac
yn adgrynhoi yn y gwagder tywyll, rhaid fod
Genesis yn perthyn iddo, neu ynte, rhaid ei fod
yn dragwyddol. Yr Atom cyntaf! O ba le y
daeth? Na feddyliwch chwi sydd yn darllen y
Beibl fod y cwestiwn yn rhy syml a hawdd ei
ateb. Y mae hwn yn un o brif gwestiynau ein

hoes, a bu rhai o'r ysbrydoedd mwyaf a
dabernaclodd mewn cnawd yn yr oesoedd er-
aill, yn cael eu blino ganddo Nid cwestiwn
gwyddonol ydyw yn unig, ond arweinir ni gan-
ddo i lawr at wreiddyn gwirionedd, cymeriad ac
addoliad. Rhaid i ddamcanion gwyddonol yr
oes hon sefyll neu syrthio ar y cwestiwn hwn—
yr Atom cyntaf, o ba le y daeth? Buasein yn
caru gwybod pwy a luniodd wyddor yr iaith
Hebraeg. Haeddasai hwnw gael cofgolofn dal-
ach na phyramidiau yr Aifft Ond y mae ei
enw wedi ei gladdu yn mynwent angof; ac y
mae yn amlwg y dymunai rhai o Agnosticiaid
yr oes hon gladdu yn dragwyddol enw awdwr
y gronyn cyntaf o fater. O, meddyliwch mewn
syndod am y cyfanswm annirnadwy o fater
sydd yn bodoli! Dywedir fod chwe miliwn ar
hugain o dunelli o awyr yn gorwedd ar bob
milldir ysgwar o arwynebedd y ddaear. Nid
oedd gwyddoniaeth yn gwybod fod pwys-
au mewn awyr hyd o fewn ychydig o oes-
oedd yn ol, er i'r gwr enwog o wlad
Us ddweyd hyn, er's dros dair mil o flyn-
yddoedd, "I wneuthur pwys i'r gwynt," "ac efe
a bwysa y dyfroedd wrth fesur." Nis gall
gwyddoniaeth fynegu o ba le y daeth y cyfan-

swm anfesurol hwn o fater. Ei maes priodol hi
ydyw ymwneyd â threfn bresenol pethau, ac nid
â'u dechreuad Yr un modd am athroniaeth,
ni fedd atebiad i'r cwestiwn hwn; dim ond ad-
rodd un o'i phrif osodiadau, sef "O ddim nis
gall dim ddyfod;" "Rhaid fod achos i bob eff-
aith." Heblaw hyn, cynwysa y gwirionedd
hwn wirionedd arall pellach; sef, y rhaid i'r
achos fod yn fwy na'r effaith, neu mewn geiriau
eraill, nis gall mater presenol y bydysawd fod
wedi tarddu o ychydig o ddefnyddiau cychwyn-
ol. Nis gall Natur wneyd owns yn bwys Tra
y mae gwyddoniaeth ac athroniaeth yn fud
uwchben Genesis mater, teifl Moses ag un gair
oleuni digonol ar hyn: "Yn y dechreuad y cre-
odd Duw y nefoedd a'r ddaear "

Fel hyn, yr ydych yn gweled fod y Beibl yn
dechreu gyda mynegiad o wirionedd nad aliesid
byth ei gyraedd trwy un cwrs o ymresymiad, a
chyda mynegiad o ffaith nad allasai athroniaeth
ei dadguddio byth. Pa beth yn holl gynyrch-
ion meibion dynion sydd yn gyfartal i'r myneg-
iad syml ond aruchel hwn, "Yn y dechreuad y
creodd Duw y nefoedd a'r ddaear?" Saif y
mynegiad hwn fel bwa mawreddog rhwng am-

ser a thragwyddoldeb diddechreu. Y tu draw
iddo gorphwys diddymdra, heb ynddo symud-
iad, llais, nac un gronyn o fater, dim ond y
Duwdod yn Dri yn Un O'r tu yma iddo y
mae amser a'i holl leisiau, ei holl weithredydd-
ion, a'i holl symudiadau Yn ol mynegiad y
gair hwn, chwi a welwch nad ydyw y defnydd
cyntaf yn dragwyddol, nid ydyw wedi deilliaw
o'r Duwdod; eithr wedi cael ei ewyllysio i fod
o ddim. Dyma wyrth pob gwyrth—creu o
ddim! Pa fodd y gallasai Ysbryd pur, fel Achos,
roddi bod i fater? Rhaid i'r effaith, medd un o
brif wirebau athroniaeth, fod o'r un natur a'r
achos, ac nis gall yr effaith gynwys dim nad yw
yn yr achos. Ond dyma Ysbryd, bod ysbrydol,
fel achos, yn cynyrchu peth hollol wahanol iddo
ei hun. Un o weithredoedd Duw, un o feddyl-
iau Duw, ydyw creu o ddim, ac wedi ei greu,
ei grogi ar ddiddim. "Yn y dechreuad y cre-
odd Duw y nefoedd a'r ddaear." Dyma ddech-
reuad hanes, dyma ddechreuad amser a lle,
dyma ddechreuad cadwen o achosion ac o eff-
eithiau diddiwedd; a dyma ddechreuad y dad-
guddiad o Dduw. Pe buasai holl archangylion
y nef, a holl arweinwyr meddyliol oesau amser,

yn nesau at yr orseddfainc, ai tybed y buasai yn bosibl i'r Elohim lefaru brawddeg fwy cyn-wysfawr na hon?

Duw fel achos meddyliol ydyw yr unig esbon-iad a ellir roddi am ddechreuad mater, a'r unig esboniad ar holl arddangosion Natur. Ar y cyntaf nid oedd dim yn bodoli ond yr Elohim dwyfol, yr hwn a ddadguddiodd ei hun mewn ffurf; a'r ffurf gyntaf ydoedd defnydd y gread-igaeth. O angenrheidrwydd, nid yw y ffurf mor hen a'r gallu a roddodd fod iddi, am mai arddangosiad o'r gallu ydyw y ffurf. Y dad-guddiad cyntaf o'r gallu hwn ydoedd ei act gyntaf, yr hon a elwir creadigaeth. Gelwir hi yn greadigaeth, am ei bod yn meddu dechreu-ad. Camatewch i mi ofyn y cwestiwn unwaith eto, er mwyn cael cyfleusdra i'w ateb—Pa beth ydyw creu? Dyna ydyw. Duw yn ewyllysio rhoddi bod i wrthrychau, yn ei hanfod drag-wyddol, ac eto yn bethau gwahanol iddo ef ei hun Neu mewn dull arall, Duw yn ewyllysio i sylweddau gymeryd ffurf ar wahan iddo ef ei hun, sef mater, awyr, dwfr, deddfau natur, y bywyd llysieuol ac anifeilaidd, y moesol a'r ys-brydol Dyma yr Elohim fel pe buasai am

gael mwynhau llawenydd yr arlunydd—y llaw-
enydd o sefyll ac edrych oddidraw ar gynyrch
ei ewyllys; sylwi ar waith ei fysedd yn ymestyn
o'i flaen fel peth byw, yr hwn a gynelid gan ei
ewyllys bob eiliad, a nofiai yn ei hanfod, fel
pluen yn nofio mewn awyr. Yn y greadigaeth
y cafodd y Duwdod mawr y cyfleusdra cyntaf i
edrych ar wrthrych y tu allan iddo ei hun, yr
hwn oedd yn fynegiad o'i fwriad, yn gysgod o'i
brydferthwch, yn dyst o'i allu, ac yn cydio a'u
gilydd yn undod ei allu ef, wedi ei gynysgaeddu
â deddfau, ac â greddfau rhyfeddol, ac yn cael
ei ddiogelu a'i gynesu, fel anifail byw, o dan
gysgod ei adenydd ef   Fel hyn, chwi a welwch
fod Natur oll yn gwreiddio mewn gwyrth, tu
hwnt i faes priodol gwyddoniaeth. Ar gyflawn-
iad y wyrth gyntaf y ganwyd y gefeilliaid—
Amser a Lle.

II —Sefyllfa Gymysgedig Mater y Greadig-
aeth yn y Dechreuad.

Fel nad oes gan wyddoniaeth un math o eg-
lurhad i'w roddi ar y modd y dygwyd mater i
fodolaeth, er ei bod yn mhob cangen, ac yn
neillduol yn y gangen o Wasgariad Egni, yn
cyfeirio ei bys at ddechreuad; yr un modd, nid

oes ganddi eglurhad ymddiriedol, dim ond dam-
caniaeth, ar sefyllfa wreiddiol mater ar ol ei
greu. Nid yn unig y mae Genesis y cread yn
ddirgelwch i wyddoreg, ond y mae Genesis
sefyllfa mater yn llawn cymaint o ddirgelwch
iddi. Ar yr adeg bresenol derbynia y gwydd-
onwyr ddamcaniaeth niwlenog Laplace fel yr
un fwyaf tebygol, a'r un a gefnogir gan bob
prawf cyraeddadwy. Rhydd y ddamcaniaeth
hon yr atebiad mwyaf boddhaol ar sefyllfa ein
cyfundrefn heulog, yn nghyd ag ar y nodwedd-
au ag y mae cyfundraethau eraill yn myned
trwyddynt yn bresenol. Yr un pryd, damcan-
iaeth, a hyny yn unig, sydd gan wyddoniaeth
i'w gynyg fel eglurhad ar sefyllfa gynenid y
bydysawd Ond sylwch fel y mae ysbrydol-
iaeth yn dadguddio hyn ag ychydig eiriau, "A'r
ddaear oedd afluniaidd a gwag, a thywyllwch
oedd ar wyneb y dyfnder, ac Ysbryd Duw oedd
yn ymsymud ar wyneb y dyfroedd " Erbyn
hyn yr ydym yn gweled mai yr unig esboniad
naturiol ar yr adnod hon ydyw ei bod yn ddad-
guddiad dwyfol o sefyllfa wreiddiol mater, a'r
trigain elfen a berthyn iddo, pan newydd ei
greu. Ceir yn yr adnod dri gosodiad gwydd-
onol cyraeddbell.

1.—Fod sefyllfa wreiddiol y ddaear, yn debyg fel y darlunir hi yn y Ddamcaniaeth Niwlenog, yn "afluniaidd a gwag"

Nid oes yn yr Hebraeg eiriau gwell nag afluniaidd a gwag (*tohu va bohu*) i gyfleu y syniad am sefyllfa niwlenog y ddaear. Cyfieithir y geiriau hyn mewn lleoedd eraill yn "wagedd" ac "annhrefn," fel y gwelir yn Esaiah 34· 11; 41 29; 44. 9. "Gwag," "afluniaidd" a chymysglyd, yn ol Moses, ydoedd sefyllfa y ddaear ar y cyntaf Pan y trowch eich golwg yn ol, yn rhywle ar fin tragwyddoldeb diddechreu, chwi a gewch olwg ar ein daear ni yn nofio fel niwlen danllyd O'r cwmwl tanllyd a berwedig hwn, a fu yn hollti, yn chwalu, yn aduno, yn crynhoi, yn chwalu, trwy ymweithiad ei elfenau mewnol, y teflid allan sylwedd caletach, a thrwy hyny dechreuwyd ffurfio crawn y ddaear—dylanwad yr un ddeddf ag a barai i ffwrneisiau y ddaear ymferwi a rhuo, i fater galedu yn raddol trwy golli ei wres, a thrwy hyny effeithio tuag at ddwyn y ddaear i'w ffurf bresenol.

2.—Ond y mae yr ail osodiad gwyddonol gan Moses yn ein cario yn ol i gyfnod boreuach na hwn yn hanes mater y cread, pan nad oedd na daear, na haul. na lleuad, na mor yn bodoli

Y ddau air a ddefnyddir gan ysbrydoliaeth
yma i gyfleu y syniad hwn ydyw "dyfroedd" a
"dyfnder." Meddwl y gair "dyfroedd" yma yd-
yw hylif (*fluid*); ac y mae y gair "dyfnder" yn
tarddu o wreiddair sydd yn golygu aflonyddu,
a chymwysir ef at y mor (Ps. xlii 8), ond gol-
yga yma fod defnydd y ddaear mewn cyfiwr
hylifol! Yr ydym yn gweled ar unwaith nad
all olygu dwfr yma, o herwydd fod tymeredd y
ddaear yn gyfryw fel nad allai gynyrchu dwfr.
Ac am y gair "dyfnder," ar yr hwn y gor-
phwysai y tywyllwch, nis gall olygu y mor,
oblegid ni ffurfiwyd hwnw hyd yr ail ddydd, ac
nis gall olygu y nefoedd weledig, oblegid yr
oedd pob peth yn dywyllwch, o ganlyniad,
rhaid ei fod yn golygu "dyfnder" (*abyss*) gofod,
yr hwn, hyd yn hyn, oedd yn cynwys niater
hylifol yn unig. Felly* yn ol yr ail osodiad
gwyddonol gwelwn fod mater y cread ar y cyn-
taf mewn ffurf hylifol a llonydd, ac yn daenedig
mewn gwagder a thywyllwch. Wele yr addew-
id ynddo o drefn, goleuni, bywyd, a byd pryd-
ferth, i'r hwn yr oedd i gael ei drawsnewid yn

---

*Dawson, Origin of the World, 105

2

raddol Yr unig sail i obeithio am hyn ydoedd y ffaith fod Ysbryd Duw yn symud ar wyneb yr hylif. Yn ol awgrymiad deddf Lleihad Egni, gellir casglu fod mater yr holl greadigaeth yn y dechreuad yn gorphwys yn hylif taenedig ar wyneb diddymdra, heb ysgogiad ynddo. Yn awr, y cwestiwn ydyw, os yw hyn yn wirionedd, Pa fodd y dechreuodd ysgogiad? Yn mha le y mae ffynonell symudiad? Y mae y cwestiwn hwn yn ein harwain at y trydydd gosodiad gwyddonol sydd yn yr adnod hon

3.—Y trydydd gosodiad gwyddonol ydyw, "Ac Ysbryd Duw oedd yn symud ar wyneb y dyfnder," mewn trefn i gynyrchu symudiad.

Onid yw y gosodiad boreuol hwn gan wr Duw, mai symudiad ydyw egwyddor fawr ffurfiol y greadigaeth, yn athrawiaeth neillduol? Mynega y gosodiad hwn ddarfod i'r ddaear gymeryd ei ffurf neillduol a gwahanedig oddiwrth y cyfangorff cyffredinol a chydrywiol o fater, nid trwy ewyllysiad uniongyrchol y Creawdwr, eithr trwy gydweithrediad ei ewyllys ef ag egnion naturiol y rhai a roddwyd mewn ysgogiad gan Ysbryd Duw. Ysbryd Duw ydyw gwreiddyn ysgogiad Pe gofynech chwi i rai o ddadblygwyr ein hoes. Pa beth yw gwreiddyn ysgogiad? atebent mai egni, egni yw gwreiddyn pob peth. Pe gofynech chwi gwestiwn yn mhellach, Beth yw natur yr egni hwn, pa un ai egni naturiol ai ysbrydol ydyw? dywedent nas gwyddent, am fod natur eithaf y cyfryw allu yn ddirgelwch. Ond cydnabydda y gwyddonwyr oll nad yw egni yn perthyn i fater ei hun, addefant fod mater mor ddiegni a thalp o haiarn, ac nas gall symud byth o hono ei hun. Rhywbeth ydyw egni sydd yn gweithredu ar fater, nid ynddo, ond oddiallan iddo Yn y gair nesaf dywed Moses, "A Duw a ddywedodd, Bydded goleuni, a goleuni a fu " Pa beth sydd yn fwy gwyddonol na'r gosodiad hwn? Dywed gwyddoniaeth fod yn rhaid wrth symudiad cyn y gallesid cynyrchu goleuni, nis gallasai goleuni fodoli heb symudiad. Ie, a dywed yn mhellach na hyn, hyny yw, nad yw y goleuni yn cael ei fod gan heuliau Natur, eithr gan symudiadau (*vibrations*), ether y rhai sydd yn angenrheidiol i holl oleuadau y nef cyn y gallant oleuo A'r hyn sydd yn wirionedd gwyddoregol am y goleuni, sydd yn wirionedd gwyddoregol am fater. Fel y dywedwyd, os

gofynwch chwi i wyddoreg pa beth yw gwreidd-
yn symudiad, dywed mai egni Os gofynwch
i Mr. Spencer beth yw natur yr egni, neu y
gallu hwnw, efe a ddywed nad ydyw yn ad-
nabyddus Ond medd dadguddiad, "Ac Ys-
bryd Duw (*Ruach Elohim*) oedd yn symud ar
wyneb y dyfroedd." Ysbryd Duw ydyw ifyn-
onell pob gallu naturiol, moesol ac ysbrydol.
Pan y disgynodd yr Ysbryd hwn ar y dysgyblion,
cynysgaeddwyd hwy nid â ffydd gref, neu law-
enydd uchel, ond â *gallu*; gwisgwyd hwy â
nerth o'r uchelder Yr un modd, pan y daeth
Ysbryd Duw i orphwys ar wyneb yr hylif mat-
erol gwreiddiol, cymerodd yr un wyrth le yno;
gwisgwyd ef â nerth, ac O, y fath ganlyniadau!
Dyna demig yn casglu at ei demig o dan ddyl-
anwad atdyniad; gweithrediadau fferyllol yn
dechreu; gwres a goleuni yn cael eu cynyrchu
gan symudiad; tyniad a gwrthdyniad yn cym-
eryd lle. Wele y cyfangorff gronynol a hylifol
yn dechreu ymffurfio yn heuliau, planedau, a
chomedau; cyfundrefn ar ol cyfundrefn yn cy-
meryd eu lleoedd o dan ddylanwad disgyrchiad,
ac yn chwyrnellu ar eu hechelydd. Cymerai
hyn oll le o dan ddylanwad Ysbryd Duw.

Sylwch unwaith eto, mor wyddonol ydyw y gosodiad hwn Nid yw yn dweyd fod Ysbryd Duw mewn mater, yn allu symudol ynddo, cnd yn gorphwys arno, "symud ar wyneb y dyfroedd." Trwy yr holl Feibl, chwi a gewch mai Ysbryd Duw yn wastad ydyw yr egwyddor ffurfiol, pa un bynag ai yn nglyn a'r ffurfiadau creadigol, y dduwlywyddiaeth, yr eglwys, y bywyd newydd, neu y dyn newydd yn Nghrist Iesu * Y ffaith ydyw fod y gosodiad hwn mor gywir-wyddonol fel nas gallesid ei esbonio yn eglur hyd ganol y ganrif hon, pan y daethpwyd gyntaf i ddeall deddf crymad ac ysgogiad Pa fath ysgogiad a gyflwynodd Ysbryd Duw i fater? Cyfieithir y gair "symud" mewn lleoedd eraill yn "grynu" "Fy holl esgyrn a grynant" (Jer. 23 9), "ac yn lledu ei esgyll" (Deut. 32 11). "Fel y cyfyd eryr ei nyth, y castella dros ei gywion, y lleda ei esgyll, ac y cymer hwy ar ei adenydd." Fel y mae esgyrn dyn meddw yn crynu, neu fel y mae yr awyr yn crynu ac yn tori gan ysgydwad adenydd yr eryr, felly hefyd yr oedd symudiadau Ysbryd Duw ar wyneb y dyfroedd yn achosi cynyrf-

---

*Gwel y Nodiad yn y diwedd ar Ddeddf Symudiad

iad, cryndod a symudiad. Un o ddarganfydd-
iadau mawrion y ganrif hon ydyw deddf sigliad.
Yn ol y ddeddf hon, rhaid wrth 16 o sigliadau
(*vibrations*) bob eiliad i gynyrchu swn clywadwy
i'r glust ddynol, terfynau uchaf cerddoriaeth
ydyw 4,000 o sigliadau bob eiliad; terfynau eith-
af swn ydyw 38,000 o sigliadau bob eiliad, tra
mae egni, fel trydaniaeth, yn cynyrchu 95,000,-
000 o sigliadau bob eiliad Yn awr, y mae pob
egni yn cael ei gynyrchu trwy symudiad, a
dyma Moses yma yn dweyd pwy a gyflwynodd
symudiad i fater ar y cyntaf, a hyny nid am
fod y gwr a fagwyd ar gyllid gwlad yr Aifft yn
deall deddf sigladaeth, ond o herwydd bod yr
un Ysbryd Dwyfol wedi rhoddi y geiriau hyn
yn ei enau ef. Dyma athroniaeth mor ddofn a'r
greadigaeth, dyma fynegiadau gwyddonol
cywir, a hyny dair mil a haner o flynyddoedd
cyn geni gwyddoniaeth!

Yn awr, wrth derfynu, gadewch i ni ail-gryn-
hoi yr hyn a ddywedwyd ar y wyrth greadigol
gyntaf, yn nghyd ag ar yr ymyriadau a gymer-
asant le yn ddylynol iddi Yr ydym wedi gwel-
ed, os darfu i chwi sylwi, fod y ddwy adnod gyn-
taf yn cynwys deuddeg o fynegiadau dyfnion a

gwyddonol, y rhai sydd yn sail pob peth ag
sydd yn dylyn, fel yr oedd deuddeg Apostol yr
Oen yn sail eglwys y Testament Newydd Yn

1 Mynegir fod yr Achos Cyntaf yn bodoli
cyn bod mater, ac mai ei enw ydyw Elohim.

2. Nad yw mater yn hunan-gynyrchiol,
oblegid yr Elohim a'i creodd ef, na thragwyddd-
ol, oblegid fod yn perthyn iddo ddechreuad.

3. Mai trefn y greadigaeth ydyw y nefoedd
yn gyntaf, "y creodd Duw y nefoedd a'r ddae-
ar," oblegid nid y ddaear yw y canolbwynt

4. Fod sefyllfa gychwynol y ddaear yn ailun-
iaidd a gwag, yn debyg fel y darlunir hi yn y
ddamcaniaeth niwlenog

5. Fod mater ar y cyntaf mewn cydwr hylifol,
ac yn daenedig ar y dyfnder (*abyss*)

6. Nad oedd mater y pryd hwnw yn symudol,
yn ol fel yr awgrymir gan ddeddf diflaniad egni

7. Fod tywyllwch ar wyneb y dyfnder, obleg-
id rhaid wrth symudiad i gynyrchu goleuni.

8 Nad yw symudiad yn hunan-ddechreuol

9. Mai Ysbryd Duw ydyw ffynonell gychwyn-
ol egni a symudiad, neu yn gywirach, symud-
iad ac egni.

10. Nad yw egni yn perthyn yn wreiddiol i

fater, ond yn gweithredu arno oddiallan, "Ysbryd Duw yn symud ar *wyncb* y dyfroeau."

11. Fod symudiad wedi ei gyflwyno i fater yn y dechreuad, yn ol deddf sigladaeth.

12 Mai awdwr gwreiddiol trefn ac addurn ydyw Ysbryd Duw.

Dyma ddeuddeg mynegiad gwyddonol, y rhai sydd yn tywynu yn nhywyllwch y dechreuad, a'r rhai y mae yr oes bresenol, trwy ei hymchwiliadau gwyddonol diorphwys, yn dechreu gweled eu goleuni. Onid Ysbryd Duw yn unig a allasai ddadguddio y rhai hyn trwy symud, nid ar wyneb mater, ond ar feddwl Moses? Pa faint bynag fydd cynydd gwyddoreg yn y dyfodol, ei gorchestion penaf fydd cadarnhau y gosodiadau syml a dadguddiedig hyn.

GRADDEG CRYNIADAETH.

UNKNOWN AS YET.

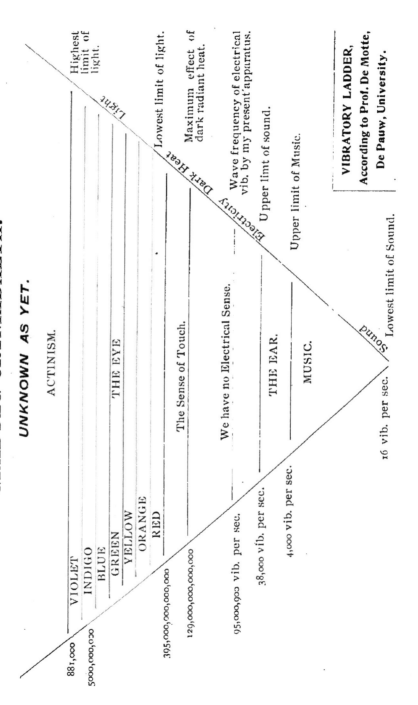

ACTINISM.

VIOLET
INDIGO
BLUE
GREEN
YELLOW
ORANGE
RED

881,000
5000,000,000,000
395,000,000,000,000
129,000,000,000,000
95,000,000 vib. per sec.
38,000 vib. per sec.
4,000 vib. per sec.
16 vib. per sec.

THE EYE

The Sense of Touch.

We have no Electrical Sense.

THE EAR.

MUSIC.

Light
Dark Heat
Electricity
Sound

Highest limit of light.
Lowest limit of light.
Maximum effect of dark radiant heat.
Wave frequency of electrical vib. by my present apparatus.
Upper limt of sound.
Upper limit of Music.
Lowest limit of Sound.

VIBRATORY LADDER,
According to Prof. De Motte,
De Pauw, University.

PREGETH II.

YR HEN FFYDD YN EI PHERTHYNAS A'R NEWYDD

' Wrth ffydd yr ydym yn deall wneuthur y bydoedd trwy Air Duw, yn gymaint nad o bethau gweledig y gwnaed y pethau a welir "—Hebreaid 11 3

Nid y meddwl yma ydyw, pan y dywedir mai "Wrth ffydd yr ydym yn deall wneuthur y bydoedd trwy air Duw," fod ffydd yn ein galluogi i ddeall hyn trwy fath o ganfyddiad mewnol y meddwl, fel gweledigaeth. Ond y meddwl ydyw fod ffydd yn gorphwys ar dystiolaeth Gair Duw am saernîaeth y greadigaeth Gair Duw ydyw yr awdurdod uchaf, a'r unig awdurdod anffaeledig ar hanes y greadigaeth Tra nad oes gan wyddoniaeth ddim i'w gynyg gwell na damcaniaeth ar hanes dechreuad y greadigaeth, y mae Gair Duw yn llefaru gydag awdurdod. Lle y mae gwyddoniaeth yn terfynu mewn tywyllwch, y mae ffydd yn dechreu mewn goleuni Dywedir yn Nghyfansoddiad y Talaethau Unedig mai efe ydyw "deddf uchaf y wladwriaeth."

Hwn sydd yn rhoddi nerth yn mhob deddf, ac ystyr neillduol i bob cytundeb Nid oes ystyr na nerth mewn un ddeddf, cyfansoddiad, na chytundeb, trwy yr holl Dalaethau, os byddant yn groes i'r cyfansoddiad hwn. Ni fedd y llys uchaf yn y wlad hawl i wellhau y cyfansoddiad, ond yn ol y rheolau a fynegir ynddo ef ei hun Gwaith y barnwyr a'r cyfreithwyr ydyw ei ddeall a'i esbonio. Y Cyfansoddiad hwn ydyw yr awdurdod deddfol uchaf yn y wladwriaeth Pa beth ydyw y Beibl yn ei berthynas a ffydd ac ymarferiad, yn ei berthynas a hanes y creadigaeth yn y cyfnodau daearegol? Atebiad yr eglwys Brotestanaidd i'r cwestiwn hwn ydyw, mai y Beibl ydyw yr unig awdurdod sicr ac anffaeledig ar y pwnc hwn, a phob pwnc arall a ddysgir ganddo Nis gellir ameu hyn, heb yn gyntaf dori tystiolaeth y Beibl am ei ysbrydoliaeth ei hun Gair Duw ydyw yr awdurdod uchaf am y greadigaeth, a chamgymeriad o'r mwyaf ydyw meddwl ei fod yn cyfeiliorni pan yn cyffwrdd â materion gwyddonol Y mae yn wir mai nid prif amcan Gair Duw ydyw dysgu gwyddoniaeth naturiol, ond crefydd a moesau; yr un pryd, y mae ei gyfeiriadau at brif faes

gwyddoniaeth yn gywir ac yn ymddiriedol.
Nid ydyw ei osodiadau yn gwrthdaro yn erbyn
cymaint ag un casgliad ymddiriedol mewn
gwyddoniaeth. Dywedir yn fynych na fwriad-
wyd erioed yn y dadguddiad dwyfol fynegu un
ffaith wyddoregol; ond nid yw hyn yn gywir.
Pwy, atolwg, a lefarodd y benod gyntaf o Gen-
esis? A pha beth oedd yr amcan? "Wrth
ffydd yr ydym yn deall wneuthur y bydoedd
trwy Air Duw." Nid ydym yn deall pob peth
trwy ffydd am greadigaeth y bydoedd, am y
rhai y dywed seryddwyr eu bod yn canfod can
miliwn o honynt yn symud ar hyd eu llwybrau
cylchog, unig a phellenig, yn y gwagder anfes-
urol. Yn ol y testyn, yr ydym yn deall trwy
ffydd, ar sail Gair Duw, ddau beth pwysig am
danynt 1. Nid ydynt yn dragwyddol, gwnaeth-
pwyd hwynt trwy air Duw Er nad yw y gair
"gwnaethpwyd" yn golygu ar ei ben ei hun,
creu o ddim, eto yn ei berthynas a'r holl wir-
ionedd yn yr adnod, amlwg yw mai creu o ddim
oedd yn meddwl yr awdwr ysbrydoledig; ac y
mae hono yn weithred mor ddwyfol fel na all y
meddwl dynol ffurfio un syniad am dani. Nis
gallwn ei chymharu â dim ag sydd o fewn cylch

posibilrwydd dynol, ond trwy ffydd, ar sail tyst-
iolaeth y Beibl, yr ydym yn deall ddarfod i'r
bydoedd gael eu creu o ddim trwy ewyllysiad y
Duwdod. 2. Yr ydym yn deall mai nid ail
drefniad o hen fater a fodolai yn ddiddechreu
ydoedd y greadigaeth. Cyfieitha Dr. T. C. Ed-
wards ddiwedd yr adnod fel hyn "Hyd at mai
nid o bethau sydd yn ymddangos y mae yr hyn
a welir wedi dyfod i fod." Ar y cyntaf yr
oeddwn yn teimlo swyn neillduol yn y syniad
fod y bydoedd wedi eu llunio o hen ddefnyddiau
blaenorol, yr hwn oedd mor fân fel ag i fod fel
gwynt yn anweledig. Ond dywed yr adnod
mai "nid o bethau sydd yn ymddangos, y mae
yr hyn a welir wedi dyfod i fod." Ni luniwyd
hwy o hen sylweddau y tu allan i'r Duwdod,
ond daethant i fod o'r meddwl dwyfol, llanwyd
hwy yn ol v cynllun oedd yn y meddwl dwyfol
o honynt. Edrychwch ar eich byrddau a'r holl
lestri sydd arnynt, edrychwch ar yr adeiladau
mawrion yn ein prif ddinasoedd, a'r holl nwydd-
au sydd yn y ffenestri; neu os mynwch, ewch
i lawr at y ddwy afon sydd yn amgylchu dinas
New York, a chraffwch ar bob llestr, fach a
mawr ag sydd yn nofio ar wyneb y dyfroedd,

a chwi a gewch eu bod oll wedi bod yn gor-
wedd o ran eu cynlluniau yn meddwl rhyw un.
Y gwir yw, fod y materol a'i holl ffurfiau yn
gorwedd yn yr anweledig a'r ysbrydol Yr un
modd am y bydoedd mawrion yn y gwagder, a
phob peth arnynt ac ynddynt—buont oll yn
gorwedd yn ddrychfeddyliau a chynlluniau yn
meddwl y Creawdwr cyn eu llunio yn weithred-
ol. A'r gosodiad yma, gan yr Apostol, ydyw
fod y bydoedd wedi eu llunio, neu eu saernio,
yn ol y drychfeddwl o honynt yn meddwl y
Creawdwr Ffrwyth cynllun y Duwdod ydyw
pob peth ond tragwyddol genedliad y Mab. Y
mae hyn yn gorwedd yn ddyfnach yn y natur
ddwyfol nag ewyllys Duw; ond am bob peth y
greadigaeth, ffrwyth ei ewyllys ydynt. Tra yr
ymdrecha gwyddoreg i dreiddio i mewn i'r
gweledig, y mae ffydd yn myned dros y terfyn
at yr anweledig, ac yn ymaflyd yn nerth achos-
ydd yr holl greadigaeth.

Bellach, gadewch i mi alw eich sylw at ber-
thynas yr hen ffydd a'r ffydd newydd gyda gol-
wg ar y greadigaeth, neu berthynas yr hen
gredo am y greadigaeth a'r ddamcaniaeth
Ddadblygiadol. A yw gweithrediad cwrs dad-

blygiad yn ddiddechreu? Pa beth yw natur y
gallu sydd yn ymweithio mewn dadblygiad?
Pa beth yw perthynas yr ymweithiad hwn a
ffurfiad yr holl amrywiaeth mewn natur?

1. Gadewch i mi alw eich sylw at y ffaith fod
dysgeidiaeth Dadblygiad yn cydredeg a dysg-
eidiaeth y Beibl am *ffurfiad graddol y* greadig-
aeth.

Y fath gyfnewidiad, onide, sydd wedi cymer-
yd lle yn ein meddyliau am ffurfiad graddol y
cread, a hyny am fod gwyddoreg wedi taflu
ffrwd o oleuni newydd ar yr hen wirionedd a
ddysgid er's miloedd o flynyddoedd yn y ben-
od gyntaf o Genesis. Daliwn am fynyd ddysg-
eidiaeth y benod hon a'r darnodiad gwyddonol
manwl a roddir i ni gan un o brif amddiffynwyr
Dadblygiad. "Dadblygiad ydyw uniad o fater
a gwasgariad cydredol symudiad, yn ystod yr
hwn mae natur yn myned o unrhywiaeth ang-
hysylltiol ac annhenodol i arallrywiaeth gys-
ylltiol a phenodol." Mynir genym gredu fod
y darnodiad hwn yn tynu llinell derfyn rhwng
y syniad gwyddonol ddarfod i'r cread ddyfod
yn berffaith gwbl trwy ymweithiad graddol
egnion naturiol, a'r syniad Beiblaidd ddarfod

ei pherffeithio trwy actau dwyfol olynol. Ond pa
le y mae y gwahaniaeth rhyngddynt? Yn y
darnodiad mynegir tri pheth am sefyllfa wreidd-
iol mater, sef ei fod yn "anmhenodol," yn
"anghysylltiol," ac yn "unrhywiol." 1. Yr oedd
yn "anmhenodol," hyny yw, yr oedd mor gym-
ysgedig fel nad ellir dweyd ei fod yn ddim neill-
duol. Pa le y mae y gwahaniaeth rhwng hyn a
dywediad Moses, "A'r ddaear oedd *afluniaidd*?"
2. Yr oedd mater yn wreiddiol yn "anghysyllt-
iol," hyny yw, yr oedd yn daenedig ar wyneb
gofod, heb gysylltiad rhwng ei wahanol ranau,
fel ag i gyfansoddi corff o fath yn y byd. Onid
hyn yw mynegiant Moses pan y dywed, "A'r
ddaear oedd afluniaidd a *gwag*?" 3. Mynegir
fod mater yn wreiddiol yn unrhywiol (*homo-
geneous*), hyny yw, gorweddai holl amrywiaeth
presenol Natur, ei holl egnion, ei bywyd, a'i
phob peth, yn un gymysgfa gyffredinol. Yn
mha beth y mae hyn yn welliant ar Moses pan
y dywed, "A thywyllwch oedd ar wyneb y
dyfnder?" Ymddengys i mi mai y prif wahan-
iaeth rhwng y darnodiad hwn a dysgeidiaeth y
Beibl ydyw hyn: Llefara y Beibl ar sefyllfa
wreiddiol mater gydag awdurdod dadguddiad

dwyfol, tra nad oes gan wyddoreg ddim gwell i'w gynyg ar y mater na damcaniaeth. Pa wyddonydd all wybod beth oedd sefyllfa wreidd-iol mater y greadigaeth, ac y mae cymaint o werth sydd yn y darnodiad hwn yn gynwysedig yn ei debygrwydd i fynegiadau dadguddiad dwyfol ar y mater—"Wrth ffydd yr ydym yn deall wneuthur y bydoedd trwy Air Duw."

2. Dysgeidiaeth y Beibl, a gwyddoreg mor bell ag y gall lefaru ar y mater, ydyw fod y ddaear wedi dyfod i'w ffurf ac i'w chyflawnder mewn dull graddol.

Dechreuodd yr ymweithiad dadblygiadol yn y corff anmhenodol, anghysylltiol ac unrhywiol, fel y dechreuodd y peth anmhenodol ddyfod yn beth penodol, yr anghysylltiol ddyfod yn beth cysylltiol, a'r unrhywiol ddyfod yn amlrywiol. Neu mewn geiriau eraill, daeth y ddaear oedd yn "afluniaidd," yn "wag," a'r "dyfnder" trwy drawsnewidiad gan Ysbryd Duw i dair sefyllfa wrthgyferbyniol, sef *ffurf*, *trefn* ac *amrywiaeth*. Onid ydych yn synu at hyn? Y fath gysondeb! Er mai y benod gyntaf o Genesis ydyw y cyn-yrch llenyddol hynaf, hyd y gwyddom, ar wyn-

3

eb y ddaear, eto chwi a welwch ei bod yn myn-
egu fod y ddaear yn gynyrch ymweithiad gallu
yn raddol am oesoedd afrifed.   Pe buasem yn
edrych arni fel cynyrch meddwl dyn yn unig,
buasai y cysondeb sydd rhwng ei mynegiadau
a dysgeidiaeth Daeareg yn fwy o ddirgelwch i
wyddonwyr ein hoes na tharddiad bywyd.   Pa
fodd y gallodd gwr o Hebread roddi mynegiad
mor gywir o'r cyfnodau daearegol, a hyny fil-
oedd o flynyddoedd cyn geni y wyddor hon?
Hebread yn mynegi fod y ddaear yn gynyrch
gweithrediad gallu yn ddiorphwys am oesoedd!
Y peth olaf a fuasai yn dyfod i feddwl Hebread
yw y syniad fod ei Dduw, yr Hollalluog, yr
hwn sydd yn preswylio tragwyddoldeb, yn cy-
meryd amser i wellhau ar ei waith ei hun   Bu-
asai yn llawer mwy naturiol iddo ef gredu fod
y ddaear, a holl ser y goleuni, wedi eu galw i
fod yn berffaith ar unwaith, y ddaear yn fyd
cyflawn a hardd, yn llwythog o fywyd, a choed-
wig Eden yn llawn dail a ffrwythau toreithiog
ac addfed, a hyny mewn moment o dan ddylan-
wad y Bydded dwyfol   Yn wir, y mae dysgeid-
iaeth y benod gyntaf yn y Beibl am gynydd
graddol y ddaear yn groes i gredo Hebread am

Hollalluawgrwydd ei Dduw, fel y rhaid ei fod o dan ddylanwad dwyfol pan yn llefaru.

3. Y mae dysgeidiaeth y Beibl a Dadblygiad yn cychwyn yn yr un man, sef gyda'r syniad o allu anfeidrol a thragwyddol, yr hwn sydd o'r tu ol i holl ddrama Natur.

Ceir canlyniad yr ymchwiliad gwyddonol ar y mater hwn yn ngeiriau Mr. Spencer. "Yn nghanol y dirgelion sydd o'n hamgylch, nid oes dim sicrach," meddai, "na'n bod yn mhresenoldeb Gallu Anfeidrol a Thragwyddol, o'r hwn y deillia pob peth." Y mae y gallu hwn yr un gallu yn mhob man. Yn awr, chwi welwch fod Dadblygiad wrth chwilio am undod i weithrediadau amrywiol, a ffurfiau lluosog Natur, yn gorfod neidio dros derfynau mater, a'i holl egnion, i'r goruwchnaturiol. Dyna'r ddamcaniaeth Ddadblygiadol yn cychwyn ar ei phererindod; cychwyna oddiwrth saerniaeth Natur fel yr ymddengys i ni; olrheinia ei holl ffurfiau materol a bywydol yn ol, gam ar ol cam, mewn trefn i gael allan ffynonell eu hundod, a diwedda trwy ganfod nad all achosion naturiol gyfansoddi yr undod hwn. Nis gall achosion naturiol roddi cyfrif am gymaint ag un arddangosiad:

cysgodau ac arwyddion ydynt oll o'r gallu sydd yn wreiddyn iddynt, a'r hwn a ddadguddir ganddynt.

Pa beth ydyw natur y gallu rhyfeddol hwn? Y mae credo yr Agnosticiaid yn syml ar y mater, "Nis gwyddom," o ganlyniad yr enwau a ddewisant ei roddi ar y Gallu hwn ydynt yr "Anwybodadwy," yr 'Anolrheinadwy." Nid effaith yn cael ei fod gan egnion naturiol ydyw, eithr efe ydyw eu hachos hwynt oll, efe ydyw undod pob egni amanyddol; nis gallant fodoli hebddo mwy nag y gall enfys ymddangos heb oleuni. O ganlyniad, yn ol addefiad y Dadblygwyr eu hunain, rhaid edrych ar y Gallu anwybodadwy hwn fel achos holl egnion Natur. Y mae presenoldeb y dirgelwch hwn yn hanfodol angenrheidiol i effeithio y cyfnewidiadau lleiaf yn ogystal a'r rhai mwyaf. Yr "Anwybodadwy" hwn, yr "Anolrheinadwy," a eilw Moses yn Elohim, Creawdwr pob peth Yn ol Dadblygiad, y mae y Gallu sydd yn cyfnewid, ac yn trawsnewid pethau, ei hun yn Anghyfnewidiol; dyna hefyd yw tystiolaeth y Beibl, ac y mae ffydd yn ymaflyd yn nghadernid ac yn anghyfnewidiolrwydd y Creawdwr ei hun. Fel hyn,

ni a welwn fod yr athrawiaeth dduwinyddol am
un Duw wedi rhagflaenu y ddamcaniaeth Ddad-
blygiadol am undod gallu y greadigaeth.

4. Gadewch i ni ddylyn y syniad hwn ych-
ydig yn mhellach. Gadewch i ni ddisgyn i
waelod yr hyn a elwir "Achosion Amanyddol"

Nis gall yr hyn a elwir yn "egni amanyddol,"
"atdyniad fferyllol," "cydberthynas gallu," &c ,
roddi cyfrif am ffurfiad y greadigaeth Nid
ydyw egnion amanyddol—egni atdynol, ffer-
yllol, gwefrol, gallofyddol a gronynol, yn
ddim ond enwau ar wahanol symudiadau Ac
onid yw yn hunan-brofedig nas gall symudiad
gynyrchu dim ond symudiad? Nid yw egnion
naturiol yn achosion o gwbl. Oni ddywed y
gwyddonydd wrthym fod uniad un gronyn ar
bymtheg o *orygen*, a dau ronyn o *hydrogen*, yn
cynyrchu dyferyn o ddwfr? Gwir. Uniad y
gronynau elfenol hyn sydd yn cynyrchu holl
ddyfroedd y ddaear, a'r cread, hyd y gwyddom.
Ond y cwestiwn ydyw, Beth sydd yn eu huno
yn y cyfartaledd manwl hwn? A oes gallu yn-
ddynt hwy eu hunain i dynu at eu gilydd? Yr
atebiad gwyddonol yw fod atdyniad fferyllol
yn eu tynu yn nghyd Beth, atolwg, a olygir

wrth hwnw? A yw yn fath o egni ynddo ei
hun? Yr atebiad gwyddonol ydyw, Nac ydyw.
Y mae yr atdyniad hwn, a phob peth arall a el-
wir felly, o'i ran ei hun mor ddiegni a llwch y
meirw yn y fynwent. Wrth ddweyd hyn, de-
allwch fy mod yn llefaru ar dir gwyddoniaeth.
Dywed un o brif wyddonwyr Ffrainc fel y can-
lyn ar y pwnc: "Nis gellir esbonio arddangos-
ion atdynol trwy symudiadau temigau materol.
y rhai a fodolant rhwng y cyrff sydd yn at-
dynu, ond gorfodir ni i gydnabod gallu anwel-
edig yr Hwn nis gellir ei ddarostwng i demig-
au." A yr holl greadigaeth yn ddim ond pen-
twr o demigau difywyd a diegni, heb dybied fod
ynddi ryw Achos byw, un yn meddu ewyllys
bersonol, yr hwn megys ag ysgydwad dyner ei
law, a hyny o hono ei hun, sydd yn tynu holl
demigau diegni mater at eu gilydd.

Ond efallai nad ydych eto yn barod i ollwng
eich gafael o'r hen syniad sydd wedi tyfu gyda'n
meddwl ni, nad oes yn perthyn i fater ryw eg-
nion, a'r rhai hyny yn bod yn wirioneddol, ac
nid mewn enw. Hoffwn allu clirio y syniad
hwn o'ch meddwl. Pa beth am ddeddfau natur?
meddwch. Onid ydynt hwy yn egnion? Onid

yw deddf fawr dysgyrchiad yn egni dirfawr ynddi ei hun? Y mae tuedd ynom i feddwl felly, onid oes? Ond y ffaith syml yw hyn! Nid yw deddfau natur yn bodoli o gwbl ar wahan i feddwl dyn. Creadigaethau y meddwl dynol yn unig ydynt, ac nid creadigaeth Duw. Enwau yn unig ydyw deddfau natur, a'r rhai hyny yn gyfleus i ni, ar gysylltiad achos ac effaith, neu ar drefn dygwyddiadau. Nid yw deddfau natur yn cynyrchu dim, nac yn cynal dim. Pa beth am ddeddf fawr dysgyrchiad? Onid yw hon yn allu ynddi ei hun? Lleferir am dani fel pe byddai yn cynal ac yn llywodraethu, ac yn meddu dylanwad dirfawr yn ffurfiad y cread; ond nid yw hyn oll amgen na chymysgedd meddyliol, a chyfeiliornad hollol. Ni chreodd Duw un math o ddeddf erioed. Gosodwr deddfau, ac nid creawdwr deddfau, ydyw efe. "Y mae y syniad fod atdyniad yn fewnol, yn etifeddol, ac yn hanfodol mewn mater," medd Syr Isaac Newton, fel ag i beri i un corff effeithio ar y llall yn y pellder, trwy wagder, heb gyfrwng gweithrediad rhywbeth arall, gan a thrwy yr hwn y gellir cyflwyno gweithrediad ac egni y naill i'r llall, i mi yn afresymol; ac nid wyf

yn meddwl y gall un dyn ag sydd yn meddwl
ar bynciau athronyddol syrthio iddo byth."
Nid yw yr hyn a elwir atdyniad yn ddim ond
gweithrediad cyson ac unol ewyllys Duw. "Am
danaf fy hun," medd y Proffeswr Joseph Le
Conte, yr hwn sydd yn cael ei gydnabod yn un
o'r awdurdodau uchaf yn ein gwlad ar wyddon-
iaeth naturiol, "nis gallaf feddwl fod un o'r eg-
nion naturiol hyn yn fewnol yn yr ystyr ag yr
ydym yn eu golygu yn gyffredin, hyny yw, eu
bod yn weithredyddion annibynol, digonol a
hunan-weithredol I'r gwrthwyneb, a hyny
mewn ystyr bwysig, rhaid i'r athronydd eu gol-
ygu fel gallu byth-bresenol, holl-ddigonol, a
byth-weithredol y Duwdod.". Fel hyn, rhaid i
ni edrych ar berthynas y Duwdod a'r greadig-
aeth yn debyg i berthynas yr haul a'r ddaear,
neu gylchrediad y gwaed a churiadau y galon.
Dibyna yr holl greadigaeth bob eiliad ar Dduw
am barhad ei bodolaeth a'i threfn, fel y dibyna
y dydd ar yr haul am ei oleuni Amlygiadau
cyson o'i dragwyddol allu ef a'i Dduwdod ydyw
holl weithrediadau natur. Mor aruchel yw y
syniad hwn am y greadigaeth. Os daliwch
chwi eich gafael ynddo, cedwir chwi rhag

syrthio i'r gymysgedd feddyliol ag y mae rhai o feddylwyr ein hoes wedi syrthio iddi.

5 Y mae y Dadblygwyr eu hunain wedi dileu y gwahaniaeth sydd rhwng dadblygiad a'r hen athrawiaeth o greadigaeth neillduol.

Tra y ceisiant egluro mewn geiriau fod dadblygiad yn ganlyniad gweithrediadau egnion naturiol, yn annibynol ar ymyriad goruwchnaturiol, eto o ran meddwl y maent wedi cefnu ar y syniad yn hollol. Pe gallasai y Dadblygwyr Materolaidd brofi fod natur, a'i holl gyfnewidiadau, a'i holl ffurfiau amrywiol, yn ddim ond effaith gweithrediad egnion naturiol, buasent yn llwyddo i ddileu pob syniad am y goruwchnaturiol. Ar ol iddynt gychwyn eu taith gyda'r amcan hwn, ac ar ol teithio hyd at ddechreuad pob peth, er syndod iddynt eu hunain, teimlant eu bod yn sefyll wyneb yn wyneb a dirgelwch ofnadwy. Y maent yn syrthio ar eu gliniau, yn codi eu gwynebau i fyny, ac yn plethu eu dwylaw ger bron yr Anwybodadwy, yr hwn i'r Agnosticiaid sydd yn golygu yr un peth a'r Hollol (*Absolute*) i'r Delfrydwyr Dyma Agnosticaeth Ddadblygiadol wedi myned i addoli yr hyn ni wyddant, gyda'r addefiad gonest nad yw natur yn esbonio ei hun; nad yw ei holl weithrediadau yn ddim ond effeithiau yr Achos Hollbresenol hwn. Pa ddyben, ynte, yw gwadu y gwyrthiol? Gan yr addefir mai y Gallu hwn ydyw gwreiddyn pob egni naturiol, cynyrchydd pob symudiad, gadewir ni heb le i sefyll arno, ond yn unig ar yr hen syniad o greadigaeth neillduol. Gall y ffydd newydd ddweyd gyda'r hen ffydd, "Ac, Tydi yn y dechreuad, Arglwydd, a sylfaenaist y ddaear, a gwaith dy ddwylaw di yw y nefoedd. Hwynthwy a ddarfyddant; ond tydi sydd yn parhau; a hwynthwy oll fel dilledyn a heneiddiant: ac megys gwisg y plygi di hwynt, a hwy a newidir; ond tydi yr un ydwyt a'th flynyddoedd ni phallant."

Ond y mae un cwestiwn eto ag y dymunaf ei grybwyll cyn terfynu. A ydym i ddeall fod y Beibl yn dysgu fod y Creawdwr wedi dwyn yr holl greadigaeth i drefn trwy weithrediad ail achosion ynte trwy actau creadigol? Ceisia y Dadblygwyr brofi mai trwy weithrediad egnion naturiol, fel y mae pob tybiaeth wahanol i hyn yn rhwym o ddyfod i wrthdarawiad a'u damcaniaeth hwy. Addefwn nad yw y Beibl byth yn

priodoli gweithrediad annibynol i ddeddfau nat-
ur, ac i ail achosion. Nid ydyw egnion naturiol,
neu ail achosion, yn ol y Beibl, yn meddu bod-
olaeth o gwbl ar wahan i Dduw; nid ydynt byth
hyd yn nod yn gydweithredyddion ag ef. Yr
un pryd, dysgir ni fod Duw yn gweithredu
trwyddynt yn barhaus, ond fel ei weision, ac
nid fel cyd-achosion. Yn wir, trefn y Duwdod
pur ydyw gweithredu trwy gyfryngau yn mhob
cysylltiad ac yn mhob dadguddiad a rydd o
hono ei hun Os myn y Dadblygwyr ddysgu
fod y cread wedi ei berffeithio yn raddol trwy
weithrediad egnion naturiol, nid yw y Beibl yn
dysgu dim yn wahanol, ond yn unig eu bod yn
gweithredu dan law ac mewn ufudd-dod i ew-
yllys Duw Cyn i'r Perydd Dwyfol ddywedyd
"Bydded goleuni," dywedir "Ac Ysbryd Duw
oedd yn symud ar wyneb y dyfroedd " Efe
sydd yn sefyll yn y canol rhwng y gweithiwr
dwyfol a'i waith Y cwestiwn sydd yn gorwedd
wrth wraidd yr egwyddor ddadblygiadol ydyw,
ac yn wir yn nysgeidiaeth y Beibl, Pa beth yw
natur y gweithrediadau hyn? A yw y gair
Bydded, yr hwn a ddefnyddir ddengwaith yn y
benod gyntaf o Genesis, sef Deng Air deddf y

greadigaeth, yn dysgu fod pob act yn berffaith newydd, ac yn greadigaeth neillduol ar ei phen ei hun? Na, nid yw y Beibl byth yn tori gwreiddyn yr egwyddor o *barhad,* a chynydd graddol mewn natur trwy ail achosion, eithr yn ei gadarnhau. Nid yw y Ddamcaniaeth Ddadblygiadol, o angenrheidrwydd, yn dwyn y Creawdwr oddiarnom. Gall yr hen ffydd fyw gyda'r newydd—yr un pryd, rhaid i mi ddweyd yr un peth ag a ddywedir gan y prif wyddonwyr yn ein hoes, mai dadguddiad ydyw yr unig agoriad i hanes y greadigaeth, yn ei dechreuad, yn ei chynydd, ac yn ei dyben. Y Cristion crediniol ydyw yr unig fyfyriwr cymeradwy ar y greadigaeth Gall ef fyned i mewn i gysegr sancteiddiolaf teml natur mewn ysbryd addolgar.

Wrth derfynu, dylwn wneyd dau sylw yn mhellach oddiwrth yr hyn a fu dan sylw:—

1 Dylai pob Cristion gydnabod yn ddiolchgar y gwaith mawr y mae gwyddoniaeth wedi ei wneyd i Gristionogaeth yn yr haner canrif diweddaf

Y ffaith addefedig ydyw, fod gwyddoniaeth wedi gwneyd mwy nag y mae rhai o'i chefnogwyr yn ei freuddwydio, tuag at ddangos fod

Natur a Dadguddiad yn waith yr un awdwr.
Bu gwyddoniaeth yn llwyddianus, er yn ddiar-
wybod iddi ei hun, i orchfygu am byth rai o
hen elynion crefydd ddadguddiedig, ac i droi eu
cleddyfau yn sychau, a'u gwaewffyn yn bladur-
iau, os nad i'w claddu hwy, fel y claddwyd
byddin elynol Pharaoh yn y Mor Coch Gellir
dweyd eu bod wedi llwyddo i ddinystrio vr hen
ddamcaniaeth athronyddol a pheirianol am y
greadigaeth. Yn ol y ddamcaniaeth hon, a syl-
feinid ar y mynegiad o amcan mewn natur, ed-
rychid ar y cread oll fel peiriant, a'i holl ranau
wedi eu cymwys gydgysylltu yn y fath fodd fel
ag i redeg megys awrlais hyd nes byddai angen
ei ail windio; ond yn ngoleuni dysgeidiaeth
gwyddonol ddiweddar, nid yw Duw a'r gread-
igaeth am foment ar wahan i'w gilydd. Duw
ydyw yr Achos byw sydd yn treiddio trwyddi
oll; efe sydd yn rhoddi nerth yn ei ddeddfau, a
symudiad yn ei hegnion, a hyny bob eiliad Yn
ngoleuni gwyddoreg saif y greadigaeth ger eich
bron fel corff cyfunol yn cael ei lywodraethu
gan un gallu dystaw, ond Hollalluog. Sefwch
ar y syniad o undod natur, ac oddiar y mynydd
uchel hwn, edrychwch y tu hwnt i'r seren bellaf

yn y greadigaeth, lle y mae egnion naturiol a
deddfau natur yn darfod, a dim ond un egni
ysbrydol yn bodoli. Cyfeiria undod natur yn
ddiameuol at un ewyllys lywodraethol, ac at un
Deddfroddwr O ganlyniad, nis gellwch gael
cymaint ag un atheist dysgedig yn mysg y
gwyddonwyr; a gwaith ofer fyddai i chwi chwil-
io yn y dyddiau hyn am ddysgyblion i Lucretius
a Democritus, Protagoras ac Epictetus. Ac y
mae Materoliaeth yn trengu yn boenus ar ei
hallor ei hun. Yr ydym yn teimlo yn ddiolch-
gar fod ton uchel gwyddoniaeth yn ein dwyn i
wyneb y syniad o ddeddf foesol, yr hon sydd fel
deddfau natur yn hawlio ufudd-dod o dan bob
amgylchiad

2. Ein perygl oddiwrth wyddoniaeth.

Un perygl neillduol ag y mae rhai meddylwyr
Cristionogol, yn ogystal a gwyddonwyr, yn
syrthio iddo, ydyw tybied mai y dull casgliadol,
yr hwn a ddefnyddiwyd gan Lord Bacon yn ei
athroniaeth, ydyw yr unig ddull i gyraedd tir
sicrwydd. Un peth ydyw derbyn yn ddiolchgar
ffrwyth ymchwiliadau gwyddonol i natur, peth
arall ydyw ceisio profi gwirioneddau ysbrydol.
a dwyfol mewn dull gwyddonol Dygir ni gan

wyddoreg wyneb yn wyneb ag un math o sicrwydd, dygir ni gan grefydd wyneb yn wyneb a math arall o sicrwydd, yr hwn sydd yn sicrwydd o natur uwch a mwy boddhaol, am ei fod yn sylfaenedig ar ddadguddiad diameuol o Dduw Personol, ac nid ar bethau materol. Pe na dderbyniai y duwinydd ddim ond ffeithiau naturiol, y rhai a brofir trwy yr *inductive method*, byddai ar un llaw yn cau dorau y byd ysbrydol o'i flaen, ac ar y llaw arall yn aberthu ei ryddid meddyliol trwy wneyd ei hun yn gaethwas i un dull o ymchwiliad, ac o brofi gwirionedd a chyraedd sicrwydd Onid yw deddf cyfrifoldeb dyn yn herio pob ymchwiliad gwyddonol? Pwy all brofi bodolaeth yr enaid trwy arbrawfion ar y corff? Onid yw yr ymwybodolrwydd dynol yn ddirgelwch annirnadwy i wyddoreg? Pa fodd y gall gwyddoreg brofi Personoliaeth Duw? Gall y gwyddonydd dystiolaethu ei fod yn gweled deddf yn y byd naturiol, a bod hyny yn golygu presenoldeb deddfroddwr, ond nis gall brofi trwy ymchwiliadau gwyddonol ei fod yn fod personol. Tra y gwrthoda y gwyddonydd bob dull i gyraedd gwirionedd a thir sicrwydd, ond y dull Baconaidd, rhaid iddo fodd-

loni ar fod yn garcharor o fewn y byd materol;
a rhaid iddo wadu, i fod yn gyson ag ef ei hun,
wirioneddau diameuol athroniaeth uwchanian-
ol a chrefyddol Nid y duwinydd a ddylid ei
gondeinnio am fod yn gyfyng a dogmataidd,
eithr y gwyddonydd, yr hwn sydd wedi llyffeth-
eirio ei hun wrth y dull casgliadol Heblaw
hyn, y mae y dosbarth hwn yn rhwymo y Duw-
dod â'i ddeddfau ei hun, fel nad all hyd yn nod
ogwyddo ei glust i glywed gweddi ei blant, os
na bydd hyny yn ol deddf natur. Byddai yn
dda i Gristionogion gofio, y rhai sydd yn cael
eu llygad-dynu gan y dull gwyddonol, eu bod
yn rhodio ar hyd ffordd ag sydd yn eu harwain
yn y diwedd i wadu yn hollol yr elfen oruwch-
naturiol yn eu crefydd. Dyma yw canlyniad
rhesymegol a therfynol y dull gwyddonol—y
mae yn dyfod i wrthdarawiad a chenedliad yr
Iesu gan yr Ysbryd Glan, ei enedigaeth o Mair,
ei adgyfodiad o feirw, ei esgyniad i'r nef, a'i
ddyfodiad i farnu y byw a'r meirw Wedi i ni
golli y pethau hyn nid oes genym Gristionog-
aeth. Nis gwyr gwyddoreg ddim am Berson-
oliaeth Duw, personoliaeth dyn, ei anfarwoldeb,
ei sefyllfa ddyfodol, nac am ysbrydolrwydd ei
natur ef.

PREGETH III.

TARDDIAD DWYFOL BYWYD A DAD-BLYGIAD.

"A Duw a ddywedodd, Egined y ddaear egin, sef llysiau yn hadu had, a phrenau ffrwythlawn yn dwyn ffrwyth, wrth eu rhywogaeth, y rhai y mae had ynddynt ar y ddaear: ac felly y bu."—Genesis 1:11.

"A Duw a ddywedodd, Heigied y dyfroedd ymlusgiaid byw, ac eheded ehediaid uwch y ddaear, yn wyneb ffurfafen y nefoedd."

"A Duw a greodd (*bara*) y morfeirch mawrion, a phob ymlusgiad byw, y rhai a heigiodd y dyfroedd yn eu rhywogaeth, a phob ehediad asgellog yn ei rywogaeth: a gwelodd Duw mai da oedd."

"A Duw hefyd a ddywedodd, Dyged y ddaear bobpeth byw wrth ei rywogaeth, yr anifail, a'r ymlusgiad, a bwystfil y ddaear wrth ei rywogaeth; ac felly y bu."—Genesis 1:20, 21, 24.

Yn y testyn ceir mynegiad am darddiad dwyfol y bywyd llysieuol ar brydnawn y trydydd dydd, yn nghyd a mynegiad am darddiad y bywyd anifeilaidd ar foreu y pumed dydd. Fel yr ymdora y wawr naturiol arnom yn y boreu, felly yr ymdorodd gwawr ogoneddus bywyd yn hanes y ddaear ar brydnawn y tryd-

4

ydd dydd Pa wyddonydd, athronydd, neu dduwinydd all ddweyd nad y ddaear—yn llwch yr hon yr argraffodd y Tragwyddol Air ôl ei droed, ar gynyrchion yr hon y bu yn byw am tua phymtheg mlynedd ar hugain, ar yr hon y dysgodd ufudd-dod trwy y pethau a ddyoddefodd, ac "y gogwyddodd ei ben ar-fron o waed" —ydoedd y byd lle yr ymddangosodd bywyd naturiol gyntaf yn hanes yr holl greadigaeth! Bywyd! Dyma addurn y greadigaeth, efe sydd yn rhoddi gwerth ar bob peth o'i mewn. O ba le y daeth hwn? Prin y gallwn feddwl am greadigaeth heb fywyd; byd heb gymaint a glaswelltyn, blodeuyn na choeden yn tyfu ar ei wyneb! Gwelir fod ysgol bywyd ag un pen iddi ar y greadigaeth faterol, a'r pen arall yn y nefoedd, a bywyd yn ei wahanol raddau megys angylion yn esgyn ac yn disgyn ar hyd-ddi Wrth esgyn o fewn terfynau y deyrnas lysieuol; a thrachefn wrth iddo esgyn o fewn terfynau y deyrnas anifeilaidd, nes cyraedd dyn, "uchder llwch y byd," y mae yn parhau i fyned yn fwy rhyfeddol a gogoneddus O ba le y daeth? Efe yw prif fasnachwr y llywodraeth ddwyfol. Y mae yn cario marsiandiaeth yn mlaen â byd-

oedd eraill, yn eu goleuni a'u gwres, a cheir ei
gynyrchion ef yn llenwi pob porthladd ar wyn-
eb y ddaear, ac yn hulio pob bwrdd Efe sydd
yn rhoddi i'r anifail ei borthiant, efe sydd yn
rhoddi cryfder i'r march, lliwiau i adenydd y
paen, gwrid i wyneb y rhosyn, gwynder i'r lili,
gwyrddlesni i'r glaswellt a'r dail, efe sydd yn
troi gwyneb y fynwent yn ardd brydferth, ac yn
gwasgaru ei beraroglau dros wyneb cartref
galanas ac adferiad Er gweled ei waith yn
mhob man o'n hamgylch, eto nid ydym yn
gweled y gweithiwr ei hun Er ei fod yn codi
miliynau o babelli o'n hamgylch yn misoedd yr
haf, yn y glaswellt, yn y llysiau, a'r coedwig-
oedd, er ei fod yn adeiladu cyrff anifeiliaid a
dynion, ac yn gosod ffenestri prydferth yn-
ddynt, eto nid oes cymaint ag un o'r ffenestri
hyny yn ddigon goleu fel ag i'n galluogi i wel-
ed y gweithiwr ei hun Fel deddfau natur, ac
fel holl bethau mawrion y greadigaeth, y mae
ef ei hun yn anweledig Bywyd yw y peth dyfn-
af a phenaf mewn natur Ynddo ef y mae pob
prydferthwch ac amrywiaeth yn cydio. Bywyd
yw y peth dyfnaf yn y greadigaeth foesol, a'r
peth dyfnaf yn Nuw O ba le y daeth bywyd?

Atebiad gwyddoniaeth ydyw mai o fywyd. Yn ol yr arbrawfion gwyddonol, mynegir fod bywyd yn tarddu o fywyd yn mhob cysylltiad, ac o fewn terfynau pob teyrnas. Tystiolaeth Moses ydyw mai Duw a ddywedodd "Bydded." Ac yn ngoleuni ychwanegol a chynyddol y dadguddiad dwyfol, mynegir mai y Gair, yr hwn oedd yn y dechreuad gyda Duw, ydyw ffynonell pob bywyd "Ynddo ef yr oedd bywyd."

Dywedir yma, fel y gwelwch, fod y bywyd llysieuol wedi ymddangos ar brydnawn y trydydd dydd, a bod y bywyd anifeilaidd wedi ymddangos ar foreu y pumed dydd, fel y mae y pedwerydd dydd yn dyfod i mewn rhyngddynt, pan y ffurfiwyd perthynas oleu rhwng y ddaear a goleuadau y nefoedd Rhwng yr Hen Destament a'r Newydd ceir, mewn rhai Beiblau, ddalen wen heb un math o argraff arni Hen Destament, llyfr y greadigaeth, ydyw prydnawn y trydydd dydd, pan ymddangosodd bywyd llysieuol y ddaear yn ei dair rhan elfenol, sef glaswellt, llysiau a phrenau. Yma y ceir y rhagfynegiadau proffwydoliaethol cyntaf am fywyd uwch—y cysgodau a'r arwyddion mynegiadol sydd ar borth teml fawr bywyd. Tes-

tament Newydd llyfr y greadigaeth yw y pumed
a'r chweched dydd. Fel y mae y Testament
Newydd yn dechreu gyda hanes genedigaeth
Gwaredwr y byd ac yn diweddu gyda darluniad
o'r ddinas, "yr hon y mae gogoniant Duw
ganddi," o afon y bywyd a phren y bywyd; felly
hefyd y mae Testament Newydd llyfr y gread-
igaeth yn dechreu trwy roddi hanes dechreuad
y bywyd anifeilaidd, ac yn diweddu gyda hanes
dyn, yr hwn, yn ol y Beibl, oedd i ymborthi ar
bren bywyd y baradwys gyntaf. Rhwng y ddau
Destament daw y pedwerydd dydd i mewn fel
dalen wen, pan y ffurfiwyd cymundeb goleu
rhwng y ddaear a'r nefoedd.

Y mae dau fater yn gweithio eu hunain i'n
sylw yn naturiol, sef cysondeb y ddwy dystiol-
aeth, sef Moses a Daeareg, ar hanes bywyd y
ddaear, a chysondeb tystiolaeth Moses a Dae-
areg a'r ddamcaniaeth Ddadblygiadol. Y mae
y maes hwn mor eang fel nad allwn fanylu; eto
gallwn gyffwrdd â'r prif ffeithiau.

1.—Cysondeb Moses a Daeareg. Y mae
crawen y ddaear fel llyfr darluniadol mawr, a'r
gwahanol haenau fel tafleni yn gorwedd yn
blygion ar eu gilydd. Darfu i bob haen o

greigiau y ddaear gadw llun o'r creaduriaid a
fu yn byw arnynt. Dyna laswellt neu ddail yn
syrthio i'r llaid gwlyb; neu dyna rai o'r cread-
uriaid a dramwyant lwybrau y moroedd, neu a
nofiant yn awyr y nefoedd, neu a breswyliant ar
y sychdir, yn trengu ac yn disgyn i'w llwch a'r
llaid gwlyb. Bob yn dipyn, aeth eu gorweddfa
yn arch o graig, lle y cadwyd y gweddillion yn
ddiogel hyd nes y torwyd i mewn iddi gan y
mwnwr neu y Daearegwr Pryd arall, nid ydym
yn cael dim ond ôl troed y creadur wedi ei ar-
graffu yn y clai ar lenydd yr afonydd a'r llyn-
oedd, a hyny wedi diogelu ei hanes, fel y mae
llechysgrifau Ninefeh a'r Aifft wedi diogelu eu
hanes hwy

Yn awr, tybiwch eich bod yn disgyn i lawr yn
llaw daeareg, trwy haenau rheolaidd y ddaear;
yn gyntaf chwi a ddewch i gyffyrddiad a chyf-
nod y Bywyd Diweddar (*Cenozoic*) yn llawn o
weddillion anifeilaidd ond nid dynol. Yn is dra-
chefn chwi a ddeuwch i gyffyrddiad a'r Bywyd
Canol (*Mesozoic*) ar y pumed dydd yn llawn o
weddillion pysgod ac adar. Yn is eto, a chwi
a ddeuwch i gyffyrddiad â chyfnod maith yr
Hen Fywyd (*Paleozoic*) yn cynwys yn ei ddech-

reu a'i ddiwedd weddillion o greaduriaid dyfrol a llysiau Ar y pumed dydd yr ydym wedi cyraedd cyfnod yn hanes y ddaear pan y mae Daeareg yn llefaru yn llawer sicrach ac eglurach; a chyd-dystiolaetha a'r mynegiad ysbrydoledig ar y drefn ganlynol. 1, Llysiau, 2, Pysgod, 3, Adar, 4, Anifeiliaid; 5, Dyn Neu a defnyddio iaith y Daearegwyr; dyna blanigion a physgod yn ymddangos yn nghyfnod yr Hen Fywyd, adar ac ymlusgiaid yn nghyfnod y Bywyd Canol. Ar foreu y pumed dydd ymddangosodd llu mawr y Meddalogion (*Invertebrates*); ac ar brydnawn yr un dydd ymddangosodd y Cefnesgyrnogiad (Vertebrates)—creaduriaid uwch a pherffeithiach. Ar foreu y chweched dydd, sef cyfnod y Bywyd Diweddaraf, ymddangosodd y Tethogion (Mammals)— dosbarth llawer uwch a pherffeithiach eto, ac ar brydnawn y chweched dydd gwnaeth arglwydd y greadigaeth ei ymddangosiad *

Mor gywir ydyw y Beibl pan yn mynegu am darddiad y bywyd llysieuol yn gyntaf, yn nyfroedd cynes y ddaear, ac wedi hyny ar y sych-

---

*Gwel ar ddiwedd y bregeth y Daflen o Drefn y Dyddiau Creadigol.

dir. Angenrhaid ydoedd i'r bywyd llysieuol ym-
ddangos yn gyntaf mewn trefn i barotoi y tir
a'r awyr i'r bywyd anifeilaidd Gallasai y
bywyd llysieuol fyw ac ymborthi ar awyr a fu-
asai yn hollol wenwynig i'r bywyd anifeilaidd.
Tra y mae y bywyd llysieuol yn ymborthi ar
awyr lawn o carbon, ac yn gollwng allan yr
oxygen, y mae y bywyd anifeilaidd yn anadlu i
mewn yr oxygen, ac yn anfon allan y carbon.
Yr oedd llysieuaeth a choedwigoedd cyfoethog
y ddaear yn y cyfnod Carbonifferaidd yn tynu
y carbon o awyr y ddaear, ac yn ei drysori i fyny
yn y meusydd glo—i fod o wasanaeth i ddyn yn
y dyfodol pell; i gynesu ei dy, i oleuo ei ystafell-
oedd, i gynyrchu ager i redeg ei beirianau ar
dir a mor, ac i hyrwyddo Cristionogaeth yn y
byd Dywedir fod pob erw o goed yn defnydd-
io haner tunell o carbon bob blwyddyn, ac ni
buasai yr erw hono a thybied ei bod yn parhau
yn ei llawn dwf am fil o flynyddoedd, yn cyn-
yrchu dim mwy na phedair modfedd o lo.
Onid yw llaw y Duwdod mawr yn ei raglun-
iaeth, yn dyfod i'r golwg yn eglur pan yn paro-
toi awyr y ddaear, trwy gladdu miliynau o dun-
elli o carbon yn mynwes y ddaear i fod at was-

anaeth dyn? Saif y bywyd llysieuol fel dolen gydiol rhwng y greadigaeth faterol a'r greadigaeth anifeilaidd Tra gall y bywyd llysieuol fyw ar elfenau anorganaidd, nis gall y bywyd anifeilaidd wneyd hyny; rhaid iddo ef gael bywyd i fyw arno. A ddarfu i chwi feddwl yn briodol am hyn? Dyma un o wyrthiau mawrion Natur, ac er ei bod yn gyffredin nid yw yn llai gwyrth. Gwyddoch fod yr haul yn treulio wrth luchio gwres a goleuni o'i wyneb, ac fe ddywed y gwyddonydd fod ei arwynebedd yn llai o bedwar ugain o filldiroedd nag ydoedd pan y ganwyd Iesu Grist Gwyddoch fod y mynyddoedd yn treulio o dan ddylanwad gwres, oerni a gwlawogydd Yn raddol, malurir craig y mynydd, a golchir y malurion i lawr i'r gwaelodion. Wrth droed y graig gadarn, dyna fywyd llysieuol yn adeiladu corff iddo ei hun o'i malurion. Drachefn, dyna yr anifail yn ymborthi ar hwnw, a dyn yn ymborthi ar yr anifail, fel y mae gweddillion o graig y mynydd wedi myned yn rhan o ronynau ei fenydd, a'r hwn y mae yn pwyso y mynyddoedd mewn pwysau, a'r bryniau mewn clorianau, ac a'r hwn y mae yn meddwl am ei Greawdwr.

Heblaw hyn, dichon eich bod wedi sylwi fod y chwe diwrnod creadigol yn cael eu rhanu gan Moses i ddau dri diwrnod; y tri cyntaf yn dal cysylltiad â mater, a'r ail dri â bywyd. Ond dyma i chwi beth nodedig iawn, sef fod Moses yn mynegu fod bywyd llysieuol y ddaear wedi ymddangos brydnawn y trydydd dydd, hyny yw, yn nghyfnod materol y ddaear, ac nid yn y cyfnod bywydol ar foreu y pumed dydd. Dyma bren bywyd y ddaear yn lluchio ei wreiddiau i foreu y trydydd dydd i'r cyfnod materol! Bywyd yn cael ei leoli cyn i gyfnod bywyd y ddaear ddechreu! Chwi a welwch o hyd, yn ol tystiolaeth Daeareg, fod gan Natur ragred-egyddion, fel yr oedd Ioan i Grist, yn rhagfyn-egu ei chyfnodau mawrion yn hanes bywyd y ddaear Y mae Moses a Daeareg yn unol yn eu tystiolaethau ar y mater hwn.

Y peth nesaf yn yr adroddiad gan Moses yd-yw, fod pob bywyd wedi ei osod o dan ddeddf. Nid yn unig y mae yn meddu gallu, a hwnw yn hollol newydd yn hanes y greadigaeth hyd yn hyn, i ail gynyrchu ei hun; ond y mae o dan ddeddf i wneyd hyny "yn ol ei rywogaeth" "A Duw a ddywedodd, Egined y ddaear egin, sef llysiau yn hadu had, a phrenau ffrwythlawn yn dwyn ffrwyth, wrth eu rhywogaeth, y rhai y mae had ynddynt ar y ddaear, ac felly y bu A'r ddaear a ddug egin, sef llysiau yn hadu had wrth eu rhywogaeth." Dyma ddeddf fawr byw-yd yn y greadigaeth lysieuol ac anifeilaidd: rhaid i bob bywyd gadw ei ryw, ei gynddelw ei hun. Gellir gwellhau y rhyw, ond nid ei newid. heb dori ar ddeddf parhad a rhywogaeth. Nid oes un ddeddf mewn natur yn derbyn gwell ufudd-dod na'r ddeddf fawr hon

Ar greadigaeth y bywyd anifeilaidd foreu y trydydd dydd defnyddir y gair *Bara*, creu, yr ail waith Er fod y bywyd llysieuol yn meddu gallu i adeiladu corff iddo ei hun, a hwnw yn allu newydd yn y greadigaeth, fel y dywedwyd, eto nid ydyw ond bywyd hanerog. Ni fedd allu i symud, i feddwl, ac i ewyllysio. Pan ym-ddangosodd bywyd yn meddu y pethau hyn. dyna'r gair Bara yn cael ei ddefnyddio Nis gall y gwyddonydd lenwi y gagendor rhwng mater a'r bywyd llysieuol, na rhwng y bywyd llysieuol a'r anifeilaidd, na rhwng yr anifeilaidd a'r bywyd moesol. O ganlyniad. defnyddir y gair Bara am greadigaeth mater, creadigaeth bywyd yn meddu ewyllys, a bywyd moesol, am fod y rhai hyn yn actau creadigol uniongyrchol. Yn awr, y mae mynegiadau daeareg, mor bell ag y gall fyned, yn hollol unol a mynegiadau Moses, am darddiad bywyd, ac am drefn ym-ddangosiad pob bywyd ar y ddaear.

II.—Perthynas adroddiad Moses am y Gread-igaeth a'r Ddamcaniaeth Ddadblygiadol.

Gellir dweyd fod Moses a Dadblygiad yn cyd-uno ar ddau beth, a'r ddau hyny yw y pwynt-iau pwysicaf o lawer, sef yn gyntaf, fod bywyd wedi tarddu o fywyd, ac yn ail, fod bywyd wedi tarddu o ryw un ffynonell wreiddiol. Addefir na ddygwyd bywyd i fod yn yr un dull a'r gol-euni, yr awyr a'r cyrff nefol Pa beth bynag ydyw bywyd, y mae yn amlwg ei fod yn rhyw fath o ddirgelwch hollol wahanol i elfenau y greadigaeth faterol

1. Dysga y Beibl, ac addefa pob dosbarth o wyddonwyr yn bresenol, fod bywyd yn tarddu o fywyd. Addefir gan y Dadblygwyr, a hyny ar ol yr arbrawfion manylaf, fod bywyd yn tarddu o fywyd yn ddeddf natur mor wirionedd-ol ag y mae dysgyrchiad yn ddeddf natur. Ond pa beth y mae hyn yn ei olygu? Os ydyw

bywyd yn tarddu o fywyd, rhaid ei fod yn goi-
ygu un o ddau beth; naill ai fod bywyd yn
dragwyddol, ei fod wedi disgyn i lawr atom ni
o ddyfnderoedd mynwes y gorphenol ar hyd
llinell dragwyddol o rieni a hiliogaeth, neu
ynte, fod ffynon dragwyddol o fywyd yn bodoli,
heb dad, heb fam, heb ddechreu dyddiau na
diwedd einioes. Pa un bynag o'r ddau syniad
yma a dderbyniwch, rhaid i chwi dderbyn yr un
casgliad, sef fod bywyd yn dragwyddol Fel
mater o ffydd, nid ydyw yn anhawddach credu
fod bywyd wedi disgyn i lawr o'r gorphenol
trwy linell ddiddiwedd, na chredu fod ei ffynon-
ell yn dragwyddol. "Yr wyf yn cadarnhau,"
medd un gwyddonydd, nad oes ganddo y cyd-
ymdeimlad lleiaf â Moses, "na fodola y rhithyn
lleiaf o brawf ymddiriedol fod bywyd wedi
tarddu o ddim ond bywyd blaenorol." "Nid
wyf yn credu," medd un arall o'r byd-wneuth-
urwyr, "yn hunan-darddiad bywyd " "Nid yw
gwybodaeth yn ei sefyllfa bresenol yn ein cyn-
ysgaedda â'r ddolen gydiol rhwng yr anfywydol
a'r bywydol." Dyma gasgliad diameuol gwydd-
oniaeth—fod bywyd wedi tarddu o fywyd
Bywyd o fywyd, a dim ond bywyd.

A ydych yn sylwi. Dyma wyddoniaeth ar frig ei llanw uchaf yn cyhoeddi fod ffynonell bywyd, fel ffynonell gallu, yn dragwyddol. Yn ochr y cyhoeddiad hwn cyhoedda hefyd oddiar frig yr un llanw, y bu adeg yn hanes y ddaear pan yr oedd yn berffaith amddifad o fywyd. Nis gallasai bywyd ymddangos arni pan yn nofio yn gwmwl tanllyd O ganlyniad, yn ol gosodiadau gwyddoniaeth ddiweddar, os ydyw ffynonell bywyd yn dragwyddol, nid ydyw yn meddu hanfodiad tragwyddol ar y ddaear O ba le y daeth bywyd i gyffyrddiad â mater? Nid oes gan wyddoniaeth un math o eglurhad ar y dirgelwch hwn Onid yw bywyd yn ffaith? eto ni fedd un egni adnabyddus ar y ddaear allu i'w genedlu Gwyddom fod pob corff bywydol yn gyfansoddedig o carbon, oxygen, nitrogen, hydrogen, a'r gweddill, ac yr ydym yn gwybod mwy na hyn, a hyny trwy y prawfion fferyllol manylaf, sef fod yr elfenau hyn yn hollol analluog, naill ai ar wahan, neu yn eu hundeb a'u gilydd, i roddi bod i'r impyn lleiaf o fywyd. Dyma fel y nodasom, yr ail wyrth o eiddo y Duwdod, creu bywyd. "Ti yw ffynon bywyd." "Ynddo Ef yr oedd bywyd" Dygwyd bywyd a mater i undeb a'u gilydd, yn ol Moses, trwy i'r Elohim lefaru wrth Natur, gan ddywedyd, "Egined y ddaear egin, sef llysiau yn hadu had, a phrenau ffrwythlawn yn dwyn ffrwyth wrth eu rhywogaeth, ac felly y bu Duw hefyd a ddywedodd, Heigied y dyfroedd ymlusgiaid byw, ac ehedd ehediaid uwch y ddaear, yn wyneb ffurfafen y nefoedd A Duw a greodd y morfeirch mawrion, a phob ymlusgiaid byw," &c. Fel hyn y mae Dadblygiad a'r Beibl yn cychwyn gyda'r un syniad, sef fod bywyd wedi tarddu o ffynonell dragwyddol Y gwahaniaeth pwysicaf rhyngddynt ydyw, mai y Beibl yn unig sydd yn taflu goleuni ar darddiad bywyd, er nad ydyw yn esbonio y dirgelwch o fywyd ei hun Y mae Bywydeg yn gosod ei gwialen, yn llawn o almonau, ger bron gorsedd yr Hwn sydd yn ffynonell bywyd yr holl greadigaeth; ac addefa yn ngeiriau Paul, am bob corff bywyd-ol, "Eithr Duw sydd yn rhoddi iddo gorff fel y mynodd efe, ac i bob hedyn ei gorff ei hun " "Mynu" Duw, a'i "roddi" ydyw tystiolaeth y wyddoniaeth fwyaf profedig.

2. Sylwn yn olaf fel y mae y Beibl a Dad-blygiad yn cyduno am darddiad y rhywogaeth-

au bywydol. Onid yw y ddaear yn llawn o
fywyd, bywyd anymwybodol, bywyd ymwybod-
ol, a bywyd yn gwybod ei fod yn ymwybodol.
Addefa gwyddoniaeth nad oes un gallu ar y
ddaear, nad oes cymaint ag un o egnion natur,
na'r oll o honynt yn eu hundeb a'u gilydd, all
gynyrchu yr arwydd lleiaf o fywyd. Addefir
hefyd nad all gwyddoniaeth nodi allan y ddolen
gydiol rhwng y gwahanol fathau hyn o fywyd.
Mynir genym gredu fod y bywyd anifeilaidd
wedi tarddu o'r bywyd llysieuol, a'r bywyd uch-
af mewn dyn, wedi tarddu o'r bywyd anifeilaidd.
Nis gellir dal dim arall heb ollwng ei afael yn
hollol yn y syniad dadblygiadol. Yn awr, gan
fod bywyd yn tarddu o fywyd, a chan nad ellir
profi bodolaeth dolenau cysylltiol rhwng y gwa-
hanol fathau o fywyd, dygir yn mlaen y syniad
mai y gallu yr hwn sydd yn ffynonell bywyd yd-
yw y ddolen gydiol rhwng y gwahanol rywog-
aethau bywydol. Nis gall y ddamcaniaeth
ddadblygiadol sefyll heb gael syniad uwchan-
ianol am fodolaeth rhyw Allu Anwybodadwy,
Tragwyddol ac Anfeidrol i'w chynorthwyo
Yn y pen draw, rhaid i wyddoniaeth ddiweddar
gydnabod bodolaeth y Gallu bywydol a holl-

bresenol hwn cyn y gall roddi cyfrif am fodol-
aeth y rhywogaethau. Ymyriad y Gallu hwn
ydyw y rheswm am yr amrywiaeth diddiwedd
sydd yn y greadigaeth fywydol. Addefa Mr.
Spencer fod dirgelwch yr ymweithiad Dadblyg-
iadol yn gorwedd yn mhresenoldeb ac yn ym-
yriad gwastadol y Gallu hwn, pa un sydd iddo
ef yn lle Duw.

Yr ydym wedi gweled fel y mae yr adrodd-
iad o'r greadigaeth gan Moses yn cyduno a
thystiolaeth Daeareg. Nid oes gwrthdarawiad
chwaith rhwng adroddiad Moses a'r ffydd new-
ydd am darddiad rhywogaethau. Yn ol Moses,
tarddodd bywyd ar y ddaear mewn ffurf gyn-
yddol. Gwir nad ydyw yn nodi y bywyd llys-
ieuol boreuaf a dyfai yn ngwaelodion y moroedd
cynes. Eto mynega fod Ysbryd Duw yn sy-
mud ar wyneb y dyfroedd, a'r prif waith a bri-
odolir i'r Ysbryd hwn ydyw cynyrchu bywyd
yn ogystal ag addurn a threfn. Bu bywyd yn
esgyn, neu yn dadblygu, yn ol y Beibl, am oes-
oedd afrifed, o'r mor-chwyn i fyny at ddyn, a
hyny trwy ddau fath o ddylanwadau, sef y
dwyfol a'r naturiol. Dygwyd y bywyd llysieuol

5

i fodolaeth trwy gyfrwng achosion naturiol.
"A Duw hefyd a ddywedodd, Egined y ddaear
egin, sef llysiau yn hadu had, a phrenau ffrwyth-
lawn yn dwyn ffrwyth, wrth eu rhywogaeth, y
rhai y mae had ynddynt ar y ddaear, ac felly y
bu." Dyma, gan hyny, fel y gwelwch, y bywyd
llysieuol yn cael ei orchymyn gan Dduw i fod,
nid yn uniongyrchol, ond trwy weithrediad ach-
osion naturiol, y rhai oeddynt yn bodoli yn
flaenorol i ymddangosiad bywyd. Yr un modd
am darddiad y bywyd anifeilaidd. "Duw hefyd
a ddywedodd, Heigied y dyfroedd ymlusgiaid
byw * * * A Duw a greodd y mor-feirch
mawrion, a phob ymlusgiad byw. * * * A
gwelodd Duw mai da oedd. A Duw a'u ben-
dithiodd hwynt, gan ddywedyd. Ffrwythwch ac
amlhewch, a llenwch y dyfroedd yn y mor-
oedd, a lluosoged yr ehediaid ar y ddaear"
Cydnabyddir gweithrediad yr achosion naturiol
hyn, hyd yn nod yn nghreadigaeth dyn, pan y
dywedir: "A'r Arglwydd Dduw a luniasai y dyn
o bridd y ddaear." Dyma gorff dyn yn dyfod
o'r un ddaear ag a ddygodd allan y bywyd llys-
ieuol ac anifeilaidd. Yn ol adroddiad Moses, y
mae dyn, o un ochr, wedi tarddu o'r un gwreidd-

yn a'r llysiau, anifeiliaid y maes ac adar y nef-
oedd. Fel hyn, rhaid i'r bywyd uchaf gydna-
bod ei berthynas â'r ddaear, fel y bywyd isaf.

Ond nid yw hyn yn cynwys mwy na'r elfen
naturiol yn nghynyrchiad bywyd, tra y mae y
Beibl yn cydnabod elfen arall, sef "A Duw a
ddywedodd." Pa le bynag a roddir i alluoedd
naturiol yn nghynyrchiad arddangosfa fawr
bywyd, nid yw pob ffurf o fywyd yn llai gwyrth
am fod y Creawdwr anfeidrol yn gweithio yn
barhaus trwy ail achosion Y mae y llanw eis-
oes yn dechreu dychwelyd yn ol, a dadblygiad
peirianyddol yn encilio yn raddol o'r ffordd i
roddi lle i Ddadblygiad organaidd, hyny yw, y
Dadblygiadaeth sydd yn rhoddi ei le ei hun i
Dduw yn ei greadigaeth ei hun; y dadblyg-
iadaeth sydd yn edrych ar weithrediadau yr
Achosydd Personol hwn fel mynegiad o gyn-
llun. Yr Achos hwn sydd yn treiddio trwy yr
holl greadigaeth, yn fywyd ei holl fywyd, fel
awyr o'i hamgylch, a'r holl greadigaeth fel cym-
ylau yn nofio ynddo Ac nid yn unig y mae
Efe o'i hamgylch, ond y mae Efe ynddi, fel y
mae y goleuni yn y ffurfafen Efe sydd yn
rhoddi iddi ei holl ffurfiau, ei holl gynddelwau,

fel y mae y cymylau yn derbyn eu ffurf gan yr awyr sydd o'u hamgylch ac ynddynt. Ar-ddengys y greadigaeth fywydol gynllun, ac am-can, a chyfaddasiad, ac nid yw cynllun cyn ei gyflawni yn ddim ond meddwl; ac y mae y cyn-llun wedi ei gyflawni yn dadguddio meddyliwr; ac y mae meddyliwr yn berson. "A Duw a ddywedodd, Bydded."

TREFN Y DYDDIAU CREADIGOL.

Prologue { Verse 1—Primordial Creation.
{ Verse 2—Primitive State of matter.

Inorganic History, or Era of Matter.
- 1st Day—Cosmic Light.
- 2d Day—Expanse, dividing waters, from waters.
- 3rd Day { 1st. Dry Land, Life.
  { 2d. Plants,

Organic History, or Era of Life.
- 4th Day—Solar Light.
- 5th Day—Inferior Animals, fishes, birds, reptiles.
- 6th Day { 1st. Mammals, Life.
  { 2d. Man,

7th Day—God's Rest. Man's Redemption.

(After Guyot.)

PREGETH IV.

CREADIGAETH DYN YN NGOLEUNI TYST-IOLAETH Y BEIBL A GWYDDONIAETH.

"A Duw hefyd a ddywedodd, Gwnawn ddyn ar ein delw ni, wrth ein llun ein hunain, ac arglwyddiaethant ar bysg y mor ac ar ehediad y nefoedd, ac ar yr anifail, ac ar yr holl ddaear, ac ar bob ymlusgiad a ymlusgo ar y ddaear."

"Felly Duw a greodd y dyn ar ei ddelw ei hun, ar ddelw Duw y creodd efe ef yn wryw ac yn fanyw y creodd efe hwynt."—Genesis 1.26, 27.

Crewyd dyn ar brydnawn y chweched dydd; ac nid ar foreu y diwrnod, nac ar linell ei ganolddydd. Buasai hyny yn rhy gynar ar hanes bywyd y ddaear Ni chrewyd ef ychwaith ar foreu y seithfed dydd, oblegid buasai yn rhy ddiweddar, ac yn rhedeg i mewn i orphwysfa Duw Crewyd ef ar derfyn wythnos waith y Duwdod. Ni buasai neb ond ysgrifenydd ysbrydoledig yn oes Moses, nac am oesoedd lawer ar ol hyny, yn meddwl cyfleu creadigaeth dyn ar yr un diwrnod ag anifeiliaid y maes. Buasai pob ysgrifenydd anysbrydoledig yn cyfleu ymddangosiad yr holl rywogaethau a'r holl lwythau anifeilaidd ar y pumed dydd, gan neillduo dydd Sadwrn yn ddiwrnod ar ei ben ei hun i greu dyn, arglwydd y greadigaeth. Ond yr oedd Ysbryd Duw yn arwain meddwl Moses i roddi adroddiad o drefn y cread, a hwnw yn gyson â Daeareg. Ac onid yw y ffaith ynddi ei hun, fod dyn wedi cael ei greu ar brydnawn y cread, yn awgrymu ddarfod iddo gael ei fwriadu i fod yn ddolen gydiol rhwng cyfnod bywydol y ddaear a'r cyfnod ysbrydol, yr hwn oedd yn dylyn ar y seithfed dydd? Diau genyf ei fod felly, a bod bywyd deublyg dyn, y naturiol a'r ysbrydol, yn ei gyfaddasu i fwynhau y naill a'r llall.

Yn ol Daeareg, y mae y chweched dydd yn cynwys ynddo ei hun ddau gyfnod pwysig yn hanes bywyd y ddaear. Y mae boreu y diwrnod yn cyfateb i'r Oes Drivddol, pan y dygwyd i fod, fel y mynegir gan Moses yn y testyn, dri dosbarth o anifeiliaid, sef yr anifail (*behemah*)—y llys-fwytawyr; yr ymlusgiaid (*remes*), a bwystfil y ddaear (*chayyah*), sef y cig-fwytawyr. Ar brydnawn y chweched dydd cymerodd cyfnewidiad dirfawr le yn hanes bywyd y ddaear. Y pryd hwnw newidiodd cymeriad llysieuaeth y

ddaear, a chymeriad yr anifeiliaid a breswyl-
ient arni. Ymddangosodd y llysiau, y coed, a'r
anifeiliaid a lanwent Eden, pan yr agorodd dyn
ei lygaid arni am y tro cyntaf Gwisgai y ddae-
ar wedd newydd. a'r wedd ddiweddaf. Yr oedd
y ddaear yn llawn bywyd, prydferthwch a
hawddgarwch pan y crewyd dyn   Daeth ef i
mewn i fyd yn orlawn o fywyd anifeilaidd a llys-
ieuol; oblegid y mae pob llysieuyn, a phob
anifail, yn llawer hŷn nag ef. Gwasgarai y
blodau eu peraroglau o'i amgylch, edrychai
yr anifeiliaid dofion, hen breswylwyr Eden, ar
wyneb newydd eu llywodraethwr, ac arllwysai
adar y nefoedd eu cerddoriaeth yn ei glywedig-
aeth. Ond yn eu canol oll Adda oedd y dyn
cyntaf, y *primus homo*, ac nis gall Dosbarthiad
Naturiol roddi cyfrif am ei darddiad   Nid yw
Darwiniaeth yn gorphwys ar sylfeini gwyddon-
ol, yn ol y Proff. Virchow. Dyma hefyd yw
barn awdurdodau mor uchel a Syr J. W. Daw-
son, a'r Proff. Prestwich, yr awdurdod uchaf yn
ein hoes ar Ddaeareg. "Evolution belongs to
the twilight of conjecture." medd Tyndall ych-
ydig cyn iddo farw Addefir yn gyffredinol,
erbyn hyn, fod y gagendor rhwng dyn a'r gre-

adigaeth anifeilaidd yn gyfryw fel nad allai dim
ei llanw byth, ond act greadigol uniongyrchol.
Efe ydyw y cydgrynhoad, y canlyniad eithaf, y
nod terfynol i'r holl greadigaeth. Yn ei gread-
igaeth ef arweiniodd yr Elohim i mewn y cyfnod
olaf—y cyfnod meddyliol—yn hanes y ddaear
Yr hwn sydd yn gallu dweyd "Ydwyf" a
"Dylwn," geiriau mawrion personoliaeth, ydyw
gogoniant y greadigaeth. Gall ef astudio ar
waith ei Greawdwr, ar ei fodolaeth ei hun, ac
ar fodolaeth a natur Duw. Efe yw y fferyllydd
a'r offeiriad. Ar ol ei greu ef gorphwysodd
y gallu creadigol, ac aeth y Creawdwr i mewn
i'w orphwysfa, fel y mae y ddaear yn awr yn
myned trwy y seithfed cyfnod yn ei hanes
Hwn ydyw y cyfnod meddyliol, y cyfnod i
weithio allan yr arfaethau tragwyddol am fyw-
yd troseddwyr, y cyfnod yr ymgnawdolodd y
Tragwyddol Fab, a'r cyfnod i adeiladu yr eg-
lwys Daw mawredd dyn i'r golwg yn y testyn
mewn tri goleuni, sef yn ngoleuni ei uwchaf-
iaeth ar y greadigaeth anifeilaidd, yn ngoleuni
y ffaith ei fod wedi ei greu ar ddelw Duw, ac
yn ngoleuni eangder ei lywodraeth. Y mae
tuedd gref yn ein hoes ni i ddarostwng dyn i'r

un safle a'r anifeiliaid a ddyfethir, ond fel y mynegir ar gadair y dysgawdwr mewn Uwch-anianaeth yn Mhrifysgol Edinburg.

"On earth there is nothing great but man,
In man there is nothing great but mind."

1. Daw ei fawredd i'r golwg yn ngoleuni ei uwchafiaeth ar y greadigaeth anifeilaidd.

Yn mha le y saif y llinell derfyn rhwng dyn a'r anifail? Mewn trefn i ateb y cwestiwn hwn rhaid gofyn cwestiwn arall, sef, Pa beth yw y bywyd anifeilaidd? Yn mha le y mae ei derfyn-au? Nis gellir dweyd dim mwy am y bywyd anifeilaidd na'i fod yn rhyw fath o egni; egni yn effeithio ar fater, yn adeiladu corff iddo ei hun o fater; egni yn meddu gallu i dyfu, i adgyn-yrchu ei hun trwy genedliad, i symud ar hyd wyneb y ddaear, ac i deimlo. Pa fath egni yd-yw, materol ai ysbrydol? Meddylia rhai, fel y Proff. Shedd, nad yw y bywyd anifeilaidd yn ddim ond gallu materol, yr hwn sydd yn disgyn i'r ddaear. Yn ol y syniad hwn, rhaid gwadu fod yr anifail yn ymwybodol, neu ynte, briodoli ymwybodolrwydd i fater. A phwy sydd yn barod i wneyd hyn? Tra y mae egni naturiol yn gweithio, o angenrheidrwydd yn mhob corff organaidd, eto rhaid cydnabod fod yno rywbeth mwy, sef ymyriad dwyfol.

Y mae yn haws genyf dderbyn y ddamcaniaeth arall na hon, sef y gall fod yn bodoli yn y gread- igaeth fwy na dau sylwedd, mwy na mater ac ysbryd, hyny yw, math o drydydd sylwedd a el- wir, er mwyn cyfleusdra, yn enaid anifeilaidd. Nis gall mater, fel y gwyddoch, deimlo na gwy- bod am dano ei hun; nis gwyr ddim am boen na phleser. Yn awr, os gall teimlad fodoli ar wa- han i bersonoliaeth; os gall dymuniad ac ewyll- ysiad fodoli heb y gallu i ddewis rhwng dau am- can; os gall y pethau hyn fodoli yn eu hundeb a'u gilydd mewn creadur ar wahan i hunan-wybodol- rwydd, credaf eu bod yn ansoddau perthynol i'r enaid anifeilaidd, yr hwn nid ydyw yn fater nac yn ysbryd. Gwahaniaetha y sylwedd hwn oddi- wrth fater am ei fod yn teimlo, yn meddwl, yn gwybod, yn chwenychu ac yn symud yn ol ei gymellion greddfol. Gwahaniaetha oddiwrth ysbryd am nad ydyw yn meddu ymwybodol- rwydd, neu bersonoliaeth, a bod ei allu meddyl- iol yn gyfyngedig i gymellion greddfol, ac nid i allu rheswm. Credwyf fod y ddamcaniaeth hon am drydydd sylwedd yn y greadigaeth, sef yr enaid anifeilaidd, yr hwn sydd yn anfarwol, yn ol Butler, yn rhoddi cyfrif mwy boddhaol am holl arddangosion y bywyd anifeilaidd, na'r dybiaeth nad yw y bywyd hwnw yn ddim ond ymweithiad egni materol yn unig.

Ond y cwestiwn yw, Yn mha beth y mae dyn yn rhagori ar yr anifail? Ni chaf hamdden i arwain eich meddwl i'r manylion perthynol i'r mater hwn, ond gallaf mewn un gair daraw ar ben y pethau pwysicaf. Y mae prif ragoriaeth dyn ar yr anifail yn gwreiddio yn ei ymwybodolrwydd ac yn ei reswm. Wrth ymwybodolrwydd yr wyf yn golygu, gallu yr enaid i wybod ei fod yn gwybod, ac i feddwl ar ei feddyliau ei hun. Gall yr anianydd ddweyd, a hyny yn gywir, fod yr anifail yn meddwl, ac yn gwybod; ond nis gall ddweyd ei fod yn meddwl ar ei feddyliau ei hun, nac yn gwybod ei fod yn gwybod. Dyma i chwi gagendor rhy ddofn i'w chroesi, nac i'w rhychwantu, rhwng dyn a'r bywyd anifeilaidd. Yr ymwybodolrwydd dynol ydyw yr elfen uchaf a berthyn i'n natur. Yn ei ymwybodolrwydd y gwreiddia personoliaeth ac anfarwoldeb dyn, fel y bodola oxygen a hydrogen mewn dwfr. Nid yw personoliaeth ond enw ar gyfun-

iad o briodoleddau, sef bywyd, deall, ewyllys,
&c., y rhai a wreiddiant yn yr ymwybodolrwydd.
Bodola pethau difywyd, fel y gareg; pethau byw-
ydol, fel y llysiau; pethau bywydol yn meddu
ewyllys, deall, a gwybodaeth, fel yr anifeiliaid;
eithr ni feddant bersonoliaeth, am y rheswm nad
ydynt yn gwybod eu bod yn gwybod, nac yn
gallu myfyrio ar eu syniadau eu hunain. Nid
am fod dyn yn meddu gwahaniodaeth, ewyllys
rydd neu gaeth, y gelwir ef yn berson, ond am y
rheswm ei fod ef ei hun yn ymwybodol ei fod yn
eu meddu. Pa faint bynag ydoedd uchder y cam
a gymerodd Natur pan yn camu o fater i fyw-
yd; neu o'r bywyd llysieuol i'r bywyd anifeilaidd,
rhaid addef mai ei phrif gam ydyw o'r bywyd
anifeilaidd i'r bywyd ymwybodol mewn dyn, yr
hwn sydd ddigon mawr i ail feddwl ei feddyliau
ei hun, ac i wybod ei fod yn gwybod. Gall dyn
ddweyd "Myfi," am ei fod yn ymwybodol o'i
bersonoliaeth. Dechreua ei anfarwoldeb lle y
dechreua ei ymwybodolrwydd Parhad o'i ym-
wybodolrwydd personol fydd ei anfarwoldeb.
Onid yw hyn oll yn gynwysedig yn y ddau air
a ddefnyddir gan Moses yn y testyn? "Duw
hefyd a ddywedodd, Gwnawn ddyn ar ein delw

ni, wrth ein llun ein hunain * * * Felly
Duw a greodd y dyn ar ei ddelw ei hun, ar ddelw
Duw y creodd efe ef?" Dyma r trydydd ymyr-
iad mawr—trydedd gwyrth fawr y Duwdod
mewn creadigaeth—creu dyn. 'A'r Arglwydd
Dduw a luniasai y dyn o bridd y ddaear, ac a
anadlodd yn ei ffroenau anadl einioes" (yn
llythyrenol, "anadl bywydau') "a'r dyn a aeth
yn enaid byw." Nid ydym i olygu fod y Duw
Anfeidrol fel crochenydd, mewn dull celfyddyd-
ol, yn casglu â'i ddwylaw bridd y ddaear i lunio
corff dyn; ac wedi iddo ei lunio ei fod wedi an-
adlu yn llythyrenol yn ei ffroenau anadl bywyd-
au, mwy nag yr ydym i ddeall fod y Creawdwr
yn dweyd "Bydded" pan yn dwyn i fod blyg
newydd yn y greadigaeth Ond y meddwl ydyw
fod dyn, trwy act o Hollalluawgrwydd dwyfol
wedi codi o'r pridd, a'r foment yr oedd pridd y
ddaear o dan ddylanwad yr ewyllys greadigol yn
cymeryd ffurf y corff dynol, treiddiodd bywyd
dwyfol trwy yr holl ffurf, "a daeth dyn yn enaid
byw." Er mai yr un gair, sef "enaid byw," a
ddefnyddir yma i osod allan y bywyd anifeil-
aidd a bywyd naturiol dyn, eto chwi welwch fod
gwahaniaeth dirfawr yn null creadigaeth y naill

rhagor y llall. Daeth yr anifeiliaid i fod trwy y "Bydded" hollalluog yn fodau cyflawn ar unwaith, pob un yn "enaid byw" Yr oedd eu nenaid a'u cyrff yn neidio i fod ar unwaith, a'r enaid hwnw yn ddim ond rhan o'r sylwedd cyffredinol, y trydydd sylwedd yn y greadigaetn, fel y sylwais yn flaenorol. Ond mynegir yma fod dyn wedi derbyn ei fywyd trwy act ddwyfol neillduol o anadlu i mewn iddo anadl einioes A chaniatau mai at ei fywyd naturiol yn unig y cyfeirir yn y gair. "A Duw a anadlodd yn ei ffroenau anadl einioes," a bod dyn yn rhan o'r greadigaeth anifeilaidd, rhaid i ni, ar yr un pryd, addef fod y geiriau, "Felly Duw a greodd y dyn ar ei ddelw ei hun," yn cynwys annhraethol fwy Yr oedd ei fywyd naturiol ef wedi ei gysylltu â bywyd moesol ac ysbrydol

II. Daw mawredd dyn i r golwg oddiwrth y ffaith ei fod wedi ei greu ar lun a delw Duw.

"Duw hefyd a ddywedodd, Gwnawn ddyn ar ein delw ni, wrth ein llun ein hunain. * * * Felly Duw a greodd y dyn ar ei ddelw ei hun, ar ddelw Duw y creodd efe ef, yn wryw ac yn fanyw y creodd efe hwynt." Dywedir yma dair gwaith fod Duw wedi creu dyn ar ei ddelw. Ni

cheir geiriau mwy dyrchafedig am ddyn yn y
Dadguddiad Dwyfol na'r rhai hyn, hyd nes y
dyferodd y geiriau hyny dros wefusau y dysgybl
anwyl. "A'r Gair a wnaethpwyd yn gnawd ac a
drigodd yn ein plith ni, ac ni a welsom ei ogon-
iant ef, gogoniant megys yr uniganedig oddi-
wrth y Tad, yn llawn gras a gwirionedd." Y
mae y geiriau "Gwnawn ddyn ar ein delw ni,
ar ein llun ein hunain," yn mynegu fod yr
Elohim dwyfol, megys ar ganol ei waith wedi
troi i lefaru wrth Berson dwyfol arall, yr hwn
oedd yn gydweithiwr ag ef. Hwn oedd yn sy-
mud ar wyneb y dyfroedd Hwn oedd awdwr
trefn ac addurnydd pob peth Tra y darlunir yr
Elohim yn llefaru, gan orchymyn i'r naill blyg ar
ol y llall ddyfod i fod yn y greadigaeth, yr oedd
yr Ysbryd yn cyflawni ei waith mewn dystaw-
rwydd. Nid oes genym gymaint ag un gair, drwy
holl gorff y Dadguddiad dwyfol, wedi ei lefaru
gan yr Ysbryd Glan. Nid oes angen am i awd-
wr trefn, ac addurnydd pethau lefaru, eithr cyf-
lawni ei waith mewn dystawrwydd. Yn y testyn
dyma'r Creawdwr wedi troi i ddweyd gair wrth
yr Addurnydd am y tro cyntaf yn hanes y gread-
igaeth, gan ddywedyd, "Gwnawn ddyn ar ein

delw ni." Mynegir yn y Testament Newydd fod y Gair a wnaethpwyd yn gnawd yn gynwysedig yn y "Ni" yma,—"ein delw ni," "ein llun ein hunain," "oblegid trwyddo ef y gwnaethpwyd pob peth." Ceir yma gnewullyn athrawiaeth y Drindod. Yn wir, penod y dechreuad ydyw hon. Fel pe dywedasai y Creawdwr Dwyfol wrth yr Addurnydd, "Heddyw, ar ol i ni fod yn cyd-weithio am oesoedd afrifed, yr ydym wedi dyfod at y weithred greadigol olaf, y benaf o'n holl weithredoedd; gwneyd dyn ar ein delw. Hwn fydd arglwydd y greadigaeth; hwn fydd yr off-eiriad trwy yr hwn y bydd y greadigaeth yn dwyn ei hoffrymau ar fy allor. Byddaf fi yn bar-od i fyned i mewn i'm gorphwysfa ar ol cyflawni y weithred hon." "Felly Duw a greodd y dyn ar ei ddelw ei hun, ar ddelw Duw y creodd efc ef, yn wryw ac yn fanyw." Ond er fod y geiriau yn golygu lluaws o bersonau, eto yr un llun, yr un ddelw sydd yn perthyn iddynt oll—"Ein llun,' nid ein lluniau; "ein delw ni;" nid ein delwau a ddywedir.

Yn awr, pa beth a olygir wrth y ddelw hon? Perthyna i'r Tri Pherson fel eu gilydd, a myneg-

6

ir fod dyn wedi ei greu ar y ddelw hon, ac nid yn y ddelw. Rhaid mai nid y ddelw a berthyn i bob un o'r Personau dwyfol ar ei ben ei hun a olygir; nid y nodwedd hono ag sydd yn gwahaniaethu y naill Berson oddiwrth y llall a feullir; eithr yn hytrach yr hyn a berthyn yn hanfodol i bob un o honynt, megys ysbrydolrwydd eu natur, eu hymwybodolrwydd personol, eu sancteiddrwydd, eu rhyddid. Tra y mae ganddynt eu nodweddau personol a gwahaniaethol, fel Personau Dwyfol, fel y mae gwahanol nodweddau yn mysg dynion fel personau unigol, eto y mae y nodweddau a nodwyd yn perthyn yn gyffredinol i bob un o honynt. A dyma, fel y tybiaf, yr hyn a olygir wrth "ein delw ni," "ein llun ein hunain." O ganlyniad, pan y dywedir fod dyn wedi ei greu ar ddelw Duw, golygir mwy na'i fod yn fod sanctaidd, yn meddu yr un cymeriad moesol a Duw. Nid *cymeriad* moesol a olygir yn benaf yn y gair delw Duw, ond *natur*. Y mae y gair delw yn ei berthynas a'r chreadigaeth dyn yn sefyll yn wrthgyferbyniol i'r gair rhyw yn ei berthynas a chreadigaeth yr anifeiliaid. Ymddangosai yr anifeiliaid yn ol eu rhyw, ond am ddyn crewyd ef ar ddelw Duw; hyny yw, y mae efe yn perthyn i'r rhywogaeth honŋ ŋ bersonau sydd yn meddu natur ysbrydol, gailu- oedd meddyliol, ymwybodolrwydd, cydwybod, rhyddid moesol, a phurdeb natur. Dyma lia- ellau y ddelw yn yr hon y crewyd dyn. Yn y ddelw hon y gwreiddia undod y ddynoliaeth, a'r posibilrwydd i ddyn ddal cymundeb â Duw, a'i addoli. Yn nheml ei gorff ef, ar un llaw, cydgyf- erfydd holl ragoriaethau y greadigaeth faterol a bywydol; ac yn nheml ei ysbryd ef, ar y llaw ar- all, cydgrynhoir holl belydrau a goleuni y gre- adigaeth ysbrydol. Yn y ddelw hon y gwreidd- ia posibilrwydd yr ymgnawdoliad. Crewyd y dyn cyntaf ar "ffurf yr Un oedd ar ddyfod," medd Paul, sef yr Ail Adda. Gwreiddia *type* y ddynol- iaeth yn natur y ddelw hon a berthyn yn gyffred- inol i'r Drindod sanctaidd. Y mae y Mab yn ddelw y Duw anweledig, ac y mae dyn wedi ei greu ar ddelw y Mab. Lluniwyd yr Adda cyntaf ar ddelw yr Ail Adda Efe ydyw rhag-gynllun dyn.

Byddai yn dda i ni gofio nad ydyw dyn trwy y cwymp wedi colli y ddelw yn yr ystyr hwn Nid ydyw y Beibl yn dysgu y syniad hwn, eithr yn hytrach dywedir yn y bumed benod, "Yn y dydd

y creodd Duw ddyn, ar lun Duw y gwnaeth efe
ef, yn wryw ac yn fanyw y creodd efe hwynt.   *
*   *   Ac a alwodd eu henw hwynt Adda, ar y
dydd y crewyd hwynt. Ac Auua a genedlodd
fab ar ei lun a'i ddelw ei hun, ac a alwodd ei enw
ef Seth;" hyny yw, fel y crewyd Adda ar lun a
delw Duw, daeth Seth trwy genedliad i etifeddu
yr un ddelw Ar ol y dylif dywedodd Duw wrth
Noah, "A dywallto waed dyn, trwy ddyn y tyw-
elltir ei waed yntau, o herwydd ar ddelw Duw y
gwnaeth efe ddyn " Y rheswm paham y gosod-
ir cymaint o werth ar fywyd dyn ydyw ei fod
wedi ei greu ar ddelw Duw. Os ydyw wedi colli
y nodwedd uchel o sancteiddrwydd a berthyna
i'r ddelw, nid yw wedi colli ei ysbrydolrwydd, ei
ymwybyddiaeth, ei reswm, a'i ewyllys. Yn yr
ystyr hwn y mae delw ei Greawdwr yn aros ar
ddyn yn nyfnder ei druenı. Ac yn ol dysgeid-
iaeth yr Apostol Paul cadarnheir fod sancteidd-
rwydd y ddelw hon yn cael ei adferu yn ol trwy
y prynedigaeth sydd yn Nghrist Iesu. "A
gwisgo y dyn newydd, yr hwn a adnewyddir
mewn gwybodaeth, yn ol delw yr hwn a'i cre-
odd." "A gwisgo y dyn newydd, yr hwn yn ol
Duw a grewyd mewn gwybodaeth a gwir sanct-

eiddrwydd." Creir y dyn newydd yn "ol Duw," hyny yw, yn ol delw Duw, fel y crewyd y dyn cyntaf; a'r rhan o'r ddelw sydd yn cael ei hadferu, ydyw gwybodaeth, cyfiawnder a gwir sancteiddrwydd.

III. Mawredd dyn yn ngoleuni eangder a gogoniant y llywodraeth a dderbyniodd gan Dduw.

"Ac arglwyddiaethant ar bysg y mor ac ar ehediad y nefoedd, ac ar yr anifail, ac ar yr holl ddaear, ac ar bob ymlusgiad a ymlusgo ar y ddaear." Ceir yr un gwirionedd yn cael ei osod allan yn brydferth iawn yn yr wythfed Psalm, "Gwnaethost ef ychydig is na'r angylion," neu yn ol y cyfieithiad mwyaf llythyrenol, "ychydig is na Duw," "ac a'i coronaist ef â gogoniant ac a harddwch. Gwnaethost iddo arglwyddiaethu ar weithredoedd dy ddwylaw; gosodaist bob peth dan ei draed ef." Pa beth a olygir wrth y "pob peth" a ddarostyngwyd o dan lywodraeth dyn yn ei berffeithrwydd? Dyma yr atebiad: "Defaid ac ychain oll, ac anifeiliaid y maes hefyd; ehediad y nefoedd a physg y mor, ac y sydd yn tramwyo llwybrau y moroedd." Eangder ei awdurdod ydoedd defaid, ychain ac anifeiliaid; uchder ei awdurdod oedd ehediad yr aderyn; a dyfnder ei awdurdod ydoedd nofiad y pysgodyn. A ydych yn sylwi nad ydyw Moses yma, nac awdwr yr wythfed Psalm, yn enwi bwystfil y ddaear, neu y cig-fwytawyr, yn mysg yr anifeiliaid ag yr oedd llywodraeth dyn yn ymestyn drostynt? Ac yn rhestr yr anifeiliaid a ddygwyd at Adda i gael eu henwi, nid yw y cig-fwytawyr yn cael eu nodi o gwbl. Onid oes awgrym yn y dystawrwydd hwn, yn ein cyfreithloni i gasglu, nad oedd yr anifeiliaid rheibus, "bwystfil y ddaear," o dan lywodraeth dyn yn ei berffeithrwydd? Rhaid fod presenoldeb y cyfryw yn elfen o anhapusrwydd iddo. Y mae dyn wedi ei greu i lywodraethu. Gosodwyd teyrnwialen yn ei law, a choron ar ei ben. Yn ol bwriad Duw yr oedd i estyn ei lywodraeth, nid yn unig dros y greadigaeth anifeilaidd, ond dros y byd gweledig ac anweledig Er nad ydyw dyn trwy bechod wedi colli y llywodraeth hon yn hollol—efe ydyw y brenin ar y ddaear o hyd, er iddo ddefnyddio ei ryddid moesol i ddinystrio ei ddiniweidrwydd, yn ol awdwr y llythyr at yr Hebreaid, llenwir i fyny syniad a bwriad gwreiddiol y Duwdod am lywodraeth dyn, gan y dyn a'r Duwdod ynddo yn trigo. Yn Nghrist dangosir i ni beth oedd syniad gwreiddiol y Creawdwr doeth am lywodraeth dyn. Yn Nghrist dangosir i ni beth a feddylir pan y dywedir fod dyn wedi ei greu ar ddelw Duw. Cododd yr Arglwydd Iesu goron y ddynoliaeth o'r llwch. a gwisgodd hi am ei ben ei hun. Yn Nghrist y mae y natur ddynol wedi ei chodi i lywodraeth yr holl greadigaeth. "Pob peth wedi eu darostwng iddo." Ac y mae y saint yn cyd-deyrnasu ag ef. "Oni wyddoch chwi y barnwn ni angylion?" Byddant hwy yn sefyll yn nes at yr orseddfainc na cherubiaid a seraffiaid. Buasai dyn pe wedi aros yn fod sanctaidd, yn estyn ei lywodraeth yn raddol dros yr holl greadigaeth, yn weledig ac yn anweledig. Ni sylweddolodd yr Adda cyntaf erioed eangder ei lywodraeth, na chyfoeth ei etifeddiaeth, ond gwnaeth Iesu Grist fwy nag adferu yr hen lywodraeth wreiddiol i'r ddynoliaeth. "Eithr yr ydym ni yn gweled Iesu, yr hwn a wnaed ychydig yn is na'r angylion, o herwydd dyoddef marwolaeth, wedi ei goroni a gogoniant ac anrhydedd."

Yn awr, wrth derfynu, dymunwn i chwi gadw eich meddwl ar ddau wirionedd neillduol, fel

casgliad oddiwrth yr hyn a ddywedwyd.   1. Fod
dyn yn ffrwyth creadigaeth neillduol y Duwdod.
Nid codi a wnaeth ef ar ei draed o'r greadigaeth
anifeilaidd, trwy ddadblygiad graddol; eithr
"Duw a greodd y dyn ar ei lun a'i ddelw ei hun."
Cyfranwyd iddo ef rywbeth o Dduw; trwy gyf-
ranogiad neillduol, daeth dyn yn feddianol ar
fywyd dwyfol

2 Cofiwn ei fod wedi ei greu yn fod ysbrydol.
Gofynir weithiau yn yr oes hon, Yn nha le y
mae mawredd dyn yn gynwysedig? Nid ydyw o
ran maint a phwysau ond megys *atom* yn symud
yn awyr y greadigaeth, na'i einioes ar y ddaear,
yn ddim ond gwagedd. Os diffoddir heuliau fel
gwreichion yn yr eangder, os ydyw bydoedd y
greadigaeth yn treulio eu hunain wrth symud,
ac yn hau eu hadfeiliad yn barhaus mewn gwag-
der, gofynir y cwestiwn, A yw yn beth rhesymol i
ni feddwl y parha dyn i hanfodi yn ddiddiwedd?
Yn ngwyneb cwestiynau o'r fath, daliwch eich
gafael yn mhersonoliaeth ysbrydol dyn, ac efe a
saif ger eich bron y gwrthrych pwysicaf yn y
greadigaeth ond Duw ei hun   O ddyn cyfoeth-
og, anfarwol, ac amrywiol! Ti wyt fab dyn ar
un llaw, ac ar y llaw arall, ti wyt fab y Brenin

tragwyddol ac anfarwol Tra y mae dy gorff fel byd bychan cyflawn a hardd, yn meddu ei oleuni. ei ffenestri, a'i swn; dy synwyrau yn cario ynddynt eu hunain derfynau boreu a hwyr, a dyfnderoedd asur; dy ymenydd yn mesur hyd a lled, dyfnder ac uchder dinas Duw, y mae dy galon yn meddu gallu i garu, i addoli, i gymdeithasu â'r Duw anweledig, ac yn cynwys ynddi ei hun ymerodraethau eang drwg a da Gelli di nesau at orseddfainc yr hwn sydd yn byw yn oes oesoedd, a dywedyd, "Fy Nhad," ac wrth yr hwn sydd yn eistedd yn nghanol yr orseddfainc, "Fy Mrawd." Byddwch fyw yn deilwng o'ch urddas, o'ch bonedd, ac o'ch teulu.

PREGETH V.

DEDDF PECHOD A MARWOLAETH A DEDDF NATUR.

"Am hyny, megys trwy un dyn y daeth pechod ir byd, a marwolaeth trwy bechod, ac felly yr aeth marwolaeth ar bob dyn, yn gymaint a phechu o bawb."—Rhufeiniaid 5 12.

Tra yn tynu cyferbyniad rhwng Adda a Christ mewn brawddegau byrion a llwythog o feddwl, arweinir ni gan yr Apostol yn y testyn, ac, yn wir, hyd ddiwedd y benod hon, i olwg ffynonell wreiddiol pechod, yn nghyd a'i effeithiau dinystriol. "Trwy un dyn," hyny yw, trwy un act o eiddo y dyn hwnw, "y daeth pechod i'r byd, a marwolaeth trwy bechod." Cawn y Beibl yn llefaru llawer am bechod, ac yn erbyn pechod, a hyny o ddechreu Genesis hyd ddiwedd llyfr y Dadguddiad; ond ni welir yn yr Hen Destament ond dau grybwylliad byr am Adda a'i bechod, y tu allan i hanes y cwymp yn y drydedd benod o Genesis. Nid ydyw Iesu Grist yn enwi Adda gymaint ag unwaith, nac yn cyfeirio mewn un modd at ei weithred bechadurus, trwy yr hon y

codwyd y llif-ddor i'r dylif o drueni a marwol-
aeth a fodolai eisoes yn y byd moesol, efallai,
er's miloedd o flynyddoedd, llfo i mewn i'r ddyn-
oliaeth. Dyma ydyw ein tynged alaethus. I'r
meddwl ymchwilgar, elfen o fwynhad ydyw ol-
rhain egwyddorion a ffeithiau i ffynonell eu
tarddiad; ond nid felly am bechod. Hon yw y
ffynon, dyfroedd gwenwynig pa un a ddygodd
boen marwolaeth yn ei holl blygion, ac uffern
hefyd i phiol y ddynoliaeth. Dyma y ffynon a
roddodd fod i ddigofaint Duw. Y mwg gwen-
wynig a gyfyd o ddyfroedd hon sydd yn dinystr-
io pob bywyd a phrydferthwch, a buasai wedi
gwywo dail pren y bywyd yn Eden oni buasai
ddarfod i Dduw ei symud i'r Ail Baradwys.

Nid amcan Paul yma ydoedd traethu ar y
pechod gwreiddiol. Ei amcan ef ydoedd dangos
ac egluro pa fodd y mae dynion yn cael eu hach-
ub oddiwrth bechod trwy un dyn, Iesu Grist.
Wrth egluro y gwirionedd hwn dygir enw Adda
i mewn gyda'r bwriad, nid i ddangos y gwrth-
gyferbyniad sydd rhwng dau ben y ddynoliaeth
a'u gilydd, ond i ddangos fod ein holl drueni, yn
ogystal a'n gwaredigaeth, yn gwreiddio mewn
undeb. Undeb, ac undeb yn y ffurf o gynrych-

iolaeth, sydd yn taflu goleuni ar sefyllfa bresenol dynoliaeth, ac ar bosibilrwydd cadwedigaeth. Undeb ydyw y rheswm fod plant yn meirw; undeb ydyw y rheswm fod pechaduriaid ewyllysgar a gweithredol yn cael eu cadw. Nid cyfres o unigolion ydym, a phob un yn annibynol ar y llall, fel goleuadau y nefoedd, a phob un yn rhydd-ewyllysydd ac yn rhydd-weithredydd, ei rinwedd neu ei fai yn terfynu ynddo ef ei hun. Un corff ydyw y ddynoliaeth, a phob un yn aelodau i'w gilydd. Pa faint bynag o amrywiaeth ymddangosiadol sydd rhwng llwythau a chenedloedd a'u gilydd, y maent fel y tair afon yn Eden wedi tarddu o'r un ffynon. Os ydyw y ffynon wedi ei llygru, rhaid fod y ffrydiau yr un modd. Plant yr un tad ydym ni oll. Ein tad a fwytaodd rawnwin surion, fel y myñegir yn yr hen ddiareb Iuddewig, "ac ar ddanedd y plant y mae y dincod." Dyma y berthynas gyntaf—y berthynas naturiol rhyngom ag Adda. Ond yn ol esboniad yr Apostol yma ar y cwymp a threfn yr adferiad, nid y naturiol ydyw yr unig berthynas. Yr oedd Adda yn gynrychiolydd ei holl had naturiol fel pen cyfamodwr. Dyma y berthynas foesol, ac o herwydd y berthynas hon cyfrifir

euogrwydd pechod Adda yn euogrwydd i'w had.
Cyn y gallasai Iesu Grist fod yn Waredwr digon-
ol i ni, yr oedd yn rhaid iddo ddyfod i'r berthyn-
as ddeublyg hon â dynoliaeth—y naturiol a'r
gyfamodol. Y ddau fath yma o undeb sydd yn
gwneyd iachawdwriaeth yn beth posibl. Gellir
casglu nad oes undeb naturiol trwy genedliad,
nac undeb cyfamodol trwy gynrychiolaeth, yn
bod rhwng yr angylion a'u gilydd, oblegid hyn
nis gallasai efe gymeryd gafael ar angylion i'w
cadw. Unigolion heb dad ydynt hwy; ond y mae
dynion yn "Had;" nid yn natur yn unig, ond yn
hiliogaeth trwy genedliad. Pe buasai dyn yn
fod unigol, fel tywodyn ar lan y mor, yn gweith-
redu yn annibynol, heb berthynas rhyngddo â
neb, ond ei holl weithrediad da neu ddrwg yn
terfynu ynddo ef ei hun, buasai ei iachawdwr-
iaeth yntau yn beth anmhosibl. Neu, pe buasai
Iesu Grist wedi dyfod i undeb a'n natur, ac heb
ddyfod i undeb fel cynrychiolwr â ni, buasai ei
holl waith yn ei fywyd a'i farwolaeth hunanab-
erthol yn sefyll byth wrtho ei hun heb ddal cys-
ylltiad â neb, na sicrhau iachawdwriaeth neb
Yn awr, fel y mae Adda yn sefyll mewn undeb
deublyg a'i had—y naturiol, trwy yr hwn y

daeth pechod gwreiddiol i'n natur, a'r cyfamodol
ar sail yr hwn y cyfrifir euogrwydd ei bechod yn
ein herbyn ni, felly Crist hefyd, daeth yntau i
undeb deublyg a'i bobl Heb yr undeb cyfam-
odol, anmhosibl yw esbonio ystyr ymadroddion
fel hyn "Yr hwn a osododd Duw yn Iawn;"
"Efe yw yr Iawn dros ein pechodau ni;" "Efe a'i
rhoddes ei hun drosom," "Efe a ddug ein pech-
odau ni yn ei gorff ar y pren;" "A'r Arglwydd
a roddes arno ef ein hanwiredd ni i gyd." Yr un
modd am ein perthynas ddeublyg ag Adda; nis
gellir esbonio y testyn nac ymresymiad yr Apos-
tol heb olygu y ddwy berthynas a nodwyd.
Profa yr Apostol fod plant dynion yn cael eu
condemnio am gamwedd Adda fel hyn 1. Fod
gosodiad cosb yn profi bodolaeth cyfraith,
"oblegid ni chyfrifir pechod pryd nad oes deddf "
(Adnod 13). 2. Y mae y ffaith fod pob dyn yn
dyoddef marwolaeth, neu ddrygau cosbawl, yn
profi fod pob dyn yn droseddwyr o gyfraith
(Adnod 12). 3. Nid cyfraith Moses ydyw hono,
oblegid bu feirw llawer cyn rhoddi y gyfraith
hono, ac nid cyfraith natur mo honi, oblegid y
mae babanod yn meirw, y rhai na throseddasant
erioed gyfraith natur (Adnod 14). 4. Gan hyny,

gan nad oes un o'r cyfreithiau hyn yn cymeryd
i mewn holl ddeiliaid y gosb, rhaid i ni gredu fod
dynion wedi eu gwneyd yn ddarostyngedig i far-
wolaeth o herwydd eu perthynas ag Adda.
"Trwy un dyn y daeth pechod i'r byd, a marwol-
aeth trwy bechod;" "trwy gamwedd un y bu
feirw llawer;" "y farn a ddaeth o un camwedd i
gondemniad," "canys os trwy gamwedd un y
teyrnasodd marwolaeth trwy un," "trwy gam-
wedd un y daeth barn ar bob dyn i gondem-
niad;" "oblegid megys trwy anufudd-dod un dyn
y gwnaethpwyd llawer yn bechaduriaid." Fel
hyn yn Adda y mae pawb yn meirw, nid yn un-
ig mewn effaith, ond yn haeddianol, am fod ein
perthynas ni ag ef nid yn naturiol yn unig, ond
hefyd yn gyfreithiol.

Y mae yn amlwg fod yr athrawiaeth am bech-
od Adda, y pechod gwreiddiol, yn ymranu i
ddwy gangen, y rhai a darddant o'r undeb deu-
blyg sydd rhyngom ni ag ef, sef cyfrifiad o euog-
rwydd ei bechod, hyny yw, nid ei holl bechod ef,
eithr un act o anufudd-dod i orchymyn Duw;
yn ail, y llwgr a ddaeth i'n natur fel canlyniad ei
bechod, yr hwn sydd yn rhedeg yn ein natur
trwy etifeddiad, a'r hwn a olygir yn benaf wrth

y "pechod gwreiddiol" Ond deallwch hyn.
Nid ar gyfrif llwgr ein natur yn unig nac yn
benaf y cosbir ni â marwolaeth, eithr o herwydd
ein perthynas gyfamodol ag Adda. Undeb, neu
gynrychiolaeth ydyw sail cyfrifiad, sail ein heu-
ogrwydd, a sail, neu y rheswm, dros y cosbau
naturiol a moesol a ddyoddefwn.

I Sylwn fel y mae cynrychiolaeth yn sail
cosb.

Dyma ydyw prif wirionedd y testyn hwn.
"Trwy un dyn y daeth pechod i'r byd a marwol-
aeth trwy bechod." Nid ydym i olygu wrth hyn
fod camwedd Adda, neu fod ei bechod ef yn cael
ei drosglwyddo i ni, neu ein bod ni wedi pechu
yn weithredol ynddo ef. Pa fodd y gall neb
bechu cyn ei fod yn bodoli? O ganlyniad, nis
gallwn fod yn euog o'i bechod ef, mwy nag y
gall baban fod yn euog o bechodau ei dad. Y
mae cyfansoddiad ein natur yn gyfryw, a chyf-
ansoddiad y llywodraeth foesol y fath, fel
nas gall fod euogrwydd heb gyflawniad o
weithred bechadurus. Nis gall cydwybod neb
ei gondemnio am bechod un arall, na theimlo y
radd leiaf o euogrwydd o'i blegid. Cysyllta
llywodraeth foesol Duw yr euogrwydd a chyd-

wybod y troseddwr. Nid ydyw Duw yn ystyr-
ied ein bod ni yn euog o bechod Adda, mwy nag
yr oedd yr Arglwydd Iesu yn euog o bechodau
ei bobl, am hyny ni elwir arnom i edifarhau am
ei bechod ef. Peth croes i gyfansoddiad ein
natur, a chroes i lywodaeth Duw, fyddai haeru
fod dyn yn dyoddef poen a hunan-gondemniad
oblegid pechod dyn arall. Os na bydd y rhes-
wm wedi dyrysu, nis gall y gydwybod gyhoeddi
y fath ddedfryd Drachefn, os dywedwch chwi
ein bod ni yn pechu yn weithredol yn Adda,
cewch eich hunain yn nghanol sylweddiaeth
(*realism*), sef damcaniaeth athronwyr y Canol
Oesau, yn nghyd a rhai duwinyddion, y rhai a
ddaliant mai sylwedd (*essence*) ydyw y natur
ddynol, ac nad ydyw personau unigol yn ddim
ond lluosogiad o'r sylwedd hwnw a bechodd yn
Adda A ydyw y syniad hwn yn glir yn eich
meddwl i gychwyn fod yn anmhosibl i neb bechu
cyn iddo gael bodolaeth, a bod mor anmhosibl a
hyny i neb fod yn euog cyn cyflawni trosedd ei
hun?

Ar y llaw arall, rhaid ein bod mewn rhyw ys-
tyr yn euog, oblegid cosbir ni â marwolaeth, a

7

hyny nid am ein bod wedi pechu ein hunain.
Dywed yr Apostol yn yr ymresymiad hwn fod
plant yn meirw. Ac nis gellir bod cosb yn llyw-
odraeth Duw Hollwybodol heb euogrwydd. Pa
lywodraeth gyfiawn sydd yn cosbi heb euog-
rwydd, os na bydd yn gwneyd hyny mewn an-
wybodaeth? Y rheswm am fod marwolaeth, a'r
holl ddrygau cosbawl yn syrthio arnom ni ydyw
fod euogrwydd pechod Adda yn cael ei roddi yn
ein herbyn ni mewn cyfraith, neu ei gyfrif i ni, a
hyny, fel y nodais, ar sail ein hundeb cyfamodol
ag ef. Fel hyn, undeb yn mhob cysylltiad yw
sail cyfrifiad—cyfrifiad o bechod Adda i'w had,
cyfrifiad o gyfiawnder Crist i bechadur, neu gyf-
rifiad o bechodau ei bobl ar Grist. Cofiwch mai
peth yn cael ei roddi yn erbyn neu o blaid un
ydyw meddwl y gair cyfrif Nid yw yn golygu
fod y rhai y cyfrifir unrhyw beth iddynt wedi
cyflawni y peth hwnw eu hunain Cyfrif ydyw
gwneuthur peth yn eiddo i un arall nad oedd yn
perthyn iddo yn briodol, yn ateb yr holl ddyben-
ion fel pe buasai yn eiddo iddo heb ei gyfrif. Yn
yr ystyr hwn y dywedir fod pechod Adda yn cael
ei gyfrif i'w hiliogaeth. Rhoddir ei weithred
bechadurus ef yn eu herbyn hwy, a chosbir hwy

fel pe buasent wedi ei chyflawni eu hunain yn bersonol.

Egwyddor gyffredinol ac addefedig yn llywodraeth Duw ydyw y bydd i bob un ddwyn canlyniadau ei bechod ei hun "Yr enaid a becho hwnw a fydd marw," eto nid oes dim yn hyn yn gwrthdaro yn erbyn y ffaith fawr ac amlwg, fod dynion, naill ai yn cael eu cosbi neu eu gwobrwyo o herwydd pechodau neu rinweddau eraill Mor arwynebol ydyw y syniad a glywir gan rai, hyny yw, arwynebol am gyfansoddiad cymdeithas a threfn rhagluniaeth, nad ydym ni mewn un ystyr yn gyfrifol am bechod y dyn cyntaf, am y rheswm nad oedd genym law yn ei ddewisiad fel cynrychiolydd Onid yw y wlad hon o dan ddyled wladol cyn eich geni chwi, fel nas gallai fod genych y dewisiad lleiaf yn y mater; eto fel dinasyddion, yr ydych yn gyfrifol am y ddyled wladol, onid ydych? Wrth sefydlu cymdeithas, y trefniad dwyfol bob amser, ac o dan bob amgylchiad, ydyw ei hunoli mewn gwreiddyn a chynrychiolydd Yn y trefniad hwn y sicrheir undod y ddynoliaeth Trwy y trefniad hwn daw dynion i fod mor annibynol ar eu dewisiad eu hunain ag y maent am eu cynrychiolydd

gwreiddiol　Y ffaith ydyw fod llywodraethau y
byd hwn a'u deddfau yn gorphwys ar yr eg-
wyddor hon, ac nis gallant ei gochel.　Nid yn
unig y mae anwiredd y dyn cyntaf wedi dyfod
yn eiddo i ni, ond y mae anwiredd· y cenedlaeth-
au blaenorol wedi dyfod yn etifeddiaeth i'r gen-
edlaeth hon,, ac nis gellir ymryddhau oddiwrtho
heb ddinystrio trefn y llywodraeth foesol.　Onid
oes rhai o deyrnasoedd Ewrop yn dyoddef hedd-
yw oddiwrth wastraff breninoedd balch a thra-
haus, er fod eu cyrff yn malurio yn llwch y ddae-
ar?　Onid yw yn wirionedd difrifol fod miliynau
o blant yn dyoddef heddyw o herwydd pechodau
eu rhieni?　Ffrwyth sylwadaeth Job ar Raglun-
iaeth ydoedd hyn·—"Pa sawl gwaith y diffydd
canwyll yr annuwiol? * * Duw a guddia ei an-
wiredd ef i'w feibion," Job 21: 17-19　"Yr wyt yn
talu anwiredd y tadau i fynwes eu meibion ar eu
hol;" Jeremiah 32: 18.　"Ein tadau a bechasant‘,
ninau sydd yn dwyn eu cosb hwynt," Galarnad
5· 7　Llabyddiwyd plant Achan am bechod eu
tad, Jos. 7　24.　Pan y pechodd Gehazi, nid yn
unig tarawyd ef â gwahanglwyf, ond ei hiliog-
aeth hefyd dros byth, 2 Bren. 5. 27.　Dengys yr
engreifftiau hyn, a lluaws eraill a allaswn eu

nodi, nad oes dim yn anghyfiawn, na chroes i
natur cosb, mewn bod y naill ddyn yn dyoddef
o achos pechodau y llall, neu ynte, ei fod yn cael
ei wobrwyo am rinwedd un arall. Yr wyf wedi
cymeryd hamdden i egluro yr egwyddor bwysig
hon, am y rheswm mai ar sail hon y profa yr
Apostol yn y testyn fod pob dyn yn dyoddef am
bechod un dyn, a bod yn bosibl i bob dyn dder-
byn y wobr helaethaf, a'r gogoneddiad uchaf, ar
sail gweithredoedd dyn arall—yr un dyn Iesu
Grist. Undeb a chynrychiolaeth ydyw gwreidd-
yn hyn oll. Athrawiaeth syml yr Apostol yw,
fod cosbedigaethau yn dyfod ar ddynion yn
flaenorol i un trosedd o'u heiddo hwy eu hunain,
a chan fod y cosbau hyn yn golygu troseddiad o
ddeddf, y mae yn canlyn fod dynion yn cael eu
cosbi fel troseddwyr ar sail anufudd-dod un arall.

II.—Sylwn mai yr enw a roddir yn y Beibl ar
yr holl ddrygau cosbawl a ddaethant yn etifedd-
iaeth i ni trwy anufudd-dod un dyn, ydyw mar-
wolaeth.

"A marwolaeth trwy bechod, ac felly yr aeth
marwolaeth ar bob dyn, yn gymaint a phechu o
bawb." Y term a ddefnyddir yn y Beibl am yr
holl ddrygau a ddaethant i'n rhan trwy bechod

ydyw marwolaeth; hyny yw, marwolaeth yn ei holl blygion fel cosb am bechod—"Yn y dydd y bwytei di o hono, gan farw y byddi farw," "Cyflog pechod yw marwolaeth;" "Canys os byw yr ydych yn ol y cnawd, meirw fyddwch;" "Rhoddais o'th flaen einioes ac angeu." Yn wir, y mae y cyfeiriadau at hyn yn y Beibl yn llawer rhy luosog i'w dyfynu. Saif bywyd a marwolaeth yn yr ysgrythyr—y naill am gosb pechod, a'r llall am wobr gras Amlwg yw fod yr Apostol yn golygu fod marwolaeth naturiol yn rhan o'r gosb am bechod, canys dywed, "Eithr teyrnasodd marwolaeth o Auda hyd Moses, ie, arnynt hwy y rhai ni phechasant yn ol cyffelybiaeth camwedd Adda, yr hwn yw ffurf yr un oedd ar ddyfod."

I Marwolaeth Naturiol.

Gofynir cwestiwn yn y dyddiau hyn, Onid yw gosodiad yr Apostol yma yn dyfod i wrthdarawiad uniongyrchol ag un o fynegiadau amlycaf gwyddoniaeth? Yn ol tystiolaeth gwyddoniaeth, teyrnasai marwolaeth yn y byd er's miliynau o flynyddoedd cyn creu dyn. Dengys Daeareg nad ydyw y ffaith o farwolaeth yn dal cysylltiad hanesyddol a dyn o gwbl yn ei gyflwr o sancteiddrwydd, nac yn ei gwymp. Torodd gwawr bwyd moesol y ddaear pan yr ymddangosodd dyn ar brydnawn y chweched dydd; ond nid dyma yr adeg y daeth marwolaeth yn naturiol nac yn foesol i fod. Meddyliwch am yr haenau a gyfansoddant grawen y ddaear. Pa beth ydynt? Dim ond mynwentydd i'r cenedlaethau afriied o fywyd llysieuol ac anifeilaidd a fu yn hanfodi ar y ddaear Eto dywed yr Apostol yn y testyn mai "Trwy un dyn y daeth pechod i'r byd, a marwolaeth trwy bechod" A yw y ddau osodiad yn gwrthdaro eu gilydd? Rhaid fod tystiolaeth gwyddoniaeth yn gywir. Deddf bywyd a marwolaeth mewn natur ydyw, fod marwolaeth yn amod parhad bywyd; yn mhob cylch gwelir y rhieni yn meirw i roddi lle i'r hiliogaeth. Heblaw hyn, nid yn unig rhaid i ni gredu fod marwolaeth yn teyrnasu yn y byd filiynau o oesoedd o flaen dyn, ond ei bod yn dreisiol a phoenus, fel yr oedd yr ymdrech am fodolaeth yn un lem. Yr oedd y byd yn llawn o ddyoddef cyn i bechod ddyfod iddo, cochid ei lanerchau prydferth, a'i ddyfroedd gloewon, â gwaed. Yn ngoleuni dau reswm neillduol gwelwn fod dyn o ran ei gorff o dan ddeddf marwol-

aeth fel y greadigaeth anifeilaidd. 1 Yr oedd
yn rhaid iddo ymborthi yn barhaus ar gynyrch-
ion bywyd i ddiogelu ei fywyd ei hun. Am fod
bywyd naturiol megys tan yn difa tanwydd, ac
yn casglu nerth wrth wneyd hyny, rhaid iddo
gael adgyflenwad parhaus, onide difodir y bywyd
ei hun gan ddeddf adfeiliad   2 Yr oedd dyn
cyn pechu o dan yr un ddeddf a'r greadigaeth
anifeilaidd, i "ffrwytho ac amlhau"   Y rheswm
am y lluosogiad hwn ydyw am ei fod yn haniod-
ol angenrheidiol tuag at barhad yr hil ddynol ar
y ddaear   Gan fod pob bywyd daearol yn ngaf-
ael dwy ddeddf—deddf tyfiant a ffrwythlondeb,
hyd nes y cyraedda addfedrwydd, a deddf adfeil-
iad a gwywdra, yn awr, dwy ddarpariaeth i gyf-
ateb i'r ddwy ddeddf a nodwyd ydyw ymborth a
lluosogiad. Hyd yn hyn yr ydym yn gweled
fod dyn fel rhan o natur o dan yr un ddeddf a
phob bywyd arall ag oedd yn agored i farwolaeth
a phoen. Nis gallwn ar y tir hwn wneyd dim
ond derbyn treiniad natur fel y sefydlwyd ef gan
y Creawdwr, a chredu ei fod yn gweithredu ar
ddyn cyn pechu, yr un modd ag wedi iddo
bechu.

Heblaw hyn, addefir gan y prif esbonwyr fod

tystiolaeth gwyddoniaeth yn hollol gywir am far-
woldeb dyn o ran ei gorff cyn pechu, a delir gan
Alford, Meyer, Godet, Hatch, T. C. Edwards, a
rhai o'r hen awduron, mai dyma yw meddwl y
geiriau hyny, "Y dyn cyntaf o'r ddaear yn ddae-
arol, yr ail ddyn, yr Arglwydd o'r nef   Fel y
mae y daearol, felly y mae y rhai daearol hefyd,
ac fel y mae y nefol, felly y mae y rhai nefol
hefyd   Ac megys y dygasom ddelw y daearol,
ni a ddygwn hefyd ddelw y nefol. Eithr hyn,
meddaf, O frodyr, ni ddichon cig a gwaed etif-
eddu teyrnas Dduw; ac nid yw llygredigaeth yn
etifeddu anllygredigaeth," 1 Cor. 15· 47-50.
Dywed yr awduron enwog hyn fod dyn, yn ol
eglurhad yr Apostol yn y geiriau hyn, o ran ei
gorff yn farwol cyn pechu. Dywed T. C Ed-
wards, D. D., fod dyn yn ei gyflwr dibechod yn
agored i farw   "Y mae Philo fel Paul," meddai,
"yn gosod allan y dyn daearol yn naturiol yn
farwol o ran ei gorff   Yr un modd Awstin."
Os ydyw yr esboniad hwn yn gywir, fod dyn yn
ei greadigaeth yn farwol, nid oes gwrthdarawiad
rhwng y Beibl a gwyddoniaeth ar y mater

Yr un pryd tystiolaeth y Beibl ydyw fod hyd
yn nod marwolaeth naturiol yn gyflog pechod.

Er fod dyn o ran ei gorff yn ddarostyngedig i ddeddf natur, eto nid yw hyny yn golygu fod yn rhaid iddo o dan bob amgylchiad a phob amser farw. Rhaid i chwi gofio gwirionedd arall, a gwirionedd a anwybyddir gan wyddonwyr, sef fod dyn yn perthyn i Dduw, ac ar gyfrif y berthynas hon yn meddu uwchafiaeth ar Natur, ac addewid a phosibilrwydd yn ei gyfansoddiad ei hun o anfarwoldeb, gorff ac ysbryd. Nis gall gwyddoniaeth, mewn Fferylliaeth a Bywydeg, daflu un math o oleuni, ond ar natur anianyddol dyn. Am ei ymwybyddiaeth bersonol, ei ymwybyddiaeth o'i bechod, ei euogrwydd, ei ddyeithrwch i Dduw, neu ei gymundeb ag ef, nid oes gan wyddoniaeth air i'w ddweyd. Pe na buasai dim mwy mewn dyn nag a ganfyddir gan Fferylliaeth a Bywydeg, ni buasai ganddo y syniad lleiaf am fodolaeth Duw, deddf a llywodraeth foesol. Ac ni buasai gwyddoreg mewn Fferylliaeth a Bywydeg mewn bod pe na buasai dyn yn ddim mwy na bod naturiol, mwy nag y buasai materoliaeth mewn bod heb feddwl Pe buasai dyn wedi parhau yn sanctaidd nid oedd yn mwriad Duw iddo farw; buasai yn cael ei wneyd yn anfarwol trwy un act ddwyfol; ac yr ydym yn

casglu oddiwrth Genesis 3· 22 fod bwyta o bren
y bywyd wedi ei ordeinio yn sacrament o'i an-
farwoldeb—gorff ac enaid, tra y mae pren gwy-
bodaeth da a drwg yn arddangosiad o farwol-
aeth, yn naturiol a moesol. Caniatewch deyrn-
asiad cyffredinol marwolaeth, nid ydyw hyny yn
cau allan y posibilrwydd i'r Creawdwr wneyd
eithriad i'r ddeddf gyffredinol gyda golwg ar
greadur a grewyd ar ei ddelw sanctaidd ef. Ac
yn ol tystiolaeth y Beibl, dewisodd Duw wneyd
eithriad gyda golwg ar ddyn, ac arddangosiad
o hyny ydoedd pren y bywyd. Buasai yn cael ei
drawsnewid, heb chwalu y gwahanol ranau a
gyfansoddent ei berson, o fod yn gorff anianol i
fod yn gorff ysbrydol. Ond pan y pechodd, tor-
wyd ei gymundeb a phren y bywyd, a gollyng-
wyd ef i afael gweithrediad naturiol deddf adfeil-
iad a marwolaeth. Yn y goleuni hwn, chwi a
welwch fod afiechydon, poenau ac arteithiau
corfforol, yn nghyd a marwolaeth, yn ganlyn-
iadau camwedd un dyn Daw cywirdeb y syniad
hwn i'r golwg yn y goleuni a deflir ar fater arall,
sef fod marwolaeth naturiol yn gosb ar y dyn
Crist Iesu Gan ei fod ef yn sanctaidd, nid oedd
marwolaeth yn beth gorfodol iddo, er ei fod yn

meddu corff materol fel ninau; ac fel yr oedd efe yn ddwyfol yn gystal ag yn ddibechod, yr oedd marw yn beth anmhosibl iddo heb act wirfoddol o ddodi ei einioes i lawr. O ddwyfol ymostyngiad! Nid yn unig ymostyngodd i holl amodau bywyd dynol, ond ymostyngodd i'r ffurf hono o farwolaeth a ddygodd pechod i'r byd—marwolaeth fel cosb.

2 Y farwolaeth foesol ac ysbrydol.

Hyd yn hyn nid wyf wedi cyffwrdd ond megys ag ymyl gwisg marwolaeth fel cosb am bechod. Nid yw y drygau a'r penydiau naturiol, fel heintiau, afiechydon, poenau a marwolaeth naturiol, yn ddim mewn cyferbyniad i'r farwolaeth foesol ag sydd wedi gafael yn ysbryd dyn. Y mae dyn, fel y sylwyd, ar gyfrif ei natur foesol ac anfarwol, yn alluog i ddal cymundeb â'r Duw Anfeidrol, ei garu ac ymddigrifo ynddo, ond trwy bechod torwyd y cymundeb rhyngddo ef a ffynonell ei fywyd ysbrydol Dyma y farwolaeth foesol. Collodd dyn y cymundeb a fodolai rhwng ei ysbryd a phob peth ysbrydol, megys bywyd ysbrydol, dylanwadau ysbrydol, dyddanwch ysbrydol. Gwirionedd dwfn ydyw yr hyn a fynegir gan y gwyddonydd pan y dywed fod pob ·

corff organaidd yn fyw tra mewn cymundeb a'r
hyn sydd oddiallan iddo (ei environments). A
gwirionedd pellach ydyw fod pob peth byw yn
dal cymundeb a'r hyn sydd o'r tu allan iddo, yn
ol ei natur a'i allu mewnol ei hun. Gall y llys-
ieuyn gyfranogi yn ffrwyth y tir, lleithder a gol-
euni y nefoedd, ond yn berffaith farw i'r bywyd
teimladwy. Gall bywyd teimladwy yr anifeil-
iaid gyfranogi o bethau sydd mewn cylch uwch
na'r bywyd llysieuol, ond y mae yn farw i'r byw-
yd deallol. Fel hyn, nid yw y byd allanol i bob
creadur yn ddim mwy na'i allu mewnol ef i'w
fwynhau Yr un modd am ddyn Gan ei fod wedi
ei greu o bridd y ddaear, y mae yn fyw tra y parha
mewn cymundeb a bywyd naturiol y ddaear, a
marwolaeth yw toriad y cymundeb hwn. Dra-
chefn, gan fod dyn yn meddu ysbryd anfarwol,
wedi ei greu ar ddelw Duw, dibyna bywyd ei
ysbryd ar ei fod mewn cymundeb parhaus â
Duw ei hun Torer y cymundeb hwn, a dyna
farwolaeth foesol yn gafael yn yr ysbryd, yr hon
sydd yn amlygu ei hun mewn difaterwch, dideim-
ladrwydd, anghrediniaeth, cnawdolrwydd a gel-
yniaeth at Dduw. Dyma y rheswm paham y
dywedir fod y dyn anianol yn hollol analluog i

ddirnad pethau ysbrydol. Ni fedd y gallu angen-
rheidiol yn ei ysbryd i ddyfod i gyffyrddiad â
chylch y bywyd ysbrydol. "Y dyn anianol nid
yw yn derbyn y pethau sydd o Ysbryd Duw;
canys ffolineb ydynt ganddo ef; ac nis gall eu
gwybod, oblegid yn ysbryaol y bernir hwynt.
Ond yr hwn sydd yn ysbrydol sydd yn barnu
(canfod) pob peth," 1 Cor. 2: 14, 15. Profodd
ein Gwaredwr chwerwder y farwolaeth ysbryd-
ol yn gwahanu ei ysbryd ef oddiwrth ei Dad.
Dyoddefodd boenau y farwolaeth naturiol, poen-
au y drain, yr hoelion, a'r waewffon yn gwahanu
ei gorff a'i enaid, heb gwyno; ond pan aeth y
farwolaeth ysbrydol i dori y cymundeb trag-
wyddol oedd rhyngddo a'i Dad, trodd i gwyno,
"Fy Nuw, fy Nuw, paham y'm gadewaist?" Y
Tragwyddol Fab wedi colli ei "environments!"
Y Tragwyddol Fab wedi colli ei afael ar ei Dad!
Profodd yn ei enaid chwerwder y gwpan, yr
hon yw rhan y rhai a syrthiant i uffern. Dyma
ddyfnder ein trueni—y farwolaeth foesol, a'r
unig ffordd y gellir ein gwaredu oddiwrth ei
dylanwad ydyw trwy ein huno â Christ fel ffynon
y bywyd ysbrydol. Crist yw Pren y Bywyd i
bechadur marw, a thrwy undeb ag ef yn unig y

gellir dyfod yn feddianol ar y bywyd ysbrydol
hwn. Dyma y bywyd a elwir yn y Beibl yn
fywyd tragwyddol, a hyny am ei fod yn fywyd
ysbryd anfarwol, ac am mai pethau ysbrydol a
thragwyddol ydynt ei "environments" Nis gall
angeu y corff gyffwrdd â hwn A gwirionedd
gogoneddus ydyw fod pob un sydd mewn undeb
â Christ yn meddu y bywyd hwn yn awr Nid
gwobr i'w dysgwyl yn y dyfodol ydyw teyrnasu
mewn bywyd trwy un, Iesu Grist; ond meddiant
presenol plant Duw I'r graddau y perffeithir
ein cymundeb ni â Duw, ac â'i Fab ef, y perffeith-
ir nerth y bywyd ysbrydol Yr un modd, pa
beth bynag ydyw truení alaethus y gosbedigaeth
sydd yn aros yr anufudd a'r troseddwr yn y byd a
ddaw, nid ydyw ond parhad o'r farwolaeth sydd
yn gweithio yr awrhon yn ei ysbryd ef.

Wrth derfynu, yr wyf yn awyddus i alw eich
sylw at un mater ag sydd yn dyfod atom o dir
gwyddoniaeth ddiweddar, yr hwn a ddeil gysyllt-
iad agos a deddf pechod a marwolaeth

Gochelwn rhag syrthio i'r amryfusedd o fedd-
wl fod euogrwydd yn beth etifeddol Yr ydym
yn clywed yn fynych fod dyn yn ngafael dylan-
wad nerthol a chyffredinol, yr hyn a elwir gan

wyddoniaeth ddiweddar yn "Ddeddf Etifeddiad"
(Law of Heredity); hyny yw, fod y plant fel cyn-
yrch naturiol eu rhieni yn etifeddu eu tueddiad-
au yn naturiol a moesol.   Rhaid cydnabod fod
gwirionedd dwfn yn gorwedd yn y ddeddf hon,
ac yn y Beibl y mae, nid yn wirionedd newydd,
wedi ei ddarganfod yn ddiweddar, ond yn hen
wirionedd.   "Mewn anwiredd   y'm lluniwyd."
Ond nid ydyw euogrwydd yn etifeddol.   Yn ol
cyfansoddiad naturiol dyn, nis gall etifeddu
euogrwydd dyn arall, mwy nag y gall etifeddu
cyfiawnder un arall.   Os ydyw yr hiliogaeth yn
etifeddu naill ai gwendidau neu nerth corfforol
eu rhieni, eu tymerau, a'u tueddiadau yn dda neu
yn ddrwg, a thrwy hyny yn eu dwyn i ddyoddef
neu i fwynhau ar gyfrif eu cysylltiad a'u rhieni,
eto nid ydyw hyn yn penderfynu eu tynged Nid
yw rhieni dyn yn cyfansoddi ei dynged, fel yr
haera yr athronydd anianol.   Er bod yn ngafael
deddf etifeddiad, eto fel bod rhydd a moesol,
hunan-ymwybodol, ac un yn meddu ymwybydd-
iaeth o ddeddf foesol ynddo ei hun, un yn meddu
ewyllys rydd i ffurfio ei benderfyniadau ei hun,
y mae efe uwchlaw i'r ddeddf hon, ac yn ddigon
mawr i ffurfio ei gymeriad a'i gyfrifoldeb ei hun.
Nid ydyw etifeddiad yn ffurfio tynged neb.   Nid

tyngedfeniaeth foesol ydyw. Cwynai yr Iuddew-
on yn Babilon eu bod yn dyoddef ar gyfrif pech-
odau eu tadau, a'u hoff ddiareb oedd: "Y tadau
a fwytasant rawnwin surion, ac ar ddanedd y
plant y mae y dincod." Jer. 31 29, Gal 5 7,
Ezeciel 18: 2. Nid oeddynt yn ewyllysgar i
addef eu bod yn dyoddef ar gyfrif eu pechodau
eu hunain: mynent fod eu holl ddyoddefiadau yn
ganlyniad pechodau eu hynafiad. Teimlai yr
Iuddew y pryd hwn anhawsder i esbonio Deddf
Etifeddiad, ac yr oedd ei esboniad arni yn debyg,
yn ol y ddiareb hon, i esboniad Tyngedfenwyr yr
oes hon Haerant eu bod hwy yn dyoddef am
bechodau nad oeddynt yn gyfrifol am danynt.
Ond dyma atebiad yr Arglwydd trwy y proffwyd
"Fel y mae byw fi, medd yr Arglwydd Dduw,
ni bydd i chwi arfer y ddiareb hon yn Israel.
Wele, yr holl eneidiau eiddo fi ydynt, fel enaid
y tad felly hefyd enaid y mab, eiddo fi ydynt; a'r
enaid a becho hwnw a fydd marw." Ezeciel 18
3, 4. Gan fod pob enaid yn perthyn i Dduw fel
y mae yn perthyn i'w dad naturiol: a chan fod
pob un yn awr dan gosbedigaeth ei bechod ei
hun, nid yw etifeddiad yn dynged foesol Ni
ddemnir neb, ac ni ddamniwyd neb, ar gyfrif
pechod neb, ond ei bechod ei hun

8

PREGETH VI.

---

*Y BEDWAREDD WYRTH, SEF YR YM-
GNAWDOLIAD A GWYDDOREG*

"A'r Gair a wnaethpwyd yn gnawd, ac a drigodd yn
ein plith ni (ac ni a welsom ei ogoniant Ef, gogoniant
megys yr Unig-anedig oddiwrth y Tad) yn llawn gras a
gwirionedd "—Ioan 1 14

Y mae yr iaith yma yn eglur, a'r gosodiad yn
syml ac adnabyddus, eto, pwy all fesur ei ddyfn-
der? "A'r Gair a wnaethpwyd yn gnawd." Gel-
wir ef yn Air (*Logos*) am mai efe sydd yn dad-
guddio meddyliau y Duwdod, ac yn cyfranu
gwybodaeth Nid oes ameuaeth nad am y rhes-
wm ei fod ef fel person yn rhinwedd ei swydd,
yn ddadguddiwr o'r Anfeidrol a'r Anmhenodol,
y cymwysir ato yr enw hwn. Pwy yw y Gair a
wnaethpwyd yn gnawd? Pa beth a wnaeth efe?
Pa beth yw ei hanes ef? Yn atebiad i'r cwest-
iynau hyn cawn bedwar gosodiad gan Ioan am
dano. (a) "Yn y dechreuad yr oedd y Gair."
Nid yw y gair "dechreuad" yma yn golygu dech-
reuad y greadigaeth, neu ddechreuad yr oesoedd
creadigol; eithr gair anmhenodol ydyw. Cyf-

eiria at ddechreuad pa bryd bynag, neu pa le
bynag y gallai gymeryd lle. Yn y dechreuad
yr "oedd." Nid yn y dechreuad y dechreuodd
efe fodoli, oblegid yr oedd efe yn bodoli eisoes.
Nis gellir defnyddio dull cryfach i fynegu ei fod
yn dragwyddol ddiddechreu. (b) A'r Gair oedd
gyda Duw. Gan hyny nid dylanwad ac nid dull
o weithredu ydoedd y Gair, ond Person yn
bodoli ynddo ac o hono ei hun, ac mewn cym-
deithas bresenol a Duw. (c) "A Duw oedd y
Gair." Y mae y gosodiadau hyn mor eglur a
syml, er eu bod yn cynwys y gwirioneddau uch-
af a dyfnaf, fel nad oes angen eu hegluro "A
Duw oedd y Gair," nid Duw israddol, fel yr
haera yr Undodiaid yn y dyddiau hyn, ond Un
yn gyd-dragwyddol a gogyfuwch â Duw, "gwir
Dduw o wir Dduw" (ch) Y mae y Gair yn Gre-
awdwr pob peth; yn ffynonell bywyd pob peth,
yn rhoddi goleuni i bob dyn ar sydd yn dyfod
i'r byd. A ydych chwi yn sylwi fel y mae Ioan
yn pentyru meddyliau ar eu gilydd mewn ych-
ydig frawddegau wrth ddweyd pwy ydyw y Gair
a wnaethpwyd yn gnawd? Yma chwi a gewch
ei Bersonoliaeth, ei Dragwyddoldeb, ei Dduw-
dod, a'i waith fel Creawdwr pob peth

Y Person hwn a wnaethpwyd yn gnawd, ac a
drigodd yn ein plith ni   Yn y testyn y mae Ioan
yn cyraedd yr eithafnod yn ei hanes, sef yr am-
lygiad personol a wnaeth o hono ei hun yn y
natur ddynol.   Ar ol dangos ei fod yn Dduw, a
bod pob peth wedi eu gwneuthur trwyddo ef,
dangosir yma yr hyn y gwnaethpwyd ef ei hun,
sef yn gnawd   Hyny yw, daeth i undeb â'r natur
ddynol yn gyflawn   Dyma hwynt uchaf y
gweithrediadau dwyfol trwy holl hanes y gread-
igaeth—ymgnawdoliad y Tragwyddol Fab.
Hon yw y bedwaredd wyrth, a'r olaf, o eiddo y
Duwdod am byth   Nis gellir myned tu draw i
hon yn holl hanes y dyfodol

Ar ol y sylwadau hyn, dylwn ddweyd nad wyf
yn meddwl sylwi yn uniongyrchol ar yr ym-
gnawdoliad ynddo ei hun   Fy amcan ydyw
dangos hyn: Ar ol sefydlu ein crediniaeth ar
sylfaen wyddonol yn y tair gwyrth y gelwais eich
sylw atynt yn flaenorol, neu ar y tri ymyriad
dwyfol, y mae genym sylfaen eang a chadarn i'n
crediniaeth yn ngwyrth fawr yr efengyl, sef yr
ymgnawdoliad   Os yw y wyddomaeth fwyaf
ymddiriedol, ie, a hyd yn nod y ddamcaniaeth
fwyaf anymddiriedol, fel Agnosticiaeth, yn gor-.

fod addef fod yn rhaid cael ymyriad dwyfol i
ddwyn y bydysawd i fod o ddim, ac yn mhell-
ach, os ydyw yn gorfod addef mai trwy ymyriad
yr un gallu y trowyd y fynwent faterol hon yn
gyfaneddle bywyd, y gwisgwyd hi â gogoniant
trwy adgyfodiad, ac y llanwyd hi â phreswylwyr,
neu os ydyw yn gorfod addef fod yn rhaid cael
ymyriad dwyfol i rychwantu y gagendor rhwng
yr anifail a dyn, ar ba dir y gellir gwrthod y
syniad nad allai yr un gallu anfeidrol ymyryd
yn wyrthiol y bedwaredd waith, drwy ymgnawd-
oliad y Tragwyddol Fab, i adferu trefn a dwyn
bywyd newydd i fod yn y byd moesol a syrthiodd
i annhrefn trwy bechod? A ddywedwch chwi
fod hyn yn ddirgelwch annirnadwy? Felly hef-
yd y mae y tair gwyrth gyntaf—creu o ddim,
creu bywyd, creu dyn—yn ddyfnderoedd yn
galw ar ddyfnderoedd. O ganlyniad, nis gellir
mewn un modd wrthod yr ymyriad olaf, am ei
fod yn ddirgelwch Os yw yr anianydd yn cael
ei ddal gan syndod wrth sylwi ar y trefniadau
manwl, y cyfaddasiadau cywrain, a welir yn myd
y bywyd anianyddol, a hyny tuag at ei wellhau
a'i ddyrchafu, paham y try ei syndod yn ameu-
aeth wrth weled moddion neillduol yn cael eu

cyfaddasu tuag at ddyrchafu y byd moesol mewn gwirionedd, purdeb a heddwch? I hyn yr ymddangosodd Mab Duw. Dyma oedd amcan yr ymgnawdoliad Yn ngoleuni yr amcan hwn yn unig y gallwn esbonio ymyriad y fath Weithredydd Dwyfol a hanes y ddynoliaeth. Daeth yma i egluro calon Duw, ei Dad. Nid ei briodoliaethau naturiol; yr oedd cyfundraethau afrifed o fydoedd, heuliau uwch heuliau, y rhai a neidiasant i fod am y cyntaf o dan ddylanwad y wyrth gyntaf, yn dadguddio y rhai hyn. Nid mawredd ei doethineb fel saerniydd y greadigaeth; yr oedd yr ail wyrth, yn nhrefniad y bywyd llysieuol ac anifeilaidd, yn dadguddio hon. Nid ei ddeall ac ysbrydolrwydd ei natur yn unig, oblegid yr oedd y drydedd wyrth, sef creu dyn ar ei lun a'i ddelw, yn amlygu ei briodoliaethau moesol. Gall y nefoedd ddatgan gogoniant Duw, a'r ffurfafen fynegu gwaith ei ddwylaw ef; ond dyn yn unig fel y mae yn berson a allai roddi dadguddiad o'i briodoleddau moesol. Priodoledd person, ac nid pethau, ydyw y moesol. Dyn yn unig a allasai roddi dadguddiad moesol. Daeth y Gair, y Person Dwyfol hwn, i undeb a dynoliaeth i'r dyben o ddadguddio calon Duw i'r byd. Dywed y gwyddonydd mai hanfod bywyd ydyw gwres. Gallaf finau ddweyd fod Mab Duw wedi dyfod mor agos at y ddynoliaeth trwy yr ymgnawdoliad, ei fywyd hunan-aberthol, a'i farwolaeth Iawnol, fel y gall deimlo gwres cariad y fynwes ddwyfol tuag ati Mor resymol yw hyn oll! Mor ardderchog ydyw yr ymyriadau dwyfol hyn! Pedair gwyrth fawr y Duwdod—gwyrthiau olynol, y rhai sydd yn ymddyrchafu y naill ar sail y llall fel ystafelloedd mewn teml fawreddog. Os ydym yn credu fod Natur a'i deddfau; os ydym yn credu yn modolaeth y bywyd sydd yn bywhau rhan o fater; os ydym yn credu fod dyn, yr hwn sydd yn meddu deall, ymwybyddiaeth ac anfarwoldeb; os ydym yn credu y pethau hyn oll, yma yr ydym yn cael ein cau i mewn i gredu yn ngwyrth olaf Duw, sef ymgnawdoliad, trwy yr hwn y dadguddir trugaredd a gras at fyd gwrthryfelgar

I.—Perthynas yr ymgnawdoliad â natur yn gyffredinol.

"Y Gair a wnaethpwyd yn gnawd, ac a drigodd yn ein plith ni." Trwy ymgnawdoliad y Gair llanwyd y gagendor oedd rhwng Duw a'r greadigaeth, a hyny yn ei holl adranau, yn wel-

edig ac yn anweledig, yn faterol ac yn ysbrydol.
Onid oes yma ddyeithrwch! Tragwyddol Fab
Duw yn fab y dyn, ac o ochr ei fam yn rhan o'r
greadigaeth. Llanwodd ef ei hun y gagendor
oedd yn bodoli yn y dechreuad rhwng mater a
bywyd, canys "ynddo ef yr oedd bywyd, ac efe
hefyd a lanwodd y gagendor ddofn oedd rhwng
y bywyd anifeilaidd a'r bywyd deallol, rhesymol
a moesol mewn dyn. Yn awr, wele y gagendor a
fodolai rhwng y Creawdwr a'r greadigaeth yn
cael ei llenwi i fyny. Tra yr ydym ni yn sefyll
mewn syndod addolgar uwchben ffaith fawr yr
ymgnawdoliad yn ei pherthynas ag achos y
ddynoliaeth syrthiedig. llefara y Beibl am y
ffaith hon mewn cysylltiad llawer eangach.
"Gwedi iddo hysbysu i ni ddirgelwch ei ewyllys,
yn ol ei foddlonrwydd ei hun, yr hon a arfaeth-
asai efe ynddo ei hun: fel yn ngoruchwyliaeth
cyflawnder yr amseroedd y gallai grynhoi yn
nghyd yn Nghrist yr holl bethau sydd yn y nef-
oedd ac ar y ddaear, ynddo ef:" Eph. 1.9.10
Meddwl y gair "crynhoi yn nghyd yn Nghrist"
yma ydyw symio i fyny; a chwi a welwch fod y
gair yn cael ei ddefnyddio yma yn yr ystyr eang-
af, i olygu undeb y Duw-ddyn a'r holl greadig-

aeth. Ynddo ef y mae yr holl greadigaeth yn
cyraedd ei hunoliaeth Efe ydyw cwlwm ei
hundeb, a chanolbwynt ei gydgyfarfyddiad. Pa
beth sydd mewn gwyddoniaeth ddiweddar ar
undod y greadigaeth, nad ydyw yn cael ei fyn-
egu yn y gosodiad hwn? Yn nghanol llifeiriant
cyfnewidiol Natur, mynega yr Apostol fod yr
oll, yn ol yr arfaeth dragwyddol, yn tueddu at
ei ganolbwynt yn y "Gair a wnaethpwyd yn
gnawd" Fel yr oedd y tabernacl a adeiladwyd
yn yr anialwch o'r greadigaeth yma, ei goed, ei
leni, ei arian a'i aur—pob peth oddieithr yr ar-
wyddlun dwyfol hwnw a enynai yn barhaus ar
wyneb y drugareddfa; felly hefyd am y tabernacl
yn yr hwn y preswyli y Gair. O ran ei gorff, o
ran ei fywyd naturiol, ac o ran ei ysbryd anfar-
wol—pob peth ond y Person Dwyfol, y mae efe
yn rhan o'r greadigaeth. Nis gall y Duwdod
mawr ddinystrio hyd yn nod mater y greadig-
aeth mwy heb ddinystrio corff yr Iesu Fel hyn,
mewn undeb a'i Berson ef ymddengys Natur
mewn goleuni newydd, a chynydda dyddordeb
yr ymchwiliad a wneir i'w rhyfeddodau Er i
wyddoreg naturiol drefnu ei dosraniadau a'i
chyferbyniadau, a llunio yn fanwl ei darnodiad-

au o ddeddfau, egnion, a bywyd, eto syrth yn llawn mor fyr i egluro gwirioneddau uchaf Natur ag y gwna duwinyddiaeth gyfundraethol i fynegu y ddoethineb ddofn, a'r cariad Dwyfol a ddadguddir yn nysgeidiaeth Mab y dyn.

Yn awr, teifl hyn, sef perthynas y Duw-ddyn a'r holl greadigaeth, oleuni newydd ar rai ymadroddion yn y Testament Newydd. Efe, ie, yn sefyllfa ei ddarostyngiad, ydyw y Person mawr "trwy yr hwn y gwnaeth efe y bydoedd;" "ac sydd yn cynal pob peth trwy air ei nerth;" "hebddo ef ni wnaethpwyd dim ar a wnaethpwyd;" "ac ynado ef y mae pob peth yn cyd-sefyll." O dan ei law ef y ffurfiwyd yr oesoedd creadigol, y rhai a gynyddant mewn gogoniant o gyfnod i gyfnod. Yno yr ymddangosodd bywyd yn ei wahanol raddau, gan addurno mynwent marwolaeth, a'i llenwi a phlant byw a chwareus. Ar derfynau yr oesau hyny ymddangosodd dyn, "yr hwn a wnaed ychydig yn is na'r angylion;" ond yn nghyflawnder yr amser dyma y dirgelwch oedd guddiedig er dechreuad y byd, y dirgelwch oedd yn gweithio yn barhaus y tu ol i ddrama fawr Natur, wedi ei ddadguddio. "Yn ddiddadl, mawr yw dirgelwch duwioldeb, Duw a ymddangosodd yn y cnawd." Yn ngwraidd y briodas hon rhwng Person y Gair a natur greadigol, y mae sylfaen yr holl wyrthiau ysbrydol a gymerant le yn nghyfnewidiad natur elynol pechadur i fod yn blentyn i Dduw. Nid wyf yn meddwl fy mod yn honi gormod wrth ddweyd fod yr oes hon yn deall yr ymadroddion byrion a llwythog a goffhawyd, am berthynas y Duw-ddyn a'r greadigaeth, yn well na'r oesoedd blaenorol. Fel yr ydym yn treiddio i hanes y greadigaeth yn ei pherthynas â dyn, ac yn ei pherthynas â Mab y dyn, yr ydym yn gweled fod esboniad yr Oes Apostolaidd yn llawnach ac yn gyfoethocach ar y ffeithiau hyn fel yr ydym ni yn cynyddu mewn gwybodaeth. Pe llwyddai y Dadblygwyr i brofi rywbryd yn y dyfodol nad yw dyn yn ddim ond cynyrch Natur; pe gellid profi rywbryd mai nid trwy act uniongyrchol y lluniwyd ei gorff ef, ond fod hyny wedi cymeryd lle trwy ddadblygiad graddol am oesoedd afrifed, yna byddai i wyddoreg ddangos perthynas uniongyrchol dyn a Natur, a thrwy hyny ddangos perthynas holl Natur a'r Gair a wnaethpwyd yn gnawd.

Cyn gadael y mater hwn, gadewch i ni wneyl

un sylw yn mhellach, sef fod yr ymgnawdoliad
yn uno ynddo ei hun y gwrthgyferbyniadau
dyeithraf a phellaf oddiwrth eu gilydd. Yn ol
cyfansoddiad ein natur y mae genym syniad am
dri gwrthrych—ein hunain, y byd, a Duw, ac y
mae y tri hyn wedi rhoddi bodolaeth i'r cyfun-
draethau mwyaf dyrys a phellaf oddiwrth eu gil-
ydd, fel y mae hanes crefyddau y byd yn y gor-
phenol yn cael ei gymeryd i fyny gyda'r cwest-
iynau a gyfodant oddiwrth y rhai hyn. Meddyl-
iwch (1) am y cyferbyniad sydd rhwng mater ac
ysbryd, am uwchafiaeth hollol yr ysbrydol ar y
materol, yn nghyd a'r anmhosibilrwydd i ddwyn
yr ysbrydol o dan yr un deddfau a'r materol. Y
gwrthgyferbyniad sydd rhwng y rhai hyn a
roddodd fodolaeth i'r Deuaeth, yr hon sydd yn
nodweddu yr holl grefyddau Dwyreiniol, ac o'r
gwrthgyferbyniad hwn y deilliodd y syniad fod
drwg yn etifeddol mewn mater Meddyliwch
(2) am y cyferbyniad sydd rhwng y mewnol a'r
gwrthrychol, neu y syniad fod Duw yn mhob
peth, neu ei fod uwchlaw pob peth Effaith y
syniad cyntaf ydyw Oll-dduwiaeth, ac effaith yr
ail ydyw Deistiaeth Meddyliwch eto (3) am y
cyferbyniad sydd rhwng y meidrol a'r anfeidrol.

yr hyn a roddodd fodolaeth i'r syniad o hanfod-
iad cadwen faith o gyfryngau rhwng Duw a dyn.
Yn awr y mae yr ymgnawdoliad yn uno yr holl
wrthgyferbyniadau hyn mewn cwlwm o undeb
annatodol. Yn ymgnawdoliad y Gair unwyd y
materol a'r ysbrydol, y mewnol a'r gwrthrychol,
y meidrol a'r anfeidrol Nid y naturiol, fel y
myn rhai,* yw mesur yr ysbrydol, oblegid ni
byddai hyny yn ddim ond gwneyd y lleiaf yn
fesur y mwyaf. Fel hyn, y mae dirgelwch new-
ydd o ymgnawdoliad y Mab, yr hwn yw sylfaen
ddofn Cristionogaeth, yn cynwys ynddo ei hun
elfenau goreu holl ddamcanion meibion dynion.

II.—Perthynas y Gair a'r ddynoliaeth

---

*Fel mai yr hyn a gyfranodd gwyddoreg i grefydd ydyw am-
ddiffyn naturioldeb y goruwch naturiol, medd Proffeswr Drum-
mond, felly, rhodd cretydd i wyddoreg ydyw dangos goruwch
naturioldeb y naturiol " (Natural Law in the Spiritual World--
tudal 22) Amddiffyn y syniad cyntaf, sef naturioldeb y gor-
uwch naturiol, ydyw amcan Drummond yn ei lyfr, ond yr olaf
ydyw amcan y Beibl, sef dangos fod y naturiol yn oruwch na-
turiol, neu mewn geiriau eraill fod pob deddf naturiol yn foesol,
ac yn rhan o undod moesol Y mae ef yn dysgwyl gweled y
diwrnod yn gwawrio pan y bydd dynion yn cydnabod yn mhob
man yn awdurdod anmhersonol deddf yn awdurdod Duw Yr
wyf yn anghydweled a rhesymeg Proffeswr Drummond, a rhai
sydd yn ei ddylyn Dywed, "Y mwyaf yn mysg deddfau duw-
inyddol ydyw deddfau natur mewn rhith-ymddangosiad," ond yr
wyf fi yn dal mai y deddfau mwyaf yn mysg deddfau natur ydyw
deddfau duwinyddol, ac nid gwahaniaeth geiriol ydyw hwn
Haeia yn mhellach, fod deddfau natur yn parhau trwy y cylch
ysbrydol, heb newid mewn un modd i gyfarfod amgylchiadau
newyddion, ond eu bod yn parhau yr un Yn hytrach, iaith y
Beibl ydyw fod deddfau ysbrydol, "*Mynu Duw*," yn rhedeg ac yn
treiddio trwy y byd naturiol, ac hebddynt ni byddai un ystyr i
natur o gwbl Dywed ef, "Y gwirionedd fel y mae mewn natur
sydd yn esbonio y dadguddiad i ni," ond yn ol y Beibl y gwirion-
edd fel y mae yn yr Iesu sydd yn egluro yn unig i ni undod
uatur a'i deddfau Nid yw y ddaear "ond cysgod y nefoedd,"

"A'r Gair a wnaethpwyd yn gnawd," neu yn
hytrach, "A'r Gair a ddaeth yn ddyn." Nid dyn
mewn ymddangosiad, ond gwir ddyn, un yn
meddu ymwybodolrwydd personol o bob peth
ag sydd ddynol, fel y mae yn meddu ymwybod-
olrwydd o bob peth sydd yn ddwyfol. Dyma y
Person, yr hwn a greodd ddyn ar ei ddelw, yn
ymddangos ei hun ar ddelw dyn. "Yr holl afon-
ydd a redant i'r mor," medd Solomon; 'O'r lle
daeth yr afonydd, yno y dychwelant eilwaith."
Y math o gylch fel hyn ydyw holl Natur. Y mae
y gwynt yn myned yn ei gwmpasoedd. Yr un
modd am fywyd dynol, math o gylch ydyw yn-
tau. Yr anadl a ollyngir allan ydyw yr anadl a
dynir i mewn, a'r anadl a dynir i mewn ydyw yr
un a ollyngir allan Ond yma, pan ddaeth y
Gair yn ddyn, dyma afon bywyd, yr hon oedd
yn ffynonellu yn mherson y Tragwyddol Fab fel
Duw, ac yn rhedeg i fywhau pob peth byw yn y
greadigaeth, yn troi yn ol i fywhau ei ddynol-
iaeth ef ei hun. "Mawr yw dirgelwch duwiol-
deb, Duw a ymddangosodd yn y cnawd." Dy-
wedwch, os mynwch chwi, fod tuedd yn mhob
ysbryd i ymuno â chorff, neu mai terfyniad eith-
af y drychfeddyliau dwyfol ydyw ymgorfforiad,

a hyny yn y fath fodd fel nad yw holl arddangos-
ion Natur yn ddim ond drychfeddyliau ysbrydol
wedi eu gwisgo mewn corff; eto nid yw hyn yn
taflu goleuni ar yr ymgnawdoliad, oblegid nid
drychfeddwl sydd yma wedi ymwisgo mewn
corff, ond Mab Duw, yr Ail Berson yn yr han-
fod ddwyfol, wedi dytod yn ddyn. Dyma y Di-
derfyn o fewn terfynau creadur; ei feddwl, ei
deimlad, ei brofiad, ei serch a'i ewyllys, yn
gweithredu o fewn terfynau fel dyn Ar un llaw
daeth ei gorff yn ddarostyngedig i holl ddeddfau
natui fel pob corff arall, hyd nes y trawsnewid-
iwyd ef yn ei adgyfodiad o feirw, yr un modd
am ei feddwl, ymagorai yn raddol yn unol a
deddfau pob meddwl meidrol, fel y daeth i dde-
all yn raddol ei fod yn Dduw-ddyn Yr oeddwn
yn meddwl gwneyd dau sylw yn y fan hon

1. Nid oedd ei ymgnawdoliad ef yn effaith yr
hyn a elwir yn ddeddf etifeddiad (law of hered-
ity), ar yr hon y rhoddir cymaint o bwys yn y
dyddiau hyn

Ni fynem ddweyd nad yw y ddeddf hon yn
meddu dylanwad pwysig yn hanes y greadigaeth
fywydol Y drindod bwysig sydd yn perthyn i
ddyn ydyw Personoliaeth, Etifeddiad ac Am-

gylchiadau Nid oes un o'r tri hyn yn annibynol ar y llall yn meddu dylanwad hollalluog. Gall nerth y duedd etifeddol gael ei chymedroli a'i gorchfygu gan amgylchiadau, a gall etifeddiad ac amgylchiadau gael eu llywodraethu gan nerth personoliaeth neu allu yr ewyllys. Heb hyn, ni buasai dyn, fel y gwyddoch, ond creadur yn ngafael tynged, a'r dynged hono wedi ei phenderfynu cyn iddo wneyd ei ymddangosiad ar y ddaear Ond y mae gan bob dyn ewyllys o'r eiddo ei hun i benderfynu ei dynged Er iddo ddyfod i'r byd yn etifedd ar dueddiadau, y rhai sydd yn ei erbyn, a chael ei daflu i nofio ar ffrwd amgylchiadau, eto, o herwydd nerth ei ewyllys gall ddyfod yn rhywbeth hollol wahanol i'r hyn fuasai o dan ddylanwad deddf etifeddiad ac amgylchiadau Ond pa faint bynag o ddylanwad sydd gan etifeddiad ac amgylchiadau ai ddyn, cyn ac wedi ei ddyfodiad i'r byd, y mae ymgnawdoliad Crist yn dyrysu y ddeddf hon yn hollol Nid yw dyn yn meddu rhan yn y weithred fwyaf a gymerodd le yn llywodraeth Duw, ond y mae y ferch yn meddu rhan ynddi. Nis gallwn esbonio yr ymgnawdoliad, na bywyd Crist, yn ngoleuni deddf etifeddiad. Nid cyn-

yrch o natur a bywyd yr Iuddew ydoedd efe, ac
nid cynyrch yr amgylchiadau y magwyd ef yn-
ddynt; ond rhywbeth annhraethol fwy. Ym-
ddangosodd mewn byd llawn o ddeddfau, ac
mewn teulu ag y mae eu dyfodiad i'r byd yn cael
ei lywodraethu gan un ddeddf fawr, ond y mae
ei ymddangosiad ef yn eithriad, a'r unig eithriad,
i'r ddeddf hon. Yr unig esboniad ar y weithred
fawr hon ydyw gair yr angel wrth Mair, "Yr Ys-
bryd Glan a ddaw arnat ti, a nerth y Goruchaf
a'th gysgoda di, am hyny hefyd y peth sanctaidd
a aner o honot ti a elwir yn Fab Duw." "Ac
wele, ti a gei feichiogi yn dy groth, ac a esgori
ar fab, ac a elwi ei enw ef Iesu. Hwn fydd mawr,
ac a elwir yn fab y Goruchaf," Luc I 31, 35.
Fel hyn, trwy weithrediad yr Ysbryd Glan, a
hyny heb gyfranu dim o'i hanfod ei hun, cym-
wyswyd dynoliaeth y Gwaredwr yn y bru, yn
ddynoliaeth gyflawn, a glan oddiwrth lwgr
pechod, a gelwir ef yn y ddynoliaeth hono yn
Fab Duw, megys yr oedd efe cyn hyny. "Y Gair
a ddaeth yn ddyn," a hyny o'i ewyllys ei hun.
Y mae dyn yn dyfod i mewn i'w etifeddiaeth, yn
dda ac yn ddrwg, yn hollol annibynol ar ei ddew-

9

isiad ei hun, a thu allan i'w ymwybodolrwydd.
Genir ef mewn cartref, dygir ef i fyny gan deulu,
amgylchynir ef a dylanwadau naturiol a moesol,
a'r oll yn annibynol ar ei ewyllys ef   Yn radd-
ol y mae yn dyfod i ddeall fod ei natur yn hŷn
na'i berson, a bod y natur hono yn llygredig, yn
ngafael llwgr, yr hyn a eilw y duwinydd yn
"bechod gwreiddiol," a'r anianydd yn "ddeddf
etifeddiad," a'r athronydd "yn ddeddf parhad"
Gellir dweyd fod y tri hyn yn cynwys yr un eg-
wyddor, a hono ydyw, teyrnasiad deddf mewn
natur ac mewn dyn, bod y presenol yn codi o'r
gorphenol; a bod y dylanwadau sydd yn effeith-
io ar ddyn yn hŷn na'i berson ef   Ond daeth
Mab Duw i'r cnawd o'i ddewisiad ei hun, ym-
ddangosodd mewn teulu, ac mewn sefyllfa neill-
duol, am ei fod yn ewyllysio hyny. Ac uwchlaw
hyn oll, ymddangosodd yn berffaith annibynol
ar ddeddf llwgr moesol trwy etifeddiad. "Y peth
sanctaidd a enir o honot ti a elwir yn Fab Duw."
Dyma syniad newydd i'r byd—dyn perffaith lan
oddiwrth lwgr pechod! Ni ddarfu i'r byd pag-
anaidd freuddwydio erioed am y posibilrwydd i
ddyn perffaith sanctaidd ymddangos yn mysg
meibion dynion

2. Dirgelwch undeb y ddwy natur yn Mherson y Gair.

Nid wyf yn meddwl y gellir dweyd dim newydd ar y dirgelwch mawr hwn, oblegid y mae prif feddylwyr y byd wedi bod yn myfyrio uwch ei ben bellach er's dros bymtheg cant o flynyddoedd, o ddyddiau Athanasius hyd yn awr. Ac yr wyf yn meddwl, ar ol darllen damcaniaeth Eutyches, yr hwn oedd yn cymysgu y Natur Ddwyfol a'r Ddynol; a damcaniaeth wrthwynebol Nestorius yn gynar yn y bumed ganrif, yr hwn oedd yn dal fod y Gair nid yn unig yn meddu corff, enaid ac ysbryd, ond hefyd person dynol—y gellir crynhoi holl wybodaeth sicr a diameuol yr eglwys ar y pwnc hwn o fewn cylch dwy frawddeg neu dair A dyna ydynt. "Y mae yr Arglwydd Iesu o ran ei berson yn wir Dduw o'r un sylwedd a'r Tad, ac yn wir ddyn o'r un sylwedd a ninau. Y mae y ddwy natur wedi eu huno yn ei Berson, eu huno heb eu cyfnewid, eu huno heb eu cymysgu, a'u huno heb y posibilrwydd o'u gwahanu" Dyma swm gwybodaeth yr eglwys ar y mater hwn

Y mae yn wir fod athrawiaeth yr "Ymwaghad" wedi cael sylw rhai o'r prif dduwinyddion yn

yr haner canrif diweddaf. Gair yw hwn a ddef-
nyddir gan Paul pan yn llefaru am ddarostyng-
iad Crist. "Eithr efe a'i dibrisiodd (a'i gwag-
haodd—(*ekenose*) ei hun, gan gymeryd arno ag-
wedd gwas ac a wnaed mewn cyffelybiaeth dyn-
ion; a'i gael mewn dull fel dyn," Phil 2:7. Ceir
athrawiaeth yr ymwaghad mewn gwahanol ffurf-
iau, ond y maent oll yn golygu fod y Mab, y Myfi
Dwyfol, wedi diosg ei briodoliaethau dwyfol pan
y daeth "mewn dull fel dyn." Chwi a wyddoch
mai syniad yr eglwys yn gyffredinol ar hyn yd-
yw, na ddarfu i'r Tragwyddol Fab waghau ei
hun o'i ymwybodolrwydd fel Person Dwyfol,
nac o'i briodoliaethau, ond ddarfod iddo ych-
wanegu ymwybodolrwydd a phrofiad bywyd
dynol, yn ei holl derfynau, at ei ymwybodol-
rwydd fel Person Dwyfol. Yr un person ydyw
canolbwynt y ddwy natur, yr hwn sydd yn
meddu ymwybodolrwydd fel Duw-ddyn; a thra
na pheidiodd a gweithredu fel Duw am foment,
dechreuodd weithredu fel dyn. Yr oedd efe yn
Dduw, ac efe a barhaodd felly, ond daeth yn
ddyn Dyma, meddaf, ydyw crediniaeth yr eg-
lwys Gristionogol fel y saif yn gyferbyniol i
athrawiaeth yr ymwaghad.

I'm tyb i, nid ydyw yr hyn a elwir athrawiaeth yr ymwaghad (*kenosis*) yn ddim ond damcaniaeth esboniadol, yn yr hon y ceisir esbonio dirgelwch anesbomadwy yr ymgnawdoliad. Perygl rhai meddylwyr ydyw ymhyfhau trwy fyned yn ddoethach na'r hyn a ysgrifenwyd. A chaniatau fod y Tragwyddol Fab wedi ymwaghau o'i briodoliaethau dwyfol, pa beth a ddaeth o'r rhai hyny tra yr ydoedd ar y ddaear? A dderbyniodd efe hwynt yn ol ar derfyn ei fywyd daearol? Pa fodd y gall person a'i briodoliaethau fodoli am foment ar wahan? Pe buasai yn bosibl i Berson y Gair ymryddhau oddiwrth, neu ymddiosg o'i briodoliaethau dwyfol, onid dynol hollol fuasai ei ymddangosiad a'i fywyd ar y ddaear? Ond yr oedd ei ddysgyblion yn gweled ynddo ryw un Anfeidrol fwy na dyn. Dyn, a dyn perffaith, mae yn wir, ond dyn a'r Duwdod ynddo yn trigo; a'r Duwdod yn amlygu ei hun trwy y dyn. Dyma yw tystiolaeth Ioan yn y testyn, "Ni a welsom ei ogoniant ef, gogoniant megys yr Uniganedig oddiwrth y Tad." "A'r bywyd tragwyddol, yr hwn oedd gyda'r Tad ac a eglurhawyd i ni." 1 Ioan 1 2. Ni feddyliodd Paul am fynyd fod ataliad wedi cymeryd lle ar weith-

garwch Mab Duw pan mewn dull fel dyn; yn
hytrach dywed ei fod yn "cynal pob peth trwy
air ei nerth," "ac mai ynddo ef y mae pob peth
yn cydsefyll" Syniad Paul ydyw fod yr un
gallu dwyfol a fu yn creu, ac yn cynal y greadig-
aeth am oesau, yn nerthol weithredu ynddo tra
yn preswylio yn ein plith ni. Mewn gair, trwy yr
ymgnawdoliad, ychwanegodd y Mab ymwybod-
olrwydd a phrofiad o dlodi, gofidiau, ofn, pryd-
er un cylch o fywyd, at ei ymwybodolrwydd fel
Person Dwyfol. A thra yr oedd ffurf ei deim-
lad, ei weithredoedd, a'i feddwl, yn ddynol, eto
yr oeddynt o ran eu cynwysiad yn uwch-ddynol.
Er fod ffurf ddynol ar ei wybodaeth, yr un pryd,
y mae yn amlwg eu bod yn gwreiddio yn ffynon-
ell ei ymwybodolrwydd fel Person Dwyfol. Tra
y mae ein bywyd ni yn llawn o'r celfyddydol, ac
nid y naturiol, ein gwybodaeth yn ffrwyth pen-
derfyniad ein hewyllysiau, yn sylfaenedig ar laf-
ur deallol, ac ar brofiad, yr oedd ei wybodaeth
ef yn tarddu o undeb y dynol a'r dwyfol Dyma
y rheswm nad ydyw ef yn amlygu cynydd yn ei
wybodaeth. Yr oedd mor ddofn a chyflawn yn
nechreu ei weinidogaeth ag yn ei diwedd. Nid
ydyw ei feddyliau yn arddangos eu bod yn

ffrwyth astudiaeth ddofn, neu nerth cof a dysg-
eidiaeth, ond y maent yn tarddu o'i feddwl mor
naturiol a phrydferth a thoriad y dail yn y gwan-
wyn.

Ynddo ef y cyraeddodd y ddynoliaeth ei pher-
ffeithrwydd Ynddo ef y llanwyd y drychfeddwl
dwyfol am ddyn yn gyflawn. Ynddo ef y cy-
ffyrddodd y ddynoliaeth ag uchelderau y natur
ddwyfol. Ynddo ef y cyffyrddodd y natur
ddwyfol ag ymylon dyoddefiadau. Dywedai yr
hen athronydd paganaidd Portagoras, "Mae dyn
yn mesur pob peth." Nis gall hyn fod yn wir-
ionedd am ddyn fel person unigol, ond am y
dyn perffaith a chyffredinol, neu y ddynoliaeth
fel y mae yn Mab y dyn. Yr oedd pobl oes yr Iesu
ei hun yn teimlo ei fod yn un o honynt hwy, ac
y mae pobl pob oes, yn mysg pob llwyth, iaith a
chenedl byth ar ol hyny yn teimlo fod yr Iesu yn
cyffwrdd â hwy, ac yn un o honynt Meddyl-
iwch am fynyd mor amlochrog ydoedd bywyd y
Person hwn. Cyfunid yn ei fywyd ef nerth Duw
a thangnefedd dyn perffaith; y cydymdeimlad
dyfnaf a dynion, a hyny heb ddysgwyl eu mawl;
brenin heb ei falchder, tlodi heb ei waradwydd;
awdurdod heb drahausder, aberth heb ei ludw.

Dyma y Person mawr a ddaeth trwy ddwfr a gwaed Y mae hwn yn un o'n teulu ni Efe yw ein brawd hynaf, y cyntafanedig yn mysg brodyr lawer. Fe rodd ei fywyd drosom

III —Ei berthynas a Duw Dad.

Y gair sydd yn gosod allan y berthynas hon yw, "yr Uniganedig Fab" Ac fe ddywed Ioan eu bod wedi gweled gogoniant yr Uniganedig Fab. "Ni a welsom ei ogoniant ef." Fel yr oedd presenoldeb y Duwdod yn cael ei amlygu gan y Shecinah; felly hefyd yr oedd y gogoniant a ymweithiai i'r golwg o dan len dynoliaeth yr Iesu yn dadguddio ei Dduwdod ef. Wrth ddadguddio ei Dduwdod ei hun yr oedd yn dadguddio y Tad Ei undod ef a'r Duwdod, nid mewn ysbryd, ond o ran ei Berson ydyw sail effeithiolrwydd yr efengyl. Baich dysgeidiaeth ysgrifenwyr y Testament Newydd ydoedd ei fod ef yn Dduw wedi ymddangos yn y cnawd Yn raddol y gorfodwyd yr eglwys i amddiffyn yr athrawiaeth fawr hon yn erbyn athroniaeth y byd paganaidd Yr ydym yn gweled olion o'r athroniaeth hono yn yr adnodau blaenorol. Er nad oedd yr eglwys Apostolaidd yn gallu rhoddi eglurhad athronyddol ar berthynas yr Unigan-

edig â'r Tad, a'i berthynas â Natur, ac â dyn,
eto ni wyrodd oddiwrth y syniad ei fod yn
Dduw-ddyn—yn Fod newydd, heb neb tebyg
iddo yn hanes meibion dynion. Y mae y gwir-
ionedd hwn yn wirionedd dadguddiedig, uwch-
law prawfion gwyddonol a rhesymau philoso-
phyddion. Yr un pryd, tra nas gall athroniaeth
na gwyddoniaeth gyraedd at uchelderau ei ber-
son, eto y mae Cristionogaeth yn disgyn i ganol
y maes a hawlir gan athroniaeth a gwyddoreg
fel yr eiddynt hwy, trwy ddangos undeb y Gair
ymgnawdoledig â holl Natur, yn ei holl adran-
iadau, gan roddi ystyr newydd i'w ffeithiau.

Wrth derfynu cymella un o brif gwestiynau ein
hoes ei hun i fy meddwl, yr hwn sydd yn codi o
gylchoedd gwyddonol, a'r hwn sydd yn dal cys-
ylltiad a'r mater o dan sylw. Dyna'r cwestiwn,
A ydym i feddwl fod y fath fawredd a gwerth yn
perthyn i ddyn fel ag i gyfreithloni i Fab Duw
ddiosg gwisgoedd ei ogoniant, gadael ei orsedd-
fainc, tabernaclu mewn corff dynol, byw mewn
cyflwr o ddarostyngiad, a marw yn aberth o'i
fodd dros yr annuwiol? Rhaid addef fod dyeithr-
wch neillduol yn perthyn i hyn. A phan y cof-
iwn nad yw y ddaear yr ymddangosodd efe arni

yn ddim ond megys un o fân lwch y clorianau
yn nofio mewn awyr, o'i chymharu a bydoedd er-
aill yn y greadigaeth; pan y cofiwn nad yw y
gyfundrefn y perthyna y ddaear iddi yn ddim
ond un o'r rhai lleiaf yn mysg miloedd a mil-
iynau o gyfundraethau eraill; pan y meddyliwn
na welodd llygad, trwy gymorth yr offerynau
cryfaf a mwyaf effeithiol, ac na chlywodd clust
fod terfyn byth na glan i greadigaeth ein Ior ni;
pan y meddyliwn am gadernid ei fraich gynaliol,
a mawredd annhraethadwy ei ofal, rhaid i ni
addef fod y syniad ddarfod i'r Alpha a'r Omega
ymddangos yn y cnawd, a thabernaclu yn ein
plith ni, yn myned yn fwy rhyfedd a dyeithr.
Eto, yr un pryd, pan y deil gwyddoreg ei lamp
yn ei llaw i'n harwain ar hyd llwybrau cudd ac
anghofiedig y gorphenol, gan luchio pelydrau o
oleuni gwan ar y moad y bu y Duwdod mawr yn
gwellhau arno ei hun mewn amynedd dwyfol, yn
hanes bywyd y greadigaeth, hyd nes cyraedd
dyn, yr ydym yn gweled nad yw hyn yn beth
anmhosibl. Heblaw hyn, nid wrth roddi bodol-
aeth i fydoedd materol mawrion y daw prif fedd-
yliau y Duwdod i'r golwg. Pa beth mewn mawr-
edd a gogoniant oedd creu myrddiynau o heul-

iau, i greu pen dyn? Y mae pen dyn yn fwy
na'r holl greadigaeth faterol, ac un pelydryn
byw a gloew o lygaid plentyn bach yn fwy go-
goneddus na holl belydrau ser y goleuni. Y pen
dynol ydyw cywreinwaith benaf y Creawdwr.
Trwy ystafelloedd hwn crwydra y meddyliau
puraf, a'r gweledigaethau dyeithraf. Yma, yn ol
y syniad cyffredin, y preswylia yr ysbryd anfar-
wol; ac oddiyma y mae yn anfon allan ei fedd-
yliau fel archangylion yn ngwisgoedd y wawr, a
gwlith y boreu ar eu gwisgoedd Yn wir, yn
ngoleuni dysgeidiaeth y Beibl nid oes dim ond
Duw ei hun yn sefyll yn uwch na dyn. "Crewyd
ef "ychydig yn is na'r angylion," neu fel y dar-
llena y Cyfieithiad Diwygiedig, "Ti a'i gwnaeth-
ost ef ond ychydig yn is na Duw" (*Elohim*) Ps.
8: 3-5. Gwnaeth Mab Duw y dyn cyntaf mor
debyg iddo ei hun, yn mhosibilrwydd ei natur
a'i alluoedd, ag oedd yn ddichonadwy. Daros-
tyngwyd pob peth o dan ei draed ef. Efe ydyw
canolbwynt y greadigaeth. Nid un o ddodrefn
y greadigaeth ydyw ef, nid y creadur uchaf ar
raddfa bodolaeth creaduriaid y ddaear, ond ei
harglwydd; rhaid cyfrif gwerth ac ystyr yr haul,
a'r lleuad, a holl ser y goleuni, oddiwrth y ber-

thynas y maent yn ei ddal a dyn. Dywedir fod "awyddfryd y creadur yn dysgwyl am ddydd dadguddiad meibion Duw," a bod angylion y nef yn ysbrydion gwasanaethgar i ddyn. Wrth ystyried yr holl bethau hyn nid wyf yn meddwl na bydd i'r ymgnawdoliad, a darostyngiad Mab Duw, er mwyn achub dyn, ddwyn mwy o ogoniant iddo na'r holl greadigaeth yn nghyd.

PREGETH VII.

PERTHYNAS YR ARGLWYDD IESU A'R GREADIGAETH.

"Canys trwyddo ef y crewyd pob dim ag sydd yn y nefoedd, ac sydd ar y ddaear, yn weledig, ac yn anwel-edig, pa un bynag ai thronau, ai arglwyddiaethau, ai tywysogaethau, ai meddianau, pob dim a grewyd trwyddo ef ac erddo ef, ac y mae efe cyn pob peth, ac ynddo ef y mae pob peth yn cyd-sefyll,"--Colossiaid I 16, 17.

Y mae y geiriau hyn yn rhan o gread-ddysg y Testament Newydd, ar berthynas yr Arglwydd Iesu a'r greadigaeth, cyn iddo ymddangos yn y cnawd Y greadigaeth ydyw y dadguddiad cyn-taf a sylfaenol o Dduw, o herwydd paham yr oedd yn bwysig i ni wybod a oedd rhyw berthyn-as rhwng y Gair a wnaethpwyd yn gnawd a'r dadguddiad hwn Os oes cysylltiad rhyngddo a'r greadigaeth, pa fath gysylltiad ydyw? Yn yr oes hon yr ydym yn gwybod mwy o hanes y gre-adigaeth nag a wybuwyd gan yr oesau a fu gyd-a'u gilydd. A gellir dweyd ein bod yn adnabod y Duw-ddyn yn well, fel yr oedd yn nyddiau ei gnawd, nag yr adnabuwyd ef gan yr eglwys er dyddiau yr Apostolion. Trwy yr ymdrech ddiorphwys a wneir yn y dyddiau hyn i geisio darllen y greadigaeth yn ngoleuni ei hanes ei hun, yr ydym yn meddu gwybodaeth gyflawnach am ei hynafiaeth, ei heangder, ei deddfau a'i holl egnion, nag a wybuwyd gan yr oesoedd eraill. Trwy yr un math o ymchwiliad, sef yr ymdrech a wneir i ddarllen Person y Duw-ddyn yn ngoleuni ei hanes ef ei hun, ei eiriau, a'i weithredoedd, yr ydym wedi dyfod i'r un agosrwydd yn feddyliol ag ef ag yr oedd yr Apostolion. Nid yw yr oes hon yn barod i dderbyn dim fel gwyddoreg gywir oddieithr yr hanes a ddyry unrhyw beth am dano ei hun, yn yr hyn ydyw ynddo ei hun, ac yn ei gysylltiadau. Trwy y dull hwn o ymchwiliad ysgubwyd ymaith ran bwysig o'n credo am y dull y dygwyd y greadigaeth, yn weledig ac yn anweledig, i fod, yn nghyd a'i hynafiaeth Y mae y chwe mil o flynyddau er dyddiau y greadigaeth wedi myned yn chwech o gyfnodau mawrion, ac o feithder anmhenodol. Yr un modd am dduwinyddiaeth. Yn lle myned at y Duw-ddyn trwy dduwinyddiaeth yr eglwys, myn yr oes hon ddyfod oddiwrth y Duw-ddyn at dduwinyddiaeth. A rhaid i ni addef fod rhai rhanau o'n duwinyddiaeth yn dyfod yn fwy syml; yn llai peirianol, ond yr un pryd yn fwy dwyfol. Y mae y testyn hwn yn mynegu gwirionedd na allesid ei ddeall heb ddadguddiad, a hwnw yn ddadguddiad nid am un Duw fel Creawdwr pob peth, ond am berthynas uniongyrchol y Gair a wnaethpwyd yn gnawd â'r holl greadigaeth. Yr ydych wedi sylwi, efallai, fod tuedd gref mewn rhai duwinyddion i dori pob cysylltiad rhwng y Duw-ddyn a Natur, a hyny gyda'r bwriad tybiedig i geisio dyrchafu Cristionogaeth i safle fwy ysbrydol a dwyfol. Ar un llaw, ceir rhai o wyddonwyr ameus ein hoes na fynant gydnabod fod un math o gysylltiad rhwng y Duw-ddyn, Gwaredwr y byd, â Natur; ar y llaw arall, ceir rhai duwinyddion na fynant gydnabod fod perthynas uniongyrchol rhwng Cristionogaeth a Natur, rhag ofn iddynt leihau ei ysbrydolrwydd a'i ddwyfoldeb fel trefn i achub. Y mae y naill ddosbarth mor bell a'r llall oddiwrth ddysgeidiaeth y Beibl. Os deuwch chwi at hanes y greadigaeth—holl derfynau Natur—trwy yr hanes a geir yn y Beibl o fywyd y Tragwyddol Fab, ymddengys y greadigaeth yn y goleuni mwyaf gogoneddus.

Pan yr oedd yr Arglwydd Iesu yn myned i Jeru-
salem y tro diweddaf i farw, chwi a gofiwch fod
plant y ddinas wedi ei gyfarfod yn y porth, ac yn
ei ddylyn ar hyd yr heolydd, gan ganu yn orfol-
eddus, "Hosana yn y goruchafion, bendigedig
yw yr hwn sydd yn dyfod yn enw yr Arglwydd."
Dylasai "Hosana" y plant y diwrnod hwnw gael
pob rhyddid, ac heb ei wahardd, i esgyn i fyny,
ar adenydd eu dychymyg hyd y drydedd nef.
Nid oedd perygl iddynt ddyrchafu gormod ar y
Person mawr oedd yn myned trwy y porth i'r
ddinas.   Ond pe buasech chwi yn tori y cys-
ylltiad oedd rhwng dychymyg y plant am Iesu
Grist a'u teimlad ar y pryd, buasech yn tori ei
adenydd, yn peri iddo syrtho fel corff marw i'r
ddaear, wedi colli ei holl ogoniant.   Torwch y
cysylltiad sydd rhwng y greadigaeth a'r ffaith ei
bod wedi ei chreu, ei threfnu, a'i chynal, gan yr
hwn a wnaethpwyd o wraig, ac a fu farw yn ein
lle, cyll ei dymunoldeb, ei thynerwch, ac addurn
ei gogoniant   Neu, torwch y cysylltiad rhwng
Cristionogaeth a'r greadigaeth, ac fe gyll ei hel-
fenau mwyaf dwyfol.

Yr Iesu, yr hwn a anwyd yn y preseb, a fag-
wyd yn Nazareth, a fedyddiwyd yn yr Iorddon-

en, a laddwyd gan yr eglwys Iuddewig, a adgyf-
ododd y trydydd dydd, a esgynodd i'r nef, yr
Iesu, yr hwn sydd wedi cario y dylanwad dyfnaf
ar wareiddiad y ddaear, yn enw yr hwn yr ydym
yn anfon ein gweddiau at orsedd Duw, ac yn
haeddiant anfeidrol Iawn yr hwn yr ydym yn
dysgwyl cael ein gwrando, "Efe yw delw y Duw
anweledig, cyntafanedig pob creadur Canys
ynddo ef y crewyd pob dim a'r sydd yn y nef-
oedd, ac sydd ar y ddaear, yn weledig ac yn an-
weledig, pa un bynag ai thronau, ai arglwydd-
iaethau, ai tywysogaethau, ai meddianau, pob
dim a grewyd trwyddo ef, ac erddo ef Ac y
mae efe cyn pob peth, ac ynddo ef y mae pob
peth yn cydsefyll Ac efe yw pen corff yr eg-
lwys; efe, yr hwn yw y dechreuad, y cyntafaned-
ig oddiwrth y meirw; fel y byddai efe yn blaenori
yn mhob peth Oblegid rhyngodd bodd i'r Tad
drigo o bob cyflawnder ynddo ef Ac wedi iddo
wneuthur heddwch trwy waed ei groes ef,
trwyddo ef gymodi pob peth ag ef ei hun,
trwyddo ef, meddaf, pa un bynag ai pethau ar y
ddaear ai pethau yn y nefoedd "

Yn y geiriau gogoneddus hyn, gosodir allan y

10

Duw-ddyn mewn tair perthynas, sef ei berthyn-
as â Duw Dad, ei berthynas â'r greadigaeth, a'i
berthynas â'r eglwys, "yr hon a bwrcasodd efe
â'i briod waed." Yn y ddwy berthynas gyntaf,
saif fel person dwyfol yn unig, ac yn y drydedd,
fel Duw wedi ymddangos yn y cnawd. Yn ei
berthynas a'r Tad, gelwir ef yn "ddelw y Duw
anweledig." "Yr hwn yw delw y Duw anweled-
ig." Cynwysa y gair delw ddau syniad dwfn,
sef fod y Mab o ran ei Berson o gyd-dragwyddol
a gogyfuwch a'r Tad mewn natur a phriodol-
iaethau, ac mai efe hefyd yw cyfrwng pob dad-
guddiad o'r Duw anweledig. Yr olaf, fel y mae
yn ddiameuol genyf, yw y prif syniad sydd yn y
gair delw yn y fan hon. Yn y ffaith fod y Mab
yn ddelw y Duw anweledig y ffynonella y pos-
ibilrwydd o'r greadigaeth, yn nghyd a phob dad-
guddiad o Dduw. Yn y ffaith ei fod ef yn ddelw
y Duw anweledig y gwreiddia y posibilrwydd o'i
ymgnawdoliad Nid wyf yn sicr nad oes cys-
ylltiad agos rhwng y syniad sydd yn gorwedd yn
y ffaith fod y Mab yn ddelw y Duw anweledig
a'r syniad o'i ymgnawdoliad. Yr ydych wedi
sylwi, efallai, nad ydyw yr Ysbryd Glan byth
yn cael ei alw yn ddelw Duw, ac ni ddywedir fod

yr angylion wedi eu creu ar lun a delw Duw.
Am yr Arglwydd Iesu, ac am ddyn—dyn yn ei
greadigaeth, a dyn yn Nghrist, y dywedir ei fod
ar ddelw Duw A'r gwahaniaeth rhwng yr Ar-
glwydd Iesu a dyn yn hyn ydyw, ei fod ef wedi
derbyn y ddelw hon trwy genedliad, fel y mae
plentyn yn derbyn delw ei rieni, a bod dyn yn ei
derbyn trwy drosglwyddiad. Yn y ddelw hon y
gorphwys y drychfeddwl gwreiddiol am ddyn, a
phosibilrwydd yr ymgnawdoliad

Yr ail berthynas y saif y Mab ynddi ydyw ei
berthynas a'r greadigaeth Ceir yma bedwar
gosodiad, yn y rhai y cyflwynir holl berthynas y
Tragwyddol Fab a'r greadigaeth Y gosodiad
cyntaf ydyw, "Canys trwyddo ef y crewyd pob
dim a'r sydd yn y nefoedd, ac sydd ar y ddaear
yn weledig ac yn anweledig, pa un bynag ai ar-
glwyddiaethau, ai tywysogaethau, ai meddian-
au," neu, fel y darllena y Cyfieithiad Diwygied-
ig, fel y dylid darllen, "Canys *ynddo* ef, ac nid
trwyddo ef, y crewyd pob dim." Y mae y gwa-
haniaeth hwn yn bwysig; ac ni ddylai "yn" y
gwreiddiol gael byth ymyryd ag ef. "Trwyddo
ef," mae yn wir "y crewyd pob dim," fel yr hys-
bysir yn niwedd yr adnod: ond y mae ynddo ef

yn cynwys llawer mwy. Ynddo ef fel Duw-ddyn y trowyd holl gyflawnder y Duwdod, yr hwn sydd yn preswylio yn gorfforol ynddo ef, yn haeddiant anfeidrol i achub. "Yn Nghrist" y mae Duw yn cymodi y byd ag ef ei hun, ac yn creu o newydd yn Nghrist Iesu. Yr un modd, ynddo ef y crewyd pob dim. Onid yw hyn yn gosod allan mewn modd effeithiol anfeidroldeb ei Berson ef fel Creawdwr ac fel Pryniawdwr? Ynddo ef y trowyd meddyliau y Duwdod yn fydoedd, ac nid oes yr un o honynt yn hanfodi y tu allan i'w bresenoldeb ef. Yr ail osodiad yd-yw, "Pob dim a grewyd trwyddo ef," nid fel offeryn, ond fel cyd-achos. Y trydydd gosodiad ydyw, "Ac erddo ef," hyny yw, er ei ogoniant ef. Efe yw y rheswm paham y bodola y greadig-aeth o gwbl, a phaham y bodola fel y mae. Efe yw yr achos effeithiol o honi, a'r achos ter-fynol. Y pedwerydd gosodiad ydyw, "Ac y mae efe cyn pob peth, ac ynddo ef y mae pob peth yn cydsefyll," hyny yw, nid yn unig gal-wyd pob peth i fod o ddim ynddo a thrwyddo ef, ond ynddo ef y cynelir pob peth yn eu ffurf bres-enol. Y mae Mab Duw yn Greawdwr ac yn Gynaliwr. Yn ngoleuni y pedwar gosodiad uch-

od ni a gawn olwg ar hanes y Mab yn ei ber-
thynas a'r greadigaeth, yn ei ffynonell gychwyn-
ol, yn ei chynydd, yn ei dyben, ac yn ei hunol-
iaeth,

I.—Perthynas y Tragwyddol Fab a chynllun
y greadigaeth.

"Canys ynddo ef y crewyd pob dim ar sydd yn
y nefoedd, ac sydd ar y ddaear, yn weledig ac
yn anweledig, pa un bynag ai thronau, ai ar-
glwyddiaethau, ai tywysogaethau, ai meddian-
au." O ran ei drefn a'i eiriad, saif y gosodiad
hwn yn berffaith gyson â thystiolaeth gwyddon-
iaeth ddiweddar Y weledig ydoedd y cyn-
yrch creadigol cyntaf; mater a ddygwyd i fod
gyntaf, yna yr anweledig, megys egnion natur-
iol, bywyd yn ei holl raddau, ac yn olaf, ysbryd-
ion sanctaidd, angylaidd a dynol Nid oes neb
yn meddwl adeiladu ty i'w breswylio heb syl-
faen. Y weledig yn mhob cysylltiad ydyw sail
yr anweledig mewn creadigaeth, er fod y gread-
igaeth ei hun yn gorphwys ar yr anweledig a'r
tragwyddol. Ond y syniad cyntaf sydd yn cael
ei gyflwyno i'n meddwl gan y frawddeg, "Canys
ynddo ef y crewyd pob dim" ydyw hyn, mai yn
meddwl y Tragwyddol Fab y tynwyd holl gyn-

llun y greadigaeth   Fel y bu Moses yn cario y
portread a dynodd Duw o'r tabernacl ar ei fedd-
wl ar fynydd Sinai cyn iddo ddechreu ei lunio,
felly hefyd y bu y Mab yn cario ynddo ei hun
holl gynddelwau (*antetypes*) y greadigaeth, y
rhai a dynwyd ar ei feddwl gan Dduw Dad yn
nystawrwydd tragwyddoldeb, cyn dechreu creu.
Y Mab ydoedd canolbwynt y drychfeddyliau
dwyfol, a ffynonell fawr yr holl weithrediadau
dwyfol, "Canys ynddo ef y crewyd pob dim."
Wrth greu, trodd y Mab y cynlluniau yn syl-
weddau, fel y trodd Moses y cynllun a dynwyd
gan Dduw yn ei feddwl, yn dabernacl, yn gys-
egroedd, ac yn ddodrefn. "Gwel," medd y Tad
wrth y Mab, pan yr oedd ar ddechreu creu, "ar
wneuthur o honot bob peth yn ol y portread."

A ydych chwi wedi sylwi ar hanes bywyd y
Gwaredwr pan ar y ddaear, mai ei arfer ef oedd
troi yr argraffiadau dwyfol a dderbyniai ar ei
feddwl yn weithredoedd. Pan y derbyniodd ar-
graffiadau dwyfol ar ei feddwl yn ei fedydd, ei
fod yn Fab Duw, pan y disgynodd yr Ysbryd
Glan arno mewn ffurf colomen, ac y daeth llef
o'r nef yn dywedyd, "Hwn yw fy anwyl Fab,"
a phan yr arweiniwyd ef gan yr Ysbryd i'r an-

ialwch i'w demtio gan ddiafol, daeth oddiyno,
a throdd yr argraffiadau hyn, o gymeradwyaeth
ei Dad i'w Fabolaeth, a phrawf tanllyd ei dem-
tasiynau, yn weithredoedd. O'r Iorddonen, ac
o'r anialwch, daeth i Galilea, "A phregethu ef-
engyl y deyrnas, ac iachau pob clefyd a phob
afiechyd yn mysg y bobl   *   *   *   A hwy a
ddygasant ato yr holl rai drwg eu hwyl, a'r rhai
yr oedd amryw glefydau a chnofeydd yn eu
dala; a'r rhai cythreulig, a'r rhai lloerig, a'r
rhai yr oedd y parlys arnynt, ac efe a'u hiach-
aodd hwynt," Matth 4 24. Gwnaed argraffiad-
au dyfnion ar ei feddwl, yn ei ddyoddefaint olaf,
ond fe drowyd yr argraffiadau hyny yn Iawn
anfeidrol. Yr un modd, trodd y cynddelweddau
a dynwyd ar ei feddwl yn nystawrwydd trag-
wyddoldeb yn greadigaeth "Canys ynddo ef y
crewyd pob dim a'r sydd yn y nefoedd, ac sydd
ar y ddaear, yn weledig ac yn anweledig." Fel
yr oedd llun cerubiaid wedi eu tynu ar leni
mewnol y cysegr yn yr anialwch, felly hefyd, fe
dynwyd llun cerubiaid, seraffiaid, a dyn, ar leni
meddwl y Tragwyddol Fab. Ac fe'u crewyd yn
berffaith yn ol y cynlluniau: "pa un bynag ai

thronau, ai arglwyddiaethau, ai tywysogaethau, ai meddianau."

1 Chwi a welwch y gwirionedd hwn yn eglurach yn ngoleuni y ffaith fawr fod y greadigaeth yn cyflwyno ei hun i'n meddwl ni fel ffrwyth meddwl anfeidrol

Onid yw pob gwyddor naturiol yn sylfaenedig ar y ffaith fod y greadigaeth yn arddangosiad o gynllun, ac o ganlyniad o feddyliwr? Gellir symio i fyny ffrwyth yr ymchwiliad gwyddoregol i'r greadigaeth i hyn· Yn nghanol y dirgelion sydd yn ein hamgylchu nid oes dim sicrach na'n bod byth yn mhresenoldeb Gallu Tragwyddol ac Anfeidrol, o'r hwn y tarddodd pob peth Y mae yn sicr hefyd fod y Gallu hwn yn un, ac nid yn llawer, yr un yn yr haul pellaf ag ydyw ar y ddaear. Y mae yr un mor sicr fod y Gallu hwn yn allu deallol, am y rheswm ei fod yn greadigaeth, ar ei gwyneb, ac ynddi, yn amlygiad diameuol o feddwl Ni raid i grefydd mwy ymresymu y pwnc o fodolaeth Duw fel Creawdwr, oblegid y mae gwyddoniaeth yn cadarnhau hyn. Y mae hyd yn nod Agnosticiaeth ein hoes wedi diwreiddio ei hanniuwiaeth trwy ddarganfod Gallu anfeidrol fel achos yr holl greadig- ·

aeth, a hwnw yn allu deallol Os sylwch chwi
yn fanylach, chwi a gewch fod nodwedd medd-
wl y Cynllunydd Dwyfol hwn yn hollol yr un
fath a meddwl dyn. Dyma linellau y ddelw.
Dyma sydd yn cynyrchu y dyddordeb mewn
ymchwiliadau gwyddonol Pan y dosrenir mat-
er gan y gwyddonydd i'r gronynau lleiaf sydd
yn bosibl, ac wedi iddo benderfynu eu hansodd-
au gwreiddiol, gwel ynddynt brawf mor amlwg
o rag-gynllun doeth ag y mae yn ei ganfod yn
ngwrthrychau mwyaf dyrys Natur Canys nid
yw ansoddau gwreiddiol defnydd yn ddim ond
elfenau cyfansoddiadol deddfau cyffredinol y
cread, ac agweddau terfynol pob peth a welir.
Os ydyw y cynlluniau cyffredinol a welir 'yn
nghyfansoddiad y bydysawd, fel yr ymddengys
i ni wedi ei orphen, yn brawf o Luniwr dwyfol,
rhaid fod yr un amcan a ganfyddir yn nghyf-
ansoddad elfenol defnydd ar yr un tir yn union
yn brawf o Luniwr, ac o rag-gynllun. Onid yw
undod y greadigaeth yn eglur ddangos ei bod yn
waith yr un meddwl? Gwelir ynddi undod—
tri undod mawr—undod gallu, undod ffurf, neu
deulu, ac undod cyfansoddiad, a phob undod
wedi bod yn gorwedd yn eu rhag-gynllumau yn

meddwl yr Arglwydd Iesu "cyn taenu y gog-
ledd ar y gwagle."

2. Fel hyn, wrth olrhain hanes bywyd yr hwn
a ymddangosodd yn y cnawd, teflir goleuni new-
ydd ar hanes y greadigaeth

Methai yr hen esbonwyr Iuddewig ddeall pa-
ham y defnyddid enw y Creawdwr yn y rhif lu-
osog yn nghread-ddysg Moses; paham y gelwid
ef yn Dduwiau (*Elohim*), ac nid Duw. Llefara
y Creawdwr yno yn y rhif luosog; "Gwnawn
ddyn ar ein llun a'n delw ni" Ond wrth ddweyd
hanes yr hwn a wnaethpwyd o wraig, ac a fu
farw mewn pryd dros yr annuwiol, yr ydym yn
gweled yn ngoleuni y Testament Newydd, ei fod
ef yn un o'r Tri a fu yn cydweithio i ddwyn y
cread i fod. Pa beth yw yr hyn a elwir yn
Ddadblygiad? Dim ond ymdrech i fyned i
mewn i'r hanes a ddyry y greadigaeth am dani
ei hun. Ac os byddwn yn sicr ein bod wedi cael
yr hanes yn gywir am ryw ran o honi, gelwir
hyny yn wybodaeth wyddoregol. Os cymerwn
yr un dull i chwilio i mewn hanes bywyd Iesu
Grist, ni a gawn nad oedd ei fywyd ar y ddae-
ar yn ddim ond un benod fer yn ei hanes. Fel
y mae saith gyfnod yn hanes y greadigaeth gan

Moses, sef creu mater, creu goleuni, creu ffurf-
afen, ffurfio perthynas oleu rhwng y ddaear a'r
cyrff nefol, creu bywyd, creu dyn, a gorphwys-
fa y Creawdwr ar ol gorphen ei waith, felly am
Iesu Grist. Ceir saith o benodau mawrion yn
ei hanes, sef ei hanfodiad yn y tragwyddoldeb
diddechreu, cyfnod perffeithiad y greadigaeth,
goruchwyliaeth y cysgodau a'r rhagbaiotoadau,
ei ymgnawdoliad a'i farwolaeth, ei waith yn y
nei iei eiriolwr, dydd y farn, pan y cesglir
ffrwyth ei angeu i ddiogelwch, a'i breswyliad
tragwyddol gyda'r saint yn y nef. Nis gall y
ddamcaniaeth Ddadblygiadol roddi un math o
oleuni ar ddechreuad y greadigaeth, dechreuad
bywyd, creadigaeth dyn, yr ymwybodolrwydd
dynol, ac ymgnawdoliad y Mab   Ond wrth ol-
rhain hanes bywyd Iesu Grist, chwi a gewch ol-
euni ar ddechreuad y greadigaeth, "Ac, tydi yn
y dechreuad, Arglwydd, a sylfaenaist y ddaear,
a gwaith dy ddwylaw di yw y nefoedd," Heb i ·
10   Yn ei hanes ef cewch yr ail belydr o oleuni
dysglaer ar darddiad bywyd; "Ac ynddo ef yr
oedd bywyd." Yn ei hanes ef llewyrcha y tryd-
ydd pelydr o oleuni ar greadigaeth dyn. "Duw
hefyd a ddywedodd, Gwnawn ddyn ar ein delw

ni, wrth ein llun ein hunain. Felly Duw a gre-odd y dyn ar ei ddelw ei hun, ar ddelw Duw y creodd efe ef, yn wryw ac yn fanyw y creodd efe hwynt," Gen. 1 26, 27 Yn y ddelw hon cewch esboniad ar ymwybodolrwydd dyn fel person Ond y pelydr olaf, a'r dysgleiriaf, yn hanes y Mab ydyw hwn, "Duw a ymddangos-odd yn y cnawd" Nid hyn yw y cwbl chwaith, oblegid y mae hanes y Mab yn taflu goleuni yn ol i dywyllwch y tragwyddoldeb diddechreu, cyn bod creadigaeth, ond yn unig yn y cyn-ddelwau o honi. Gwrandewch ar y Mab yn dywedyd ei hanes cyn dechreu creu: "Yr oedd-wn i yno,' "er tragwyddoldeb," "er y dechreu-ad cyn bod y ddaear." "Pryd nad oedd dyfn-der y'm cenedlwyd" "Cyn sylfaenu y mynydd-oedd," "cyn gwneuthur o hono ef y ddaear," "yno yr oeddwn i gydag ef, megys un wedi ei feithrin gydag ef; yr oeddwn yn hyfrydwch iddo beunydd, yn ymlawenhau ger ei fron ef bob am-ser, ac yn llawenychu yn nghyfaneddle ei ddaear ef, a'm hyfrydwch oedd gyda meibion dynion," Diar. 8· 22-26. Dyma'r gogoniant oedd iddo gyda'r Tad cyn bod y byd Y gogoniant o gydraddoldeb ag ef, y gogoniant o fod yn ei gymdeithas; y gogoniant a'r hyfrydwch o dynu cynlluniau creadigaeth a phrynedigaeth. Yr oedd cyfaneddle y ddaear yn y cynllun, hyny yw, y gwagder y byddai y ddaear yn troi ynddo; yr oedd dyn yn y cynllun, "ac yr oedd yn ymhyfrydu wrth edrych arno," yr oedd angylion yn y cynllun, yn thronau ac yn dywysogaethau; yr oedd yr ymgnawdoliad yn y cynllun, a'r oll wedi eu tynu ar feddwl y Mab. Dyma ei berthynas ef â'r greadigaeth yn ei chynllun. "Ynddo ef y crewyd pob dim "

II.—Perthynas y Tragwyddol Fab a'r greadigaeth fel Creawdwr a Threfnydd.

Dyma yw cynwysiad yr ail osodiad sydd yn y testyn; "Pob dim a grewyd trwyddo ef " Nid fel offeryn, ond fel cyd-achos, fel Person Y mae gwahaniaeth sylfaenol rhwng offeryn a pherson. Rhywbeth a ddefnyddir er mwyn cyfleusdra i gyraedd amcan ydyw offeryn. Ni fedd y peiriant fodolaeth fel y cyfryw ar wahan i'r peirianydd, nid yw ond swp o fater diamcan, yn ei feddwl ef y cafodd ei ffurf, y daeth i fod, a thrwyddo ef y parha mewn bod, ac y cyflawna ei waith Ond y mae person yn ddyben iddo ei hun; wedi iddo gael ei fodolaeth unwaith, parha

i fodoli ar wahan i'r achos a roddodd fodolaeth
iddo. Nid yw cartref yn cyflawni ei amcan
uchaf, os nad yw yn cynyrchu meibion a allant
fodoli yn annibynol ar eu rhieni. Rhaid iddynt
fod yn achosion ynddynt eu hunain, yn meddu
gallu i greu llwybr bywyd iddynt eu hunain, a
chartrefi newyddion Rhywbeth i'w ddefnydd-
io yw offeryn; peth sydd yn gweithredu yw
person. Dygwyd y greadigaeth i fod trwy y
Mab fel cyd-achosydd personol a'r Tad, ac a'r
Ysbryd Glan. Yr oedd dechreuad y greadigaeth
yn ddechreuad cyfnod newydd yn hanes Mab
Duw. Dyma yr adeg y daeth ef gyntaf i mewn
i fywyd newydd ac i berthynas newydd. O hyn
allan yr oedd bydoedd afrifed, yn llwythog o
fywyd, i hanfodi ac i chwyrnellu mewn gwagder.
Pan y trodd y Mab y cynddelwau a'r drych-
feddyliau dwyfol oedd yn ei feddwl yn sylweddau
gweledig, torwyd ar ddystawrwyda tragwyddol-
deb; daeth y Meddyliwr a'r Cynllunydd yn Gre-
awdwr ac yn Gynaliwr. Bellach y mae ganddo
deulu lluosog i ofalu am danynt.

Hon ydyw yr athrawiaeth a ddysgir gan Ioan
yn nechreu ei Efengyl "Trwyddo ef," sef y
Gair, "y gwnaethpwyd pob peth, ac hebddo ef.

ni wnaethpwyd dim ar a wnaethpwyd; ynddo ef
yr oedd bywyd, a'r bywyd oedd oleuni dynion,"
Ioan 1: 3, 4. Yr oedd Ioan yn awyddus i gyn-
orthwyo dynion i ddarllen y Duwdod trwy Grist,
ac nid Crist trwy y Duwdod Edrycha Ioan ar
hanes y greadigaeth fel penod i'w darllen yn
hanes bywyd y Gair a wnaethpwyd yn gnawd.
Yn ei berthynas a Duw, efe yw yr Unig-anedig
Fab; yn ei berthynas â'r greadigaeth ac â
threfn iachawdwriaeth, efe yw y Gair. Gelwir
ef yn Air (Logos), nid ar gyfrif ei undeb a'r Tad,
neu ar gyfrif ei natur ddwyfol, ond ar gyfrif ei
berthynas â'r greadigaeth ac â threfn achub;
hyny yw, am mai ynddo a thrwyddo ef y myneg-
ir yr hyn y mae Duw yn feddwl, yn ei fwriadu,
yn ei wneyd, ac yn ei lefaru O ganlyniad, nid
yw y teitl hwn yn egluro natur y Mab, eithr yn
egluro ei berthynas ef â'i waith. Y mae perth-
ynas Iesu Grist â'r greadigaeth yn debyg i ber-
thynas meddwl dyn â mater Gall y meddwl
ddefnyddio mater yn y corff, a thu allan iddo,
fel cyfrwng i gyraedd ei amcanion, ac i gyf-
lawni ei ewyllys Gall droi mater i bob ffurf
ddichonadwy. Dyma yw perthynas Iesu Grist
fel Gair â'r greadigaeth, efe a'i dygodd hi i fod,

ac wedi ei dwyn i fod, rhoddodd ei linyn mesur arni, a dygodd hi i ffurf a threfn, trwy gyfnodau meithion ac olynol, a llanwodd hi â phrydferthwch bywyd. "Ynddo ef yr oedd bywyd, a'r bywyd oedd oleuni dynion," Ioan 1 · 4. Efe yw ffynonell bywyd yr holl greadigaeth—pob bywyd, naturiol, deallol a moesol. Mynega yr Efengylwr fod y Gair yn oleuni dynion, ond dywed fod bywyd ynddo. "Ynddo ef yr oedd bywyd," a'r bywyd oedd y goleuni. Dull y gweithiwr dwyfol oedd rhoi goleuni wrth roi bywyd Dyma i chwi awgrym o ffaith bwysig Trefnodd y Creawdwr fod pethau oddiallan yn gyfryngau goleuni i ni; ond y llygad yn wastad, a bywyd yn llygad, sydd yn gweled. Bywyd, a dim ond bywyd, sydd yn meddu gallu i weled Y mae hyn yn wirionedd mewn ystyr ysbrydol yn gystal a naturiol Y rhai sydd yn meddu bywyd sanctaidd sydd yn gallu gweled Duw.

Trwy y Mab, ein Ceidwad ni, y lluniwyd bwa ardderchog y ffurfafen, ac y gosodwyd cylch ar wyneb y dyfnder. Ynddo ef y cymerodd y diderfyn ffurf derfynol. Nid oes genyf un gwrthwynebiad i dderbyn y syniad o Ddadblygiad; dim o gwbl, hyd y gall y syniad hwn gyraedd, ond i chwi ganiatau mai y Mab oedd y Dad-blygwr. Nid oes genyf un gwrthwynebiad i'r syniad fod y greadigaeth wedi ei dwyn i'r ffurf bresenol trwy weithrediad deddfau natur, ond i chwi ganiatau mai ewyllys y Mab oedd yn eu llywodraethu. Ei ddeddfau ef ydynt: ei law ef oedd yn eu cyfeirio, ei allu ef oedd yn gweith-redu ynddynt, ei ewyllys ef oedd yn penderfynu holl ffurfiau dadblygiad y cread; a'i ddoethineb a'i ddaioni ef sydd yn ymweithio i'r golwg trwy-ddynt. Wrth edrych ar y greadigaeth yn ei pherthynas â Iesu Grist, ein Gwaredwr, nis gall-wn lai na theimlo y dyddordeb dyfnaf yn mhob rhan o honi. Tra yn edrych ar y ddaear yn ngwanwyn ei mebyd, yn haf ei hieuenctid, yn nghanol oedran ei chynauaf, yn henaint a mar-wolaeth ei gauaf, yr ydym yn gweled ynddynt feddyliau Iesu o Nazareth mewn ffurf weledig, a'i ewyllys mewn gweithrediad grymus. Fel hyn, gwel y credadyn feddyliau ei Waredwr ben-digedig wedi eu gwisgo mewn cyrff materol— "Trwyddo ef y gwnaethpwyd pob peth."

III.—Perthynas y Tragwyddol Fab a'r cymell-iad gwreiddiol yn y meddwl dwyfol i greu.

11

Dywed yr Apostol nid yn unig fod pob dim wedi eu creu "ynddo ef," a thrwyddo ef; ond fod pob dim wedi eu creu "erddo ef;" hyny yw, er ei ogoniant ef, er ei fwyn ef, ac i'w amcanion ef. Dyma y gosodiad dyfnaf a phellaf—"Ac erddo ef" Yn y gosodiad hwn mynegir y rheswm paham y crewyd pob dim. Cariad, cariad tadol, dyfnder annhraethadwy cariad y Tad at y Mab, ydyw y ffynonell achosol o'r holl greadigaeth, yn weledig ac yn anweledig. Nid oes genyf y cydymdeimlad lleiaf â'r syniad a ddadleuir gan rai fod yn rhaid i Dduw greu mewn trefn i garu; ond y mae wedi creu am ei fod yn caru. Y rheswm dyfnaf paham y crewyd pob dim ydyw Tadolaeth Duw 'Duw, cariad yw;" dyma ei hanfod; ac y mae y cariad hwn yn ddyfnach na'i ewyllys ef. Nid math o briodoledd ydyw cariad yn ei natur ef, ag yr oedd yn rhaid creu mewn trefn i'w galw i weithrediad; na, bodolai yn Nuw cyn creu, a thrwy ei chymelliad hi y rhoddwyd bod i'r greadigaeth. Nid yw Duw yn gwybod am dano ei hun heb garu ei Fab. Gellir dweyd am ddyn fod cariad yn cael ei genedlu ynddo ef; ei fod am ran o'i einioes yn meddu cariad mewn posibilrwydd cyn dechreu caru yn

weithredol; ei fod yn meddu gallu i garu cyn
ei fod yn caru Ond ni bu cariad yn Nuw yn
rhywbeth mewn posibilrwydd, na, y mae ei gar-
iad ef yn gariad byw a gweithgar er tragwydd-
oldeb. Gwyr yn well na'r un tad sydd yma
heddyw beth yw cariad tadol yn llenwi ei fynwes
anfeidrol, am ei fod yn caru ei Fab Ac am fod
y Tad yn caru y Mab dygodd yr holl greadig-
aeth i fod "erddo ef" Yn ei gariad at ei Fab
y cododd y cymelliad cyntaf i greu. Desgrifir
cariad fel math o angen yn yr enaid, yr hwn a
foddlonir yn unig trwy roi; rhoi y pethau goreu;
ie, a rhoi ei hun Daioni ynddo ei hun, medd
un athronydd enwog, ydyw sylweddoliad yr
enaid o fwynhad Y mwynhad penaf yn y fyn-
wes ddwyfol ydyw fod ganddi Berson teilwng
i'w garu, ac i ymhyfrydu ynddo. Ac onid yw yn
beth naturiol meddwl fod cymelliad yn gwreidd-
io yn mynwes Duw Dad i anrhydeddu ei Fab
trwy roddi iddo etifeddiaeth ogoneddus; "Yr
hwn a wnaeth efe yn etifedd pob peth." Edrych-
wch ar y nefoedd uchod; meddyliwch mewn
syndod am y cyfundraethau afrifed a chwyrnell-
ant yn y gwagder anfesurol, gan ddwyn eu
hawyr i'w canlyn, a chan gadw eu llwybrau pri-

odol, a byth yn colli eu hamser I ba ddyben y crewyd y rhai hyn? I fod yn etifeddiaeth i'r Mab. Paham y crewyd angylion yn thronau, yn dywysogaethau, ac yn awdurdodau? Paham y crewyd y fath greadur a dyn, yr hwn sydd yn meddu rheswm, cydwybod, ac ewyllys rydd; yn ddigon mawr i dori deddfau ei Greawdwr? Yr unig atebiad ydyw—Er mwyn yr etifedd, "ac erddo ef." Y mae ei feddianau yn ddiderfyn, ei gyfoeth yn anhysbyddadwy, a'i arglwyddiaeth yn gyffredinol Gwir yw, fod rhan o'i etifeddiaeth wedi troi yn wrthryfelwyr, torodd ei hun allan o gynganedd y greadigaeth foesol ufudd. Wrth ddweyd y ddameg am y bugail yn gadael y ddeadell a'r gorlan, ac yn myned i'r anialwch ar ol y namyn un cant, gan ei dwyn hi adref ar ei ysgwyddau yn llawen, mynega ei hanes ei hun Gadawodd yr etifedd y nef o'i fodd; cymerodd arno agwedd gwas, bu farw yn ein lle, mewn trefn i adferu yr etifeddiaeth yn ol i undeb a'r greadigaeth deyrngarol. "Ac (wedi iddo wneuthur heddwch trwy waed ei groes ef), trwyddo ef gymodi pob peth ag ef ei hun, trwyddo ef, meddaf, pa un bynag ai pethau ar y ddaear ai pethau yn y nefoedd," Colos. 1: 20

IV.—Perthynas y Tragwyddol Fab a chynal-
iaeth ac undod yr holl greadigaeth

"Ac y mae efe cyn pob peth, ac ynddo ef y
mae pob peth yn cydsefyll." Nid yn unig y mae
yr etifedd yn "cynal pob peth trwy air ei nerth,"
yn dal yr holl etifeddiaeth wrth ei gilydd, ond
ynddo ef y mae yn cyraedd ei hunoliaeth fel un
gyfundrefn cgoneddus Dyma fel y darllen
Bengel y frawddeg hon. "A daeth pob peth yn-
ddo ef yn nghyd yn un gyfundrefn." Meddyl-
iwch am eangder diderfyn ei etifeddiaeth; "holl
lu y nef;" "holl ser y goleuni," y rhai sydd fel
tywod y mor yn afrifed. Cyn dyfeisio y pell-
welyr, cyfrifai yr hen seryddwyr fod mil a
chwech-ar-hugain o ser yn y nef; ond dywed
seryddwyr yr oes hon, fel y dywed y Beibl, eu
bod yn afrifed Ond pa faint bynag yw rhifedi
ser y nef, yr hwn a fu yn dal plant bychain yn
ei freichiau i'w bendithio sydd yn gofalu am
danynt oll Y mae Job wedi dweyd ei fod wedi
taenu y gogledd (*tesaphon*) ar y gwagle. Os ed-
rychwch chwi ar ffurfafen y gogledd chwi a
ganfyddwch â'ch llygaid fod yno wagder, heb
un seren yn ymddangos ynddo Gosodwyd y
pellwelyr cryfaf ar y rhan hon o'r nefoedd, ond

er pob ymchwiliad methwyd a chanfod yno ddim ond gwagder a duwch. Drachefn, defnyddiwyd y ddyfais newydd sydd ganddynt, i dynu llun y ser, i archwilio y gwagder hwn, ond ni cheid ar hwnw lun cymaint ag un seren. I ba beth, tybed, y gadawodd y Creawdwr dwyfol y gwagder hwn heb ei gyfaneddu â bydoedd? Nis gwn i, os nad i anfon gelynion ei Fab, yn gythreuliaid ac yn ddynion annuwiol, i grwydro yn ei wagder a'i dduwch, heb gymaint a gwyneb seren i'w sirioli i dragwyddoldeb. Gellwch benderfynu na chaniata yr etifedd i'r un byd, nac i awyr yr un byd, o fewn terfynau ei holl etifeddiaeth, fod yn sathrfa o dan draed ysbrydion aflan a gelynion ei lywodraeth. Y mae yn mwriad yr etifedd i glirio awyr y ddaear am byth oddiwrth gythreuliaid, a phridd y ddaear oddiwrth ludw yr annuwiolion. Onid oes genym addewid am nefoedd newydd a daear newydd? Pan y bydd yr etifedd wedi gorphen ei waith bydd yr holl etifeddiaeth, nid yn unig mewn undeb ag ei, ond mewn undeb a chymod â'u gilydd yn dragwyddol.

PREGETH VIII.

RHESYMEG ADGYFODIAD CRIST A GWYDDOREG.

"Ac os pregethir Crist, ei gyfodi ef o feirw, pa fodd
y dywed rhai yn eich plith chwi, nad oes adgyfodiad y
meirw? Eithr onid oes adgyfodiad y meirw, ni chyfod-
wyd Crist chwaith Ac os Crist ni chyfodwyd, ofer yn
wir yw ein pregeth ni, ac ofer hefyd yw eich ffydd
chwithau. Fe a'n ceir hefyd yn gau dystion i Dduw,
canys ni a dystiasom am Dduw, ddarfod iddo gyfodi
Crist yr hwn nis cyfododd efe, os y meirw ni chyfodir—
Canys os y meirw ni chyfodir, ni chyfodwyd Crist
chwaith. Ac os Crist ni chyfodwyd, ofer yw eich ffydd
chwi; yr ydych eto yn eich pechodau. Yna hefyd y cyfr-
gollwyd y rhai a hunasant yn Nghrist."—1 Cor 15 12-18.

Adgyfodiad yr Arglwydd Iesu ydyw gwyrth
fawr a phenaf Cristionogaeth Yn ei adgyfod-
iad ef y cyraeddodd yr ymyriadau gwyrthiol a
gymerasent le yn awr a phryd arall, am filoedd
o flynyddoedd, bwynt uchaf eu gogoniant. Yn
ol ymresymiad yr Apostol yn y benod hon,
rhaid i Gristionogaeth ei hun sefyll neu syrthio
gyda'r ffaith hanesyddol o adgyfodiad Crist.
Os nad adgyfododd efe o fedd newydd Joseph,
nid yn unig y mae y bedd hwnw yn fedd i ddyn,

ond yn fedd i'n crefydd, ac i'r holl obeithion a gynyrchir ganddi Nis gall Cristionogaeth sefyll heb yr adgyfodiad. Os torir llwybr y nodd, y gallu bywydol, ar wreiddyn y pren, gall y cangenau a'r dail ymddangos yn leision dros amser byr; yr un pryd, chwi a wyddoch fod atal y nodd i redeg o'r gwreiddyn ar hyd corff y pren yn sicrhau nid marwolaeth y cangenau a'r dail, ond marwolaeth y pren ei hun. Yr un modd, os torir y cysylltiad rhwng Cristionogaeth a bywyd yr adgyfodiad, syrthia i afael gwywdra a marwolaeth. Nis gall Cristionogaeth sefyll heb yr adgyfodiad. "Ac os Crist ni chyfodwyd, ofer yn wir yw ein pregeth ni, ac ofer hefyd yw eich ffydd chwithau" Dyma ydoedd barn Spinoza, yr athronydd Iuddewig, yr hwn a ddywed: "Pe gallwn i gredu adgyfodiad Crist, deuwn yn Gristion ar unwaith." "Yr adgyfodiad," fel y dywed Strauss, "ydyw calon Cristionogaeth." Cyn y gellir ymresymu adgyfodiad Crist o fod rhaid ymresymu Paul a Christionogaeth o fod. Adgyfodiad Crist a sefydlodd y Sabboth ar y dydd cyntaf o'r wythnos; ar yr adgyfodiad y mae yr eglwys Gristionogol wedi ei sefydlu; a'r adgyfodiad ydyw y prawf fod marwolaeth Crist yn dderbyniol—yn foddlonrwydd dros ein pechodau ni. Dyma yw sail ein ffydd a'n gobaith am heddwch â Duw, ac am y gwynfyd dyfodol. Nid oedd neb yn Gristion, yn ol syniad yr Apostolion, am ei fod yn credu *am* Grist, ond am ei fod yn credu *yn* Nghrist fel Tywysog y Bywyd, ac Arglwydd yr adgyfodiad.

Yn awr, yn mha le y gorwedd y sicrwydd am adgyfodiad yr Arglwydd Iesu? Wrth ofyn y cwestiwn hwn yr ydym yn argyhoeddedig fod gwirionedd yr adgyfodiad yn gorwedd yn ddyfnach na sicrwydd. Yn mhob amgylchiad y mae sicrwydd yn gorphwys ar wirionedd, ac nid gwirionedd ar sicrwydd. Nid peth dibwys ydyw fod dyn yn gafael yn y gwirionedd, ond peth pwysicach ydyw fod y gwirionedd yn gafael ynddo ef, nes bod yn barod i farw drosto. Felly yr oedd gwirionedd yr adgyfodiad gyda'r dysgyblion. Yr oedd wedi gafael yn eu personau mor nerthol fel yr oeddynt yn barod i farw drosto. Addefa un o brif feirniaid rhesymolaidd y ganrif hon (Baur), yr hwn sydd yn gwadu yr elfen oruwchnaturiol mewn crefydd, fod adgyfodiad Crist wedi myned yn sicrwydd cadarn a diameuol yn meddyliau y dysgyblion; a bod y

ffaith fawr hon yn eu hymwybodolrwydd hwy yn meddu pob sicrwydd dichonadwy a berthyn i ffaith hanesyddol. Yr un pryd, myn ef, y rhaid i ni roddi i fyny bob gobaith i allu egluro hyn.*
Ond nis gallwn orphwys yn dawel ar hyn, cblegid nid mewn caddug y dechreua hanes Cristionogaeth; ac nis gallwn fyned heibio i ffeithiau hanesyddol heb eu hesbonio, hyd yn nod er iddynt ysgubo o'u blaen gyfundraethau athronyddol, a damcanion dadblygiadol, ag sydd yn gwadu posibilrwydd gwyrth.

Yr ydych yn gwybod fod y ddamcaniaeth Ddadblygiadol, yn llaw rhai o wyddonwyr ein hoes, yn dyfod i wrthdarawiad uniongyrchol ag athrawiaeth yr adgyfodiad o fedd newydd Joseph. Yn wir, y mae Dadblygiad yn sylfaenedig ar yr egwyddor fod gwyrth yn anmhosibl. Nid yw y Dadblygwr yn canfod dim ond teyrnasiad deddf Natur, a hyny o ddechreuad y greadigaeth hyd yr awr hon; ond y mae y Testament Newydd yn dwyn i'n sylw o leiaf ddau ymyriad gwyrthiol ar drefn reolaidd Natur, ac nid yw pob ymyriad gwyrthiol arall yn ddim ond moddau amrywiol ar un o'r ddau ymyriad

---

*Weiss' Life of Christ, vol iii, p 383

mawr, sef yr ymgnawdoliad a'r adgyfodiad.
Tra na fyn y Dadblygwr gydnabod dim ond
gweithrediad rheolaidd egnion naturiol yn han-
es y greadigaeth, y mae y Cristion yn gweled
dau eithriad pwysig yn yr ymgnawdoliad a'r ad-
gyfodiad. Pa fodd bynag yr esbonir athrawiaeth
yr adgyfodiad, erys yn ffaith hanesyddol, a'r
ffaith hono yn gorphwys ar dystiolaeth mor gad-
arn ag un ffaith wyddonol, mai ar y foment ag
yr oedd nerthoedd hen Natur—nerthoedd mar-
wolaeth ac adfeiliad, ar ddifodi ysbryd Cristi-
ionogaeth am byth, yn sydyn neidiodd i fyny
mewn bywyd anorchfygol yn adgyfodiad y syl-
faenydd. Er gwaethaf pob ymosodiad, rhaid i
bawb gydnabod mai ysbryd Cristionogaeth yd-
yw y nerth cryfaf a fedd y ddaear heddyw. Y
mae hanes yr eglwys Gristionogol yn brawf o
hyn, am ei bod yn tyfu allan o'r ffaith fawr hon,
fel y mae y dderwen yn tyfu o'r fesen

I. Edrychwn ar rai o'r tystiolaethau hanes-
yddol am adgyfodiad Crist

Ni fedd un ffaith na dygwyddiad hanesyddol,
a gymerasant le yn y gorphenol, seiliau cadarn-
ach i orphwys arnynt nag adgyfodiad Crist.
Dengys yr Apostol yn yr adnodau blaenorol

fod adgyfodiad Crist yn gorphwys ar dystiolaeth llygaid-dystion. Ni fedd gwyddoniaeth dystiolaeth gryfach dros un ffaith o fewn ei chylch ei hun, na thystiolaeth llygad-dyst. Onid yw holl lysoedd barn ein gwlad yn penderfynu peth mor bwysig a bywyd a marwolaeth ar sail tystiolaeth dau neu dri o lygaid-dystion? Wel, y mae y dystiolaeth yr wyf yn myned i alw eich sylw ati, dros wirionedd adgyfodiad Crist, yn dystiolaeth llygaid-dystion o'r fath fwyaf ymddiriedol. Nis gellwch ei gwrthod heb ar yr un pryd wrthod holl hanesiaeth y gorphenol. Nid wyf yn bwriadu galw eich sylw at y tystiolaethau a geir yn y pedair Efengyl, gan y rhai a welsant yr Iesu ar ol ei adgyfodiad, am y rheswm fod rhai beirniaid yn haeru na chawsant eu hysgrifenu hyd ddechreu yr ail ganrif. Er nad yw yr eglwys Gristionogol yn credu hyn o gwbl, eto nid yw hyd yn hyn yn meddu tystiolaeth bendant a diameuol i brofi yn wahanol Ond yr wyf yn myned i alw eich sylw at y dystiolaeth a geir, mewn pedwar llyfr yn y Testament Newydd ag y cydnabyddir gan bob ysgol o feirniaid eu bod wedi cael eu hysgrifenu cyn pen wyth mlynedd ar hugain ar ol y croeshoeliad, sef yr

Epistol at y Rhufeiniaid, y Galatiaid, a'r ddau
Epistol at y Corinthiaid. Fel hyn, saif y tystiol-
aethau a geir yn yr Epistolau a nodwyd yn yr un
pellder oddiwrth y croeshoeliad a'r adgyfodiad,
ag y mae rhai o honoch chwi sydd yma y boreu
heddyw yn sefyll oddiwrth lofruddiaeth Abra-
ham Lincoln yn 1865. Oni buasai yn ynfyd-
rwydd i neb feddwl gwadu y ffaith hon yn eich
clywedigaeth; yn wir buasech yn meddwl fod y
cyfryw yn ynfydu, ac yn barod i roddi gwialen
ar gefn yr ynfyd. Yr un modd am adgyfodiad
Crist i'r Apostolion.

1. Edrychwch ar y prawf hwn yn yr Epistol
at y Rhufeiniaid

Tra nas gwyddom pwy a sefydlodd yr eglwys
yn Rhufain, yr ydym yn casglu eu bod yn Grist-
ionogion diwylliedig eu meddyliau. Yr oedd
Paul yn diolch i Dduw drostynt, "oblegid bod
eu ffydd yn adnabyddus yn yr holl fyd," a'r eg-
lwys hon a dderbyniodd yr Epistol cyfoethocaf
o holl Epistolau Paul. Cyffyrdda yr Apostol
amryw weithiau ag adgyfodiad Crist, nid i brofi y
pwnc. Na, y mae yn cymeryd yn ganiataol fod
pob un o Gristionogion Rhufain yn credu yn
adgyfodiad Cr'st, yr uwn a "eglurwyd yn Fab

Duw mewn gallu, yn ol ysbryd sancteiddiad, trwy yr adgyfodiad oddiwrth y meirw;" Rhuf. 1·4 Pe buasai yn amcanu at brofi yn fanwl y ffaith o adgyfodiad y Gwaredwr, buasai hyny yn awgrymu i'n meddyliau ni fod yno rai yn Rhufain yn ameu yr adgyfodiad. Ond y mae yn cymeryd yn ganiataol yn ei Epistol atynt, eu bod oll fel Cristionogion yn credu yn y ffaith o adgyfodiad Crist. O herwydd paham ceir ef yn adeiladu ar y ffaith hon rai o brif athrawiaethau yr efengyl, megys cyfiawnhad a marwolaeth y saint i bechod. "Oni wyddoch chwi, am gynifer o honom ag a fedyddiwyd i Grist Iesu, ein bedyddio ni i'w farwolaeth ef? Claddwyd ni gan hyny trwy fedydd i farwolaeth; fel megys ag y cyfodwyd Crist o feirw trwy ogoniant y Tau, felly y rhodiom ninau hefyd mewn newydd-deb buchedd. Canys os gwnaed ni yn gyd-blanigion i gyffelybiaeth ei farwolaeth ef, felly y byddwn i gyffelybiaeth ei adgyfodiad ef;" Rhuf. 6: 3-5. Fel yr oedd Crist yn ei adgyfodiad yn dechreu ar fywyd newydd a pharhaol, felly y bydd y saint hefyd y rhai sydd yn meirw i bechod yn adgyfodi mewn ystyr ysbrydol i fywyd newydd.

2. Yn yr Epistol at y Corinthiaid dywed.

"Canys mi a draddodais i chwi ar y cyntaf, yr hyn hefyd a dderbyniais, farw o Grist dros ein pechodau ni, yn ol yr ysgrythyrau; a'i gladdu a'i gyfodi y trydydd dydd yn ol yr ysgrythyrau; a'i weled ef gan Cephas, yna gan y deuddeg Wedi hyny y gwelwyd ef gan fwy na phum can' brodyr ar unwaith, o'r rhai y mae y rhan fwyaf yn aros hyd yr awrhon; eithr rhai a hunasant. Wedi hyny y gwelwyd ef gan Iago, yna gan yr holl Apostolion Ac yn ddiweddaf oll y gwelwyd ef genyf finau hefyd, megys gan un annhymig;" 1 Cor. 15. 3-8. Dyma dystiolaeth nifer mawr o lygaid-dystion o adgyfodiad y Gwaredwr, ac yr ydym yn rhwym i dderbyn eu tystiolaeth. Y mae cyfansoddiad ein natur y fath fel nad allwn wrthod credu tystiolaeth dynion da o ffaith a fyddo yn deg o fewn eu gwybodaeth, ac yn enwedig os byddant yn barod i gadarnhau y dystiolaeth hono a'u gwaed Yn wir, ystyrir fod gwrthod y cyfryw dystiolaeth yn wallgofrwydd.

3. Yr oedd Paul ei hun yn llygad-dyst o adgyfodiad Crist.

Yr oedd rhai yn Corinth yn honi nad oedd

efe yn Apostol am na welodd yr Arglwydd Iesu
wedi ei adgyfodi; ond sylwch fel y mae yn eu
hateb. Os oedd yr Apostolion eraill yn llygaid-
dystion o adgyfodiad Crist, yr oedd yntau hef-
yd wedi ei weled. "Oni welais i Iesu Grist?"
meddai. Do, fe'i gwelodd, a hyny mewn gogon-
iant mwy na dysgleirdeb yr haul yn ei nerth, a
bu i nerth y gogoniant hwnw effeithio ar ei lygaid
ef tra y bu byw. Meddylia rhai mai at hyn y
cyfeiria pan y dywed, "Y demtasiwn yr hon oedd
yn fy nghnawd," Gal. 4: 13-16 "Swmbwl yn y
cnawd," 2 Cor. 12. 7. A "dwyn yn ei gorff nod-
au yr Arglwydd Iesu," Gal 6. 17. Os ydyw yr
esboniad hwn yn gywir, yr oedd Paul yn dwyn
yn ei gorff brawf fod Crist wedi adgyfodi; a pha
ryfedd ei fod "yn taeru ei fod ef yn fyw."

4. Prawf cryfach drachefn ydyw fod rhai yn
Corinth yn gwadu adgyfodiad y corff; a dyma
fel yr ateba yr Apostol eu gwrthddadleuon:

'Ac os pregethir Crist, ei gyfodi ef o feirw; pa
fodd y dywed rhai yn eich plith chwi nad oes
adgyfodiad y meirw? Eithr onid oes adgyfod-
iad y meirw, ni chyfodwyd Crist chwaith. Ac
os Crist ni chyfodwyd, ofer yn wir yw ein preg-
eth ni, ac ofer hefyd ydyw eich ffydd chwithau;"

1 Cor. 15 12-18. Chwi a welwch fod ymres-
ymiad Paul yma yn gorphwys ar y ffaith fod y
Cristionogion yn Corinth yn credu fod Crist
wedi adgyfodi. Heb hyn ni buasai y nerth llei-
af, nac ystyr o gwbl, i'w ymresymiad dros ad-
gyfodiad y corff. A gellwch fod yn sicr mai nid
rhesymau, neu yn hytrach, dystiolaethau sigled-
ig a gweiniaid, oedd wedi dwyn y bobl hyn i
gredu ar y cyntaf yn adgyfodiad Crist. Wele
genedloedd o Ewrop, nid Iuddewon o Asia, a'r
rhai hyny wedi eu dwyn i fyny mewn crefydd
baganaidd, hen grefydd eu teidiau, crefydd eu
gwlad a'u cenedl, yn derbyn tystiolaeth Iuddew-
on am Iuddew ieuanc, yr hwn a laddwyd o dan
Pontius Pilat, ac a gyfododd y trydydd dydd!
Onid ydych yn casglu ar unwaith fod nerth dir-
fawr yn y dystiolaeth hon am y bedd gwag? Ac
y mae yr Apostol yn ei lythyr yn canmol y
Galatiaid hefyd, y rhai oeddynt wedi ymfudo o
Ffrainc i'r dalaeth hono yn Asia Leiaf, am eu
bod wedi parhau i ddal eu gafael yn y ffaith o
adgyfodiad Crist. Yr Epistol cyntaf at y Cor-
inthiaid, a'r Epistol at y Galatiaid, ydynt y tyst-
iolaethau ysgrifenedig boreuaf dros adgyfodiad
Crist.

12

5. Cawn brawf o natur arall pan y dywed yr
Apostol wrth y Corinthiaid·

"Am hyny carthwch allan yr hen lefain, fel y
byddoch does newydd, megys yr ydych yn ddi-
lefcinllyd. Canys Crist ein Pasc ni a aberthwyd
drosom ni, am hyny cadwn wyl," 1 Cor. 5. 7, 8.
Pa wyl a feddylia yr Apostol yma? Nid yw yn
anog y Cristi inogion i gadw gwyl y pasc, oblegid
y mae y geiriau, "Crist ein Pasc ni," yn erbyn yr
esboniad hwn. Yr unig esboniad teg ar y geir-
iau ydyw y ffaith fod yr eglwys Apostolaidd yn
cadw y dydd cyntaf o'r wythnos yn wyl i gofio
am adgyfodiad Crist.

6. Y mae prawf arall cryfach na'r oll, os ydyw
hyny yn bosibl, sef athrawiaeth yr adgyfodiad ei
hun fel y dysgir hi yn yr Epistolau hyn.

Nid yn unig y mae adgyfodiad Crist yn cael
ei derbyn fel ffaith hanesyddol, ond ei chysylltu
hefyd a holl hanes Mab y dyn. Pan y dywed
Paul "Os yn y byd hwn yn unig y gobeithiwn
yn Nghrist, truanaf o'r holl ddynion ydym ni"
(1 Cor. 15 19), nid ydyw ond rhoddi mynegiad
i'r hyn a deimla pob Cristion ag sydd yn pro-
ffesu Crist, ac yn amcanu yn gywir byw yr un
bywyd ag ef. Pe byddai i'r adgyfodiad gael ei

ddileu, byddai i Gristionogaeth gael ei ddileu,
er y gallai fodoli fel cyfundrefn o athroniaeth,
nid allai fodoli fel bywyd ac fel dadguddiad oddi-
wrth Dduw. Deil adgyfodiad Crist yr un lle
mewn Cristionogaeth ag y mae deddf fawr dis-
gyrchiad yn ei ddal yn nhrefniad Natur Rhaid
i ni edrych arno fel math o angenrheidrwydd
moesol, yr hwn sydd yn ganlyniad naturiol pob
peth a fu o'i flaen, ac yn agoriad i ystyr yr ym-
gnawdoliad a'r farwolaeth Iawnol, y rhai a fuas-
ent yn aros hebddo yn ddirgelion am byth.

Yn awr, ystyrir fod y prawfion a nodwyd o'r
pedwar llyfr hynaf yn y Testament Newydd,
heb son am y prawfion a geir yn yr Efengylau,
ac yn llyfr yr Actau, yn ddigonol i sefydlu pob
ffaith hanesyddol. Nis gellir casglu prawfion
cryfach o blaid un ffaith nag sydd genym dros
wirionedd yr adgyfodiad. Pe buasai Joseph a
Nicodemus, y ddau wr pendefigaidd, wedi codi
cofgolofn cyn pen pum mlynedd ar fedd yr Iesu,
a hono yn dalach na thwr Antonia, er cof am y
dygwyddiad rhyfeddol; neu pe buasai y senedd
Rufeinig wedi anfon llechysgrif i'w gosod ar
bob teml trwy yr holl ymerodraeth, ni buasai y
prawf dros wirionedd yr adgyfodiad yn gryfach
nag y mae genym yn y Testament Newydd.

II Yr anhawsderau sydd yn cyfarfod y rhai a wrthodant yr adgyfodiad fel ffaith oruwch-naturiol   .

Ar un llaw rhaid edrych ar adgyfodiad Crist fel ffaith yn y byd ysbrydol, ac ar y llaw arall, fel ffaith a gymerodd le yn y byd naturiol, a gelwir ar y gwyddonydd i'w chwilio, ac i roddi rhyw reswm drosti. Gwrthoda y gwyddonydd, ac yn neillduol y Dadblygwyr, yr elfen oruwch-naturiol. Wrth edrych i hanes y greadigaeth am filiynau o oesoedd, myn ef nad yw yn canfod dim ond arwydd o drefn, ac o deyrnasiad unffurf deddf Natur Neu mewn geiriau eraill, nid yw yn canfod un arwydd o wyrth, o ganlyn-iad deuir i'r casgliad fod gwyrth yn groes i brofiad ac i dystiolaeth Natur. Ond y mae y Beibl yn llawn o adroddiadau am wyrthiau, a gwell ganddynt hwy, meddant, gredu tystiolaeth Natur na chredu mynegiadau ychydig o ysgrif-enwyr Beiblaidd. Mynega rhai o'r dosbarth yma, y buasent yn derbyn Cristionogaeth fel crefydd, ac fel yr oreu o lawer, a gynygiwyd erioed i'r ddynoliaeth, pe y gollyngai ei gafael yn y goruwchnaturiol. Ond dyma y peth olaf y gall Cristionogaeth ollwng ei gafael o hono,

am ei bod fel teyrnas hanesyddol ogoneddus
wedi ei chydwau â'r goruwchnaturiol. A chan-
iatewch i mi ddweyd hyn Yr wyf fi yn credu yn
llawn mor gryfed a'r un gwyddonydd yn un-
ffurfiaeth Natur, hyny yw, fod yr un math o
achosion yn cynyrchu trwy yr oesoedd yr un
math o effeithiau, fod yr un math o rieni, yn y
byd llysieuol ac anifeilaidd, yn cynyrchu yr un
math o hihogaeth Dyma, mi dybiaf, ydyw eich
credo chwithau, onide? Ond tybiwch fod un
annhebyg yn ymddangos yn mysg meibion dyn-
ion, yna ni buasech yn dysgwyl unffurfiaeth, a
fuasech? Yn awr, peth crocs i brofiad dynion
drwy holl oesoedd amser ydyw fod dyn yn
rhoddi llygaid i ddeillion, yn iachau pob math o
afiechyd â chyffyrddiad ei law, yn adgyfodi y
meirw â'i air, yn cael ei ladd, ei gladdu, ac yn
adgyfodi y trydydd dydd Ond os ydyw yr hwn
y dywedir am dano ei fod yn gwneuthur y peth-
au hyn yn Fab Duw wedi ymddangos yn y
cnawd, ei fod yn fwy na dyn, y mae yn esgyn
tu hwnt i gylch ein profiad Pe clywech chwi
rywun yn dweyd ei fod wedi gweled haiarn yn
nofio fel darn o rew ar wyneb y dwfr, teimlech
ei fod yn dweyd yr hyn sydd yn gwrthdaro

profiad dynion trwy yr oesoedd   Ond pe dy-
wedai fod yr haiarn hwnw yn wahanol o ran ei
natur i bob haiarn sydd yn drymach na dwfr,
ni byddai ei dystiolaeth   mewn un wedd yn
dyfod i wrthdarawiad a phrofiad   Ac os myn-
egir yn y Testament Newydd fod Iesu o Naza-
reth yn Dduw wedi ymddangos yn y cnawd, yna
nid oes gan ein profiad ddim i wneyd ag ef. Os
na bu y Person hwn   farw fel y mae dyn yn
marw, os na bu farw am ei fod yn gorfod marw
yn ol nerth hen ddeddf naturiol, deddf marwol-
aeth; os ydoedd yn marw am ei fod yn dodi ei
einioes i lawr yn y fath fodd fel yr oedd ei angeu
yn act o'i eiddo ef ei hun, yna nis gellwch fod yn
sicr nad oedd y Person hwn yn eithriad i bob
dyn arall yn ei enedigaeth ac yn ei adgyfodiad.
Os caniatewch chwi unwaith fod un wyrth wedi
cymeryd lle trwy ymyriad gallu dwyfol, neu
Berson dwyfol, nid ydyw ond gwastraff ar am-
ser, ac ar amynedd dynion, i geisio profi fod y
gwyrthiau eraill yn anmhosibl. Fel hyn, y mae
adgyfodiad Crist yn ffaith a gymerodd le yn y
byd naturiol ag y mae yn rhaid i'r gwyddonydd
roddi rhyw gyfrif am dani.

Heblaw hyn, ymddengys i mi fod y rhai a

wadant adgyfodiad Crist ar y sail ei fod yn dros-
eddiad ar ddeddf Natur, yn troseddu deddf ar-
all eu hunain, sef deddf fawr achos ac effaith yn
y byd moesol. Gwadwch adgyfodiad Crist fel
gweithred oruwchnaturiol, a saif Cristionogaeth
o'ch blaen, yr hon a gynyrchodd y bywyd sanct-
eiddiaf, a'r gwareiddiad uchaf yn hanes y ddae-
ar, fel cyfundrefn yn sylfaenedig ar dwyll. Yr
unig esboniad rhesymol a gwyddonol ar allu
Cristionogaeth i gynyrchu y bywyd mwyaf pur,
ac i greu y gwareiddiad uchaf a welodd y ddae-
ar; yr unig esboniad teg ar hyn, yn ol deddf ach-
os ac effaith yn y byd moesol, ydyw ei dwyfol-
deb, yr hwn sydd yn gwreiddio yn ngwyrth yr
ymgnawdoliad a'r adgyfodiad. A fyn y gwydd-
onydd droi ei gefn ar y ffeithiau hanesyddol
hyn, a dal ei afael yn ei gyfundrefn o athron-
iaeth gyfyng, yn yr hon y tybir anmhosibil-
rwydd gwyrth?

Tra y saif yr eglwys heddyw ar yr un tir yn
hollol a gwyddoreg ac athroniaeth, eto y mae
yn treiddio yn mhell tu hwnt i'w terfynau
hwy, ac yn ychwanegu prawfion o ddwyfoldeb
Cristionogaeth ag sydd yn cyfarfod â chydwybod
a holl reddfau natur dyn. A ddarfu i chwi fedd-

wl fod adgyfodiad y Gwaredwr yn wirionedd rhy
fawr, rhy amlochrog i reswm allu ei amgyffred?
Hawlia gydsyniad holl natur dyn, yn ddeallol,
moesol ac ysbrydol. Ac os bydd dyn yn ffydd-
lawn i ddeddf ei natur trwy dderbyn gwirioneddddddd
au moesol ac ysbrydol, yn ogystal a rhai gwydd-
onol, bydd ei holl natur yn gorphwys yn dawel
ar y ffait'i ddwyfol o adgyfodiad Crist   Pan y
treiddia y ffaith hon y tu draw i'w reswm, gan
gymeryd gafael fel sicrwydd yn ei holl ddynol-
iaeth, codir y rheswm i gylch uwch, i awyr fwy
ysbrydol, ac o dan ffurfafen fwy goleu, lle y
teimlir fod gwirioneddau ysbrydol yn wir syl-
weddau   Nid yw Paul yn gwneyd dim ond dyl-
yn deddf achos ac effaith yn y byd moesol pan
y dywed fod y saint wedi eu cydgyfodi gyda
Christ, ac yn cyd'eistedd gydag ef yn y nefolion
leoedd, fel y dylynir deddf achos ac effaith gan y
gwyddonydd yn y byd naturiol   Saif adgyfodiad
Crist rhwng y byd materol ac ysbrydol, rhwng y
gweledig a'r anweledig, gan gyfranogi o natur
y ddau, a chymodi y ddau a'u gilydd *

III. Adgyfodiad Crist fel y mae yn brawf o
fodolaeth sefyllfa ddyfodol

---

*Bishop Westcott, The Gospel of Resurrection, p 10

"Os Crist ni chyfodwyd * * * yna hefyd y cyfrgollwyd y rhai a hunasant yn Nghrist." "Os Crist ni chyfodwyd, ni chyfodir y meirw, ac os y meirw ni chyfodir, yna hefyd y cyfrgollwyd y rhai a hunasant yn Nghrist." Y mae eneidiau yn ogystal a chyrff holl dduwiolion yr oesoedd a fu wedi myned i ddinystr a gwarth tragwyddol, y rhai a sefydlasant eu gobeithion ar Grist. Gorwedd cyrff goreugwyr y ddaear yn faluriedig yn llwch y bedd, heb unrhyw ragolwg am adgyfodiad, ac y mae eu hysbrydoedd nid wedi eu difodi, ond yn ngafael dinystr a thruem moesol Er fod ymresymiad yr Apostol yma yn un cryf iawn, eto cyffyrdda â theimladau tyner ii y galon. A ydych chwi yn meddwl y bydd i'r duwiolion a obeithiasant yn Nghrist. y dynion mwyaf anwyl, pur, a rhagorol gael eu cyfrgolli gyda'r aflan, yr halogedig a'r diegwyddor? A ddanfonwyd hwy i gyd-breswylio gyda'r aflan, y llofruddion, a drwg weithredwyr o bob math? Ac os nad ellir credu hyn, yna rhaid eu bod mewn dedwyddwch; ac y mae y gyfundrefn a'u hachubodd hwy yn ddwyfol Gwadwch ddwyfoldeb Cristionogaeth, ac adgyfodiad Crist, ac yr ydych yn sathru yn feiddgar ar deimladau tyner-

af y fynwes ddynol Pwy yw yr anffyddiwr?
Un sydd yn credu fod ei gyfeillion duwiol, ei
dad crefyddol, ei fam bur, ei chwaer rinweddol,
ei blant bach addfwyn, wedi disgyn i'r bedd heb
obaith am adgyfodiad i'w cyrff, na nefoedd yn
orphwysfa i'w hysbrydoedd. Dyma gredo yr yn-
fyd, yr hwn sydd yn oerach na'r pegwn Gogledd-
ol, ac yn rhewi i fyny ddedwyddwch y bywyd
cymdeithasol a holl argyhoeddiadau dyfnaf y
galon ddynol am yr hyn sydd wir ac uniawn.

"Eithr yn awr Crist a gyfodwyd oddiwrth v
meirw ac a wnaed yn flaenffrwyth y rhai a hun-
asant " Y mae adgyfodiad Crist, a'i ymddang-
osiadau ar ol adgyfodi, yn ddadguddiad newydd
i ni ar sefyllfa y saint y tu draw i angeu. Penod
newydd yw y deugain niwrnod ar fywyd yr ys-
bryd tu draw i farwolaeth. Sylwch fel y mae ad-
gyfodiad Crist yn sicrhau dau wirionedd mewn
perthynas i'r sefyllfa ddyfodol.

1. Sicrwydd o fodolaeth y cyfryw sefyllfa.

Os nad ellir cyraedd prawf diameuol am fodol-
aeth y sefyllfa hon ar dir natur a rheswm, nis
gellir ychwaith, ar yr un tir, ffurfio un math o
brawf yn erbyn ei bodolaeth. Ond i ba ddyben
yr eir i ymholi beth a ddywed natur a rheswm

ar y mater hwn? Dyma dystiolaeth adgyfodiad
Crist yn cadarnhau fod gwlad yn bod yr ochr
draw i angeu Ac y mae adgyfodiad Crist, fel y
gwelsom, yn gorphwys ar dystiolaeth mor ym-
ddiriedol â phrawfion gwyddonol mewn fferyll-
iaeth. Oni fu dynion trwy yr oesau yn sefyll ar
geulan yr Iorddonen, ac yn edrych draw am ar-
wyddion o dir, mor aiddgar ag yr edrychai
Moses o ben mynydd ei farwolaeth i gyfeiriad
gwlad yr addewid? Wrth golli eu perthynasau
anwyl, a'u cyfeillion hoff yn y niwl a'r tywyll-
wch, gofynant, A oes tir yr ochr draw i'r Ior-
ddonen hon? A oes iddi fwy nag un geulan?
"Oes," meddai Mab y dyn, foreu y trydydd dydd,
"y mae tir cynyrchiol, a gwlad dda odiaeth, yr
ochr draw i'r niwloedd a'r tywyllwch. Yr wyf
fi wedi dychwelyd yn ol oddiyno ar ol taith o ran
o dridiau a theirnos. Ac yr oeddwn i yn ber-
ffaith adnabyddus o'r wlad, ac o'i holl neillduol-
ion, cyn bod bedd wedi ei dori i Abel yn ymyl
porth Eden." Flynyddoedd yn ol penderfynodd
ardal o amaethwyr yn Lloegr Newydd symud i
fyw i Kansas. Ar ol iddynt ddarllen pob peth a
allasent gael gafael ynddo am y wlad hono, pen-
derfynasant anfon cynrychiolydd i'w harchwilio.

Anfonwyd gwr ieuanc o gyfreithwr, yr hwn oedd
yn deilwng o'u hymddiried. Aeth y gwr ieuanc
i archwilio y wlad newydd, ac wedi iddo ddych-
welyd yn ol casglodd yr holl ardalwyr i wrando
arno yn dweyd hanes ei daith, ei brofiad, a'i wy-
bodaeth am y wlad newydd. Pan yn dweyd
wrthynt am ansawdd y wlad, ei chynyrchion a'i
hinsawdd, agorodd fap mawr o'u blaen, ar yr
hwn y gallent weled y gwastadeddau, y bryniau,
yr afonydd a'r coedwigoedd, fel yr oedd pob un
yn gallu barnu drosto ei hun am y wlad a fwr-
iadent fod yn gartref iddynt hwy ac i'w plant.
Wel, yr oedd Mab y dyn yn gynrychiolydd i ni,
ac fel ein cynrychiolydd profodd farwolaeth dros
bob dyn. Aeth i afael marwolaeth yn ein lle;
archwiliodd y wlad sydd ar yr ochr arall i angeu,
a dychwelodd yn ol at ei frodyr i ddweyd ei han-
es. A dyma i chwi y pedair Efengyl wedi eu
crynhoi i un adnod, "Yr hwn wyf fyw ac a fum
farw; ac wele, byw ydwyf yn oes oesoedd, Amen,
ac y mae genyf agoriadau uffern a marwolaeth;"
Dad i 18. Yn Nghrist, ein cynrychiolydd, es-
bonir i ni beth ydyw bywyd, angen, a'r sefyllfa y
tu draw i angeu. Os ydoedd bywyd Mab y dyn
cyn marw yn wir fywyd dynol, rhaid fod ei sef-

yllfa yn ystod y deugain niwrnod yn arddangos-
iad o'r hyn yw dull a natur bywyd yr adgyfodiad.
Nid yw y deugain niwrnod, fel y dywedwyd yn
flaenorol, yn ddim ond penod newydd ar ei fyw-
yd y tu hwnt i farwolaeth a'r bedd. Os dymun-
ech chwi wybod beth ddylai eich bywyd fod ar y
ddaear, ymgydnabyddwch â hanes bywyd Iesu
Grist cyn iddo farw: ond os dymunech wybod
beth fydd bywyd y saint y tu hwnt i angeu, craff-
wch ar ei fywyd ef yn ystod y deugain niwrnod.
Y pryd hwnw yr oedd yn gallu gwneyd ei hun
yn weledig neu yn anweledig, fel corff o drydan-
iaeth, wrth ei ewyllys Nid oedd ei symudiadau
mwyach yn ddarostyngedig i ddeddfau natur

2. Yn y deugain niwrnod gwelwn nad ydyw
marwolaeth yn newid dim ar unrhywiaeth dyn

Parha dyn yn ddyn yn holl deimladau ei en-
aid, ac yn ei holl neillduolion, trwy angeu Yr
ydych wedi sylwi, o bosibl, lawer gwaith wrth
ddarllen yr Efengylau, mor ddynol ydoedd Mab
y dyn, yn ei ddull o fyw, yn ei deimladau cym-
deithasol, yn ymlyniad ei gyfeillgarwch pur, yn
nyfnder a gwres ei serchiadau fel dyn at Mair
ei fam. Y mae yn wir na chollodd lywodraeth
am foment arno ei hun, naddo, hyd yn nod yn ei

brawf anghyfiawn, nac yn chwerwder ei ddy-
oddefiadau angeuol, ni syrthiodd yn gaethwas i
amgylchiadau yn ystod ei holl fywyd. Dychwel-
odd yn ol o'r bedd, ac o hades, at ei ddysgyblion
yn ei holl dcimladau naturiol fel dyn. Nid oedd
angeu wedi oeri ei serch ef atynt, nac wedi lliniaru ei ofal tyner am danynt. Fel y mae pelyd-
rau yr haul yn cadw eu dysgleirdeb a'u goleuni
wrth dreiddio trwy awyr y ddaear, felly hefyd
cadwodd cariad Crist at ei ddysgyblion ei holl
wres trwy awyr oer a gwenwynig marwolaeth.
"Dos," meddai wrth Mair ar lan y bedd foreu yr
adgyfodiad tra y safai y traed a fu dan yr hoel yn
wlybion yn ngwlith yr ardd—"Dos a dywed wrth
fy mrodyr " Galwai hwy yn "gyfeillion" cyn
marw, ond yn frodyr ar ol marw Beth yw y
casgliad naturiol oddiwrth hyn? Onid y casgl-
iad naturiol, teg, ac anocheladwy ydyw fod y
saint sydd yn ein gadael, ein rhieni, ein brodyr,
ein chwiorydd, ein plant a'n cyfeillion, yn par-
hau yn eu serchiadau ac yn eu cariad trwy ang-
eu? Nid yw gwyntoedd marwolaeth yn oeri eu
cariad, nac yn gwywo eu teimlad dynol. Os eu
meddwl olaf cyn marw ydoedd am danoch chwi,
dyna hefyd ydoedd eu meddwl cyntaf ar ol marw.

Fel hyn, y mae dyn yn cario nid yn unig ei wy-
bodaeth trwy angeu, ond ei holl deimladau a'i
holl neillduolion personol. A phan y mae piant
Duw yn ymadael a'r byd hwn, nid ydynt yn
myned i wlad ddyeithr, neu i gyfandir heb ei
explorio, eithr yn myned adref at eu pobl, ac at
Iesu Grist, a hyny pan wedi eu diosg o'r daear-
ol, a'u gwisgo a'r ysbrydol a'r tragwyddol.
Dyma yr adeg pan y bydd holl greadigaeth Duw
yn ymagor o'ch blaen fel eich etifeddiaeth Fel
y cafodd yr hen bysgodwyr, ar ol noswaith o
bysgota aflwyddianus, wledd gyda'r Iesu adgyf-
odedig yn y boreu ar lan Mor Galilea, yr un
modd am danoch chwithau ei wir ddysgyblion,
chwi a gewch wledd gydag ef ar lan mor tawelog
y byd a ddaw, ac yn ngwawr eich tragwyddol
ddydd, ar ol holl drallodau y bywyd hwn. Pan
yr ydych yn dweyd fod y ddaear yn rhedeg ar
hyd llwybrau anweledig yn ei chylchdro, nid yd-
ych wedi mynegu yr oll am dani, oblegid y mae
yn perthyn iddi ei chyfandiroedd, ei moroedd, ei
phoblogaeth, a'i hawyr. Neu, pan y dywedwch
fod dyn yn bregethwr, yn fardd, yn wladweinydd,
yn athronydd neu dduwinydd, nid ydych wedi
dweyd ond ychydig am dano Y mae cymaint

o wahaniaeth rhwng yr hyn yw dyn ynddo ei hun, a'r hyn y mae yn ei wneyd, ag sydd rhwng ei gorff a'i ysbryd ef. Y tu hwnt i'r pethau hyn oll ceir y dyn yn ei ewyllys, ei fwriadau, ei gymelliadau, a'i deimladau Nid ydyw hwn yn marw. Y mae hwn yn ddyn mor wirioneddol yn mhen pum mynyd ar ol marw ag ydoedd bum mynyd cyn marw. Nid ydyw marwolaeth yn tori ar barhad bywyd moesol dyn am haner eiliad

Fel hyn, yn ol iaith adgyfodiad y Gwaredwr, a mynegiadau awgrymiadol y deugain niwrnod, gwelwn fod yr Iesu nid yn unig yr un un, ond ei fod gyda'r un gwaith. Nid ydyw angeu yn newid gwaith dynion wrth farw. Nid ydyw marwolaeth yn cyffwrdd ag afon bywyd ysbrydol y Cristion, na'i waith ysbrydol ef. Os ydym yn caru Iesu Grist a'n holl galon, a'n holl enaid yn ei waith ef, yna ni bydd angeu i ni yn ddim ond cyfnewidiad, a hwnw yn ein gosod mewn gwell mantais i'w ogoneddu yn yr un cyfeiriad yn y byd a ddaw. "Ac os gwnaed ni yn gyd-blanigion i gyffelybiaeth ei farwolaeth ef; felly y byddwn i gyffelybiaeth ei adgyfodiad ef."

PREGETH IX

NATUR A'R ADGYFODIAD

"Eithr fe a ddywed rhyw un, Pa 'odd y cyfodir y meirw? ac a pha ryw gorff y deuant? O ynfyd, y peth yr wyt ti yn ei hau, ni fywheir oni bydd etc marw A'r peth yr wyt yn ei hau, nid y corff a fydd yr ydwyt yn ei hau, ond gronyn noeth, ysgatfydd o wenith, neu o ryw rawn arall Eithr Duw sydd yn rhoddi iddo gorff fel y mynodd efe, ac i bob hedyn ei gorff ei hun."—1 Cor 15 35—38.

Y mae y testyn yn rhan o resymeg Paul ar adgyfodiad y corff. Dangosir fod adgyfodiad Crist, yr hon oedd eisoes yn weithred hanesyddol, ac yn cael ei chredu gan yr holl Gristionogion yn yr Eglwys Apostolaidd, yn sail ac yn sicrwydd am adgyfodiad y saint. Nid oes, ac ni bu, dyn ar y ddaear nad ydyw yn ddyledus am ei enedigaeth i Iesu Grist, yr hwn a ddaeth yn y cnawd. Pell ydwyf oddiwrth feddwl y buasai y Creawdwr, yr hwn sydd, yn mhob dadguddiad o hono, yn chwenychu dedwyddwch ei greaduriaid, yn caniatau i'n rhieni cyntaf ar ol eu cwymp i genedlu meibion a merched i fod yn ddeiliaid trueni yn y byd hwn, a chosbedigaeth yn y byd a ddaw, pe na buasai wedi arfaethu anfon ei Fab ei hun yn waredwr iddynt. Anfoniad y Mab i fod yn waredwr ydyw sail genedigaeth pob dyn i'r byd. Ac adgyfodiad Crist o feirw ydyw sail adgyfodiad pob dyn i fyd o ddedwyddwch, gorff ac enaid. Yn ei adgyfodiad y derbyniodd yr Arglwydd Iesu y ffurf olaf sydd ar anfarwoldeb ei berson fel Duw-ddyn. Yr un modd am y saint. Yn eu hadgyfodiad o'r bedd yn nydd prynedigaeth y corff, y bydd iddynt hwythau dderbyn y ffurf olaf ar anfarwoldeb eu personau. Yn eu hadgyfodiad hwy bydd y ffaith o fodolaeth noeth a thragwyddol wedi ei gweithio i ffurf neillduol a gogoneddus, yn yr hon y mynegir amcan a bwriad terfynol Duw gyda golwg arnynt.

Yn y Testament Newydd lleferir am yr adgyfodiad mewn dau ddull. Pan y lleferir am yr ad gyfodiad cyffredinol, gelwir ef yn adgyfodiad y meirw. "Felly hefyd y mae adgyfodiad y meirw," i Cor. 15· 42. Pan y lleferir am adgyfodiad Crist, ac am y rhai a gyfodasant gydag ef, gelwir ef yn adgyfodiad *oddiwrth* y meirw, Luc 20· 35; Act 4 2, Phil 3: 11; i Pedr 1. 3. Y

mae y cyntaf yn cynwys adgyfodiad bywyd ac
adgyfodiad barn, Ioan 5. 29; a'r ail yn golygu
adgyfodiad bywyd yn unig Fel hyn golygir fod
yr adgyfodiad oddiwrth, neu allan o'r meirw, yn
gosod allan nad ydyw y meirwon oll wedi ad-
gyfodi. Pa un bynag a ellir dal y gwahaniaeth
hwn yn glir, pan y lleferir yn y Testament New-
ydd am y ddau fath o adgyfodiad a nodwyd, neu
beidio, y mae y ffaith yn eithaf eglur, sef y bydd
i'r drygionus barhau yn ngafael marwolaeth er
adgyfodi o'r bedd, ac y bydd i'r saint, gorff ac
ysbryd, fwynhau bywyd tragwyddol yn ei holl
gyflawnder. Heblaw hyn, yr ydym i olygu fod
adgyfodiad ysbrydol y saint yn y byd hwn yn
golygu yn y pen draw adgyfodiad eu cyrff Nid
yw yr oll ond gweithrediad yr un gallu bywhaol
yn cyraedd o'u hail enedigaeth hyd at eu cwbl
adferiad yn nydd prynedigaeth y corff Yn yr
ystyr yma cynwysa y gwir syniad am yr hyn a
olygir wrth fywyd tragwyddol, yr hwn sydd yn
cartrefu yn y saint yn y byd hwn, yn cartrefu
ynddynt yn y byd tu draw i'r llen, yn cartrefu
ynddynt yn yr adgyfodiad, a'r hwn a barha i gar-
trefu ynddynt mewn gogoniant tragwyddol
"A'r bywyd hwn sydd yn ei Fab ef." "Yr hwn

y mae y Mab ganddo, y mae bywyd ganddo."
Dyma fywyd yr adgyfodiad.

Amcan yr Apostol yn y testyn ydyw ateb dwy
wrthddadl a ddygir yn mlaen gan rywrai yn er-
byn athrawiaeth yr adgyfodiad. Yr wrthddadl
gyntaf ydyw hon: "Eithr fe a ddywed rhywun,
Pa fodd y cyfodir y meirw?" Hyny yw, "Pa
fodd y mae adgyfodiad y meirw yn bosibl?" Nid
oedd gwrandawyr Paul yn Athen yn credu fod
adgyfodiad y corff yn beth posibl. Tra yn addef
anfarwoldeb yr enaid, nid oeddynt yn credu yn
adgyfodiad y corff o'r bedd. Dyma yr atebiad
i'r wrthddadl hon "O! ynfyd, y peth yr wyt ti
yn ei hau, ni fywheir oni bydd efe marw," hyny
yw, nid yw yr adgyfodiad yn beth mor annheb-
yg wedi y cwbl, obiegid y mae yr hedyn a heu-
ir, yr hwn sydd yn tarddu ac yn tyfu am ei fod
yn marw, yn dangos fod y peth yn bosibl, yn
debygol, ac yn angenrheidiol. Un o ddeddfau
mawrion Natur ydyw fod marwolaeth yn amod
bywhad.

Yr ail wrthddadl yn erbyn athrawiaeth yr ad-
gyfodiad ydyw· "A pha ryw gorff y deuant?"
Hyny yw, gan fod y corff presenol yn adfeilio
yn llwch ac yn lludw, a pha ryw gorff yr adgyf-

odant? Os mai corff ysbrydol fydd, pa fodd y
cedwir ei hunaniaeth â'r corff presenol? Dyma
yr atebiad i'r wrthddadl gref hon, "A'r peth yr
wyt yn ei hau, nid y corff a fydd yr ydwyt yn ei
hau, ond gronyn noeth, ysgatfydd o wenith, neu
o ryw rawn arall; eithr Duw sydd yn rhoddi iddo
gorff fel y mynodd efe, ac i bob hedyn ei gorff ei
hun." Yn yr atebiad i'r wrthddadl hon, nid yn
unig dangosir fod marwolaeth yn amod bywhad
yn ol deddf Natur, ond fod y ddeddf hono yn
mhob amgylchiad yn diogelu unrhywiaeth y
corff sydd yn myned i lawr a'r hwn sydd yn codi
Os gwenith a heuir, gwenith fydd y gorsen, "neu
y corff a fydd, yn ol iaith Paul, a ddaw i fyny o
hono. Pa faint bynag ydyw y gwahaniaeth
rhwng yr hedyn sydd yn disgyn i'r ddaear a'r
gorsen a ddaw i fyny o hono, gwyddom fod
deddf natur, trwy holl gylch ei gweithrediad, yn
diogelu unrhywiaeth y ddau

Fel hyn, gan fod y gwrthddadleuon yn erbyn
yr athrawiaeth o adgyfodiad y corff yn codi o
dir Natur, y mae yr Apostol yn eu hateb mewn
modd grymus, trwy ddangos fod Natur yn tyst-
iolaethu fod adgyfodiad yn beth tebygol a di-
chonadwy Ond pe gofynech chwi i Natur, neu

ı wyddoreg, yr hon sydd yn proffesu bod yn syl-
faenedıg ar Natur, Pa beth yw y rheswm fod poḃ
peth, trwy holl derfynau Natur yn cadw eu hun-
rhywiaeth wrth darddu a thyfu?—nis gall Natur
na gwyddoreg ateb y cwestiwn hwn. Ond y
mae gan Paul, nid fel gwyddonydd, ond fel duw-
ınydd ysbryde edig, atebıad llawn i'r cwestiwn,
Ewyllys Duw, rhywbeth dyfnach na Natur, sydd
yn rhoddı i bob hedyn eı gorff eı hun. Cofiwn
o hyd fod "Mynu" Duw y tu ol i bob egnı byw-
ydol, ı bob rhywogaeth fywydol, yn llysieuol ac
yn anıfeilaıdd, yn gorfodi yr oll i gadw ei ryw
a'i natur ei hun. "Mynu" parhaus Duw, a hyny
ar bob eıliad, ydyw deddf pob bywyd. Trwy yr
un "Mynu" dwyfol yr adgyfodır y corff yn y
dydd diweddaf. Dyma yr unig fan yn y Beibl
y ceir atebıad ı'r pa fōdd yr adgyfodir y meirw.
Ac yn ngoleuni yr atebiad a roddir i'r ddwy
wrthddadl, gwelwn, yn y lle cyntaf, y bydd per-
thynas rhwng y corff sydd yn myned i'r bedd
a'r corff sydd yn adgyfoaı, fel y mae perthynas
rhwng yr hedyn a heuir a'r gorsen sydd yn
tarddu o hono; yn ail, y bydd gwahaniaeth pwys-
ig rhwng corff yr adgyfodıad a'r corff sydd yn
myned i'r bedd, fel y mae gwahanıaeth rhwng y
corff a heuir a'r hwn sydd yn tarddu o hɔno.

I. Y berthynas sydd rhwng corff yr adgyfod-
iad a'r corff presenol.

"Eithr fe a ddywed rhyw un, Pa fodd y cyfod-
ir y meirw? ac a pha ryw gorff y deuant?" "O!
ynfyd (gair thy gryf o *aphron*) y peth yr wyt ti
yn ei hau, ni fywheir oni bydd efe marw. A'r
peth yr wyt ti yn ei hau, nid y corff a fydd yr
ydwyt yn ei hau, ond gronyn noeth, ysgatfydd o
wenith, neu o ryw rawn arall." Nid yw Natur
byth yn adgyfodi yr hen gorff sydd yn marw.
"Nid y corff a fydd yr ydwyt yn ei hau." Corff
newydd, ieuanc a hardd a adgyfodir gan Natur
o dan bob amgylchiad.

1 Yr hyn a ddysgir gan y gyfatebiaeth hon
ydyw, y bydd i unrhywiaeth y corff presenol â
chorff yr adgyfodiad gael ei ddiogelu gan "fynu"
Duw.

Peth eithriadol iawn ydoedd i Paul ddefnydd-
io ffigiwr oddiwrth Natur i brofi ei bwnc. Tra
yr oedd Iesu Grist yn codi y rhan fwyaf o'i ffig-
yrau oddiwrth Natur, y mae Paul yn codi y rhan
fwyaf o'i ffigyrau oddiwrth adeiladwaith, ac oddi-
wrth gampau. Nid oedd ef yn fyfyriwr ar Natur
fel Iesu Grist, ond yr oedd yn gelfyddydwr, a
pheth naturiol ydyw i gelfyddydwr godi ffigyrau

oddiwrth ei waith. Ond ymddengys ei fod yn
cael ei wasgu yn naturiol gan natur yr wrth-
ddadl a ddefnyddiai yr athronwyr Groegaidd yn
erbyn yr athrawiaeth o adgyfodiad y corff i droi
at Natur, fel y gwnaeth Iesu Grist pan yn llef-
aru wrth y Groegiaid am ei farwolaeth, ddef-
nyddio y gronyn gwenith yn syrthio i'r ddaear
ac yn marw. Nis gallesid cael cyfatebiaeth well
na hon o fewn holl gylch Natur i ateb y cwest-
iwn, "Pa fodd y cyfodir y meirw?"

Dyna yr hedyn yn syrthio o law yr hauwr i
ddaear gyfaddas i'w natur; ac yn ei fedd, efe a
adfeilia oll, oddieithr y *germ* sydd yn ei galon.
Dechreua hwnw luchio allan o hono ei hun
wreiddiau yn adfeiliad yr hen gorff; ac yn y
man, ymweithia planigion tyner, sef y "corff a
fydd" i'r golwg, yr hwn sydd yn parhau i darddu
a thyfu yn gorsen hardd, digon cref i ddal pen
llawn o ffrwyth. Ar un llaw, chwi a welwch
oddiwrth y gyfatebiaeth, mai deddf natur ydyw
fod bywyd yn cael ei barhau trwy farwolaeth,
ac ar y llaw arall, ei fod trwy yr un ddeddf, er
yr adfeiliad, yn diogelu ei ryw. Yn y dull hwn,
cedwir unrhywiaeth pob hedyn trwy holl oes-
oedd amser Wel, fel y mae y glaswelltyn sydd

yn tarddu o'r corff sydd yn marw yn berffaith
o'r un natur ag ef, felly y bydd yn adgyfodiad y
meirw. Bydd corff yr adgyfodiad yn meddu yr
un hunaniaeth a'r corff a ddisgynodd i'r bedd.
Hefyd, dichon y byddai yn briodol sylwi yn y
fan hon, mai nid rhwng marwolaeth y gronyn a
marwolaeth y corff y saif y gyfatebiaeth. Pe
felly, buasai yn awgrymu gormod, sef fod mar-
wolaeth y corff yn angenrheidiol i ragflaenu y
bywyd dyfodol. Pe felly, buasai yn rhaid i'r
saint byw ar ddyfodiad ein Harglwydd o'r nef,
'eirw. Buasai y syniad hwn yn taro yn erbyn
tystiolaeth y Testament Newydd. Ond pwynt
y gyfatebiaeth ydyw rhwng yr eginyn sydd yn
tarddu o'r hedyn sydd yn marw â chorff yr ad-
gyfodiad, a hyny fel dylyniad i'r corff anianol a
fu farw. Yn yr hedyn, y bywyd sydd yn myned
i lawr ydyw y bywyd sydd yn dyfod i fyny ar ei
newydd wedd. Ond nid yw Paul yn golygu fod
un math o egwyddor fywydol yn y corff dynol
pan yn myned i lawr i'r bedd, o ganlyniad, nid
parhad o'r bywyd anianol fydd bywyd yr adgyf-
odiad. Nid y bywyd a gollwyd yn angeu a ddaw
i fyny pan seinio udgorn Duw. Ac efallai na
bydd cymaint ag un gronyn o gorff ein gwaeledd

ni yn cyfansoddi corff yr adgyfodiad; eto bydd
ei unrhywiaeth wedi ei ddiogelu yn y fath fodd
fel y bydd pob un o'r saint yn teimlo ei fod wedi
cael ei gorff ei hun, a hwnw wedi ei wellhau yn
ddirfawr. "Ac i bob hedyn ei gorff ei hun."

Tybiwch fod genyf yn fy llaw hedyn o rai o
ynysoedd y mor, un na welsoch chwi mo hono
erioed o'r blaen, a'm bod yn gofyn i chwi ddweyd
i mi pa beth yw ei natur, pa fath liw fydd ar ei
gorsen ar ol iddo dyfu, mi a wn nas gallech
ddweyd. Ond gellwch ddweyd (er nad yw han-
es yr hedyn hwn o fewn cylch eich profiad), a
hyny oddiar eich adnabyddiaeth o ddeddf natur,
pa beth bynag ydyw natur yr hedyn, dyna fydd
natur y corff a ddaw allan o hono Yr ydych yn
gwybod fod y melyn yn cynyrchu y melyn, y
coch yn cynyrchu y coch, y chwerw yn cyn-
yrchu y chwerw, y melus yn cynyrchu y melus.
Pa faint bynag ydyw y cyfnewidiadau a gymer-
ant le rhwng y corff sydd yn marw ac yn ad-
feilio, â'r corff sydd yn codi o hono, yr ydym
yn deall fod yr egwyddor fawr o hunaniaeth yn
cael ei diogelu er pob cyfnewidiad. Yn awr,
dyma yr oll sydd arnom eisieu ei wybod, a
chael sicrwydd yn ei gylch gyda golwg ar ad-

gyfodiad y corff, sef fod yr egwyddor o hunan-
iaeth, yr hon sydd yn llywodraethu yn ffurfiad
y corff presenol, yn parhau i lywodraethu yn
ffurfiad corff yr adgyfodiad Dyma yr oll sydd
yn cael ei sicrhau gan Natur a chan y Beibl.
Nid yw y Beibl yn sicrhau nac yn awgrymu y
daw y corff sydd yn myned i'r bedd i fyny yn ol

Bu yr eglwys, mae yn wir, yn dweyd, ac y
mae hyny yn aros yn ei ffurf-gredo hyd yr awr-
hon, "Yr wyf yn credu yn adgyfodiad y meirw,
y gwaed a'r cnawd hwn." Y rheswm am y
credo hwn ydyw y ffaith fod yr eglwys wedi
bod yn ymladd, gledd yn nghledd, ag athron-
iaeth, yr hon a ddiystyrai y corff, yr hon a'i
gwnai yn ffynonell pob drygioni, yr hon a dros-
glwyddai ddrwg moesol o'r galon i'r corff, ac
ymarferiadau crefyddol i ddysgyblaeth ar y
cnawd. Yr oedd yr athroniaeth hon yn niweid-
iol i foesoldeb a chrefydd. Ac mewn trefn i
ddyrchafu y corff i sefyllfa o barch, yn erbyn
syniadau diraddiol a chul yr Agnostics, byddai
y tadau yn cyhoeddi adgyfodiad llythyrenol y
gwaed a'r cnawd, hyny yw, holl ddefnyddiau y
corff sydd yn disgyn i'r bedd., Dichon fod rhai
yn barod i ddiystyru hen gredo yr eglwys for-

euol ar hyn, ond nid y meddyliwr eang a rhydd-
frydig. Tra y mae yr hyn a fu yn achlysur i
roddi ffurf i'r credo hwn, wedi diflanu, eto y
mae ffurf y credo yn aros, ond dim ond y ffurf.
Nid wyf vn gwybod am un duwinydd o bwys yn
credu mwyach y "daw llwchyn at ei lwchyn,"
neu y bydd i ddefnyddiau y corff hwn adgyfodi
o'r bedd. Dengys gwyddoniaeth fod hyny yn
beth anmhosibl; nid yw cyfatebiaeth yn cefnogi
y syniad, na'r Beibl yn ei ddysgu. Yn wir, mor
bell ag y lleiara yr Apostol yn y testyn, uwch-
ben y dirgelwch mawr hwn, awgryma mai nid
yr un corff sydd yn myned i lawr ag sydd yn
dyfod i fyny: "Ac nid y corff a fydd yr ydwyt
yn ei hau."

2. Nid mater sydd yn diogelu hunaniaeth y
corff, ond bywyd.

Nid yw yn angenrheidiol i fater y corff sydd
yn myned i'i bedd adgyfodi yn y corff newydd
mewn trefn i ddiogelu ei hunaniaeth. Yn myw-
yd pob corff bywydol y diogelir yr *identity*, ac
nid yn y mater. Nid yn y gwaed a'r cnawd
y cartrefa ein hunaniaeth yn y bywyd hwn. Yn
ol dysgeidiaeth Natur, cedwir unrhywiaeth yn
y byd llysieuol ac anifeilaidd, nid gan y mater

hylifol ag sydd yn cyfansoddi eu cyrff, ond gan
breswylydd y ty—yr egwyddor fywydol. Di-
byna deddf parhad bywyd nid ar fod defnydd-
iau yr hen gorff yn myned i gyfansoddi y new-
ydd, ond ar rywbeth tra gwahanol. Parha y
dderwen, er engraifft, ei bywyd trwy ei dros-
glwyddo i'r fesen, fel y mae pob llysieuyn yn
trosglwyddo ei fywyd i'r hedyn, a hyny dros
amser byr. Pe daliai y dderwen ei gafael yn y
fesen collai yn y man ei bywyd ei hun. Yr unig
ffordd y gall y dderwen barhau ei bywyd ydyw
trwy fwrw y fesen oddiwrthi, i ddisgyn i'r bedd
i adfeilio ac i farw. Yn awr, os gellir cym-
wyso y ffaith naturiol hon at yr adgyfodiad,
awgryma nad yw parhad y bywyd dyfodol yn
dibynu ar barhad y bywyd anianol, ond yn hyt-
rach ar ei golli. Collodd yr Arglwydd Iesu ei
fywyd anianol yn medd newydd Joseph, er mai
yr un corff yn hollol a gladdwyd ac a gyfodwyd,
eto yr oedd y corff hwnw yn meddu bywyd
newydd. "Wedi ei farwolaethu yn y cnawd,"
medd Pedr, "eithr ei fywhau yn yr ysbryd." Yr
un ydyw yr hwn sydd yn marw, hyny yw, yn
peidio a byw y bywyd anianol, a'r hwn a fyw-
heir drachefn i ddechreu byw y bywyd ysbryd-

ol, hyny yw, y bywyd y penderfynir ei derfynau gan yr Ysbryd. Yr un corff oedd yn gyfrwng i'r bywyd anianol cyn marw, sydd yn parhau i fod yn gyfrwng i'r bywyd ysbrydol ar ol iddo adgyfodi. A chyda golwg ar gorff adgyfodiad y saint, gellir dweyd ei fod yr un â'r hwn a fu farw, er o bosibl, na bydd cymaint ag un gronyn o'r hen gorff yn nghyfansoddiad y newydd. Gellir dweyd geiriau Iesu Grist, wrth edrych ai y deml, am y corff hefyd, "Ni adewir yma faen ar faen ar nas datodir " Ond dichon na bydd cymaint ag un maen o'r hen deml yn y deml newydd foreu yr adgyfodiad, eto· bydd hunaniaeth y ddau gorff wedi eu diogelu, a hyny yn y fath fodd fel y bydd Paul yn teimlo ei fod wedi cael y corff a ddrylliwyd gan gledd- yf yr Ymerawdwr' Rhufeinig. Bydd Abraham yn teimlo ei fod wedi cael ei gorff ei hun o ogof Maes Machpelah, er efallai na bydd cymaint ag un gronyn ynddo o'r corff a fu yn neidio wrth allor Isaac ar ben Moriah, pan y gwelodd ddydd Crist.

Onid yw yn ffaith brofedig, mor brofedig ac adnabyddus erbyn hyn, fel na raid ond ei choff- hau, fod defnydd y corff presenol mewn sefyllfa

o lifeiriad parhaus Y mae bywyd a'i donau
mân yn golchi ymaith ddefnyddiau y corff pres-
enol—yr hen ddefnyddiau, ac yn cymeryd rhai
newyddion i mewn O ganlyniad, nid yr un
corff ydyw corff ein maboed a'n hieuenctid, â
chorff ein henaint. Dyna y gwr trigain a deg;
y mae ef wedi cael saith o gyrff newyddion er
pan yr ymddangosodd yn y bywyd hwn Y
mae gwyneb y ddaear eisoes yn fedd i ddeg o
gyrff y dyn yna Yn nghanol y cyfnewidiadau
hyn, yn merw y llifeiriant cyson hwn, erys rhyw
egwyddor, rhyw ffurf, rhyw ddeddf, galwer hi
fel y mýner, yn ddigyfnewid. Er maint ydyw y
cyfnewidiad sydd wedi cymeryd lle yn eich
cyrff o'ch plentyndod hyd ganol oed, o ganol
oed hyd henaint, eto yr ydych yn teimlo mai yr
un corff ydyw o hyd. Y plyg dyfnaf yn ath-
rawiaeth ogoneddus yr adgyfodiad ydyw fod yr
hunaniaeth hwn yn parhau trwy angeu a'r bedd.

3. Dichon eich bod yn barod i ofyn erbyn hyn,
P'a beth yw yr unrhywiaeth hwn? Pa le y car-
trefa?

Pa beth yw y peth hwnw sydd yn aros yr un
fath trwy bob cyfnewidiad—yn. aros yr un fath
yn y llysieuyn trwy yrfa ei ddadblygiad, yn

aros yr un fath yn yr anifail trwy yrfa ei ddad-blygiad, yn aros yr un fath mewn dyn, o'r an-elwig ddefnydd hyd nes y disgyn i'r bedd o dan farug henaint? Onid yw hwn fel corff yr en-fys? Tra y cyfnewidia y gronynau dwfr a'r pel-ydrau o oleuni sydd yn cyfansoddi ei ffurf, yn barhaus, tra y llifeiria y rhai hyn bob eiliad trwy ei chorff, eto, er y cyfnewidiadau hyn, parha ffurf yr enfys, yn mhrydferthwch ei saith lliw Yr un modd, Pa beth yw yr hunaniaeth hwn nad yw byth yn marw—byth yn cael ei losgi gan y tân, na'i foddi gan y dyfroedd, na'i wenwyno gan golyn angeu? Dywedasom ei fod yn cael ei ddiogelu gan fywyd, oblegid nis gellir dweyd fod mater yn meddu hunaniaeth. Y mae y cwestiwn yn aros Beth yw yr hun-aniaeth hwn? Nis gwyddom pa beth ydyw; y mae yn trechu pob ymchwiliad, yn dianc o dan law pawb, ac nis gall y doethion ei ddal yn eu cyfrwysdra Un o ddirgelion creadigaeth Duw ydyw hwn. Hwn fydd dirgelwch cyntaf yr ad-gyfodiad.

Yn mha le y cartrefa yr hunaniaeth hwn? Nid yn v bywyd anianol, canys fe gollir hwnw yn angeu Rhaid ei fod yn gorwedd yn ddyfn-

ach mewn dyn na'i gorff, yn nghnewyll ei fod-
olaeth, yn y *hving tyfc*, ac wedi ei gyd-wau a'i
ysbryd ef. Yn y fan hon cymerwch un o awg-
rymiadau Natur, sef fod Duw wedi tynu llun
corff pob math o fywyd yn natur y bywyd hwnw
ei hun. Ac y mae Duw yn tynu y lluniau hyny
yn berffaith. Onid yw llun corff y llysieuyn
ar bob un c'i ddail? ac onid yw llun y corff dyn-
ol ar y llaw? Os gellir cymeryd yr awgrym
hwn oddiwrth fywyd mewn Natur, fod delw o'r
corff yn natur y bywyd sydd yn preswylio yn-
ddo, oni allwn gasglu fod delw o gorff dyn wedi
ei thynu gan Dduw ar ei ysbryd ef? Y mae y
ddelw yn gyflawn ac yn berffaith. Nid ydyw
dadblygiad yn hanes y greadigaeth yn ddim ond
bywyd yn llenwi i fyny blaniau Duw. Duw
sydd yn tynu y planiau, efe sydd yn rhoddi i bob
hedyn ei gorff ei hun, ond bywyd o dan law
Duw sydd yn llenwi y planiau. Ac onid allwn
fod ar dir diogel wrth ddweyd nad yw prifiant
corff dyn, o'i faboed i'w gyflawn faint, yn ddim
ond bywyd yn llenwi y ddelw sydd o'r corff
ar yr ysbryd? Bydd corff yr adgyfodiad yn ateb,
mi dybiaf, i holl linellau y ddelw sydd o gorff
pob dyn ar ei ysbryd ef

14

11. Y mae atebiad yr Apostol i'r ail wrthddadl yn awgrymu y bydd dirfawr wahaniaeth rhwng corff yr adgyfodiad â'r hwn sydd yn disgyn i'r bedd.

"A'r peth yr wyt ti yn ei hau, nid y corff a fydd yr ydwyt yn ei hau, ond gronyn noeth, ysgatfydd o wenith, neu o ryw rawn arall. Duw sydd yn rhoddi iddo gorff fel y mynodd efe, ac i bob hedyn ei gorff ei hun." Yr hyn a awgrymir yma ydyw hyn. Fel y mae gwahaniaeth pwysig rhwng yr hedyn sydd yn disgyn i'r ddaear, â'r glaswelltyn a ymddengys yn codi allan o hono, felly y bydd gwahaniaeth pwysig rhwng y corff sydd yn disgyn i'r bedd â'r hwn a adgyfodir. Nid oedd yr ameuaeth leiaf yn meddwl Paul na bydd i bob person unigol nid yn unig gadw ei hunaniaeth trwy angeu, ond y derbynia yn yr adgyfodiad ei gorff ei hun yn ei ffurf a'i neillduolrwydd Deddf Natur ydyw, fel y dywedwyd yn flaenorol, fod pob bod unigol yn cael corff cyfaddas i'w sefyllfa, ac yn ateb yn hollol i'w *type* ef ei hun o fywyd. Ac yn mhellach, nid yn unig y mae pob bywyd yn meddu corff, a hwnw yn berffaith gyfaddas i'w natur a'i sefyllfa, ond trwy "fynu" Duw y mae

pob bywyd, trwy holl oesoedd amser, yn der-
byn yr un math o gorff Y mae delw y gronyn
gwenith cyntaf a grewyd gan Dduw, ar bob
gwenithen byth ar ol hyny; a bydd delw y corff
a luniwyd gan Dri yn Un yn Eden, i'r Adda
cyntaf, ar gorff ei adgyfodiad ef. Yn yr adgyf-
odiad bydd Duw yn cyraedd ac yn cyflawni holl
neillduolion ei gynllun gyda golwg ar gorff
dyn Meddyliwch am y galanastra dirfawr a
wneir gan bechod ar gorff dyn, trwy ddamwein-
iau, trwy afiechyd, trwy chwantau cnawdol, a
hunan-ddinystr. O! y fath agwedd sydd ar
gorff dyn yn fynych Ond adgyfodir cyrff y
saint o'r bedd heb un diffyg arnynt. Yn yr ad-
gyfodiad golchir ymaith bob diffyg a hagrwch
a effeithiwyd ar eu cyrff hwy am dragwyddol-
deb, fel y golchwyd gwahanglwyf Naaman o
Asyria yn nyfroedd yr Iorddonen Y diwrnod
hwnw caiff y gwargam, yr afiach, yr anafus, a'r
hen, gorff gogoneddus i fod yn gymwys drigfa
i ysbryd anfarwol i redeg i lawr i dragwyddol-
deb diddiwedd. Yn Stratford-on-Bow, Lloegr,
yn nyddiau Mari Waedlyd, penderfynwyd llosgi
dau ferthyr ffyddlawn i Grist, ac yr oedd un
o honynt yn gloff, a'r llall yn ddall; ac wedi i'r

tân gael ei gyneu cychwynai y gwr cloff yn brysur tuag ato, a'i ffon dan ei law, a throai drach ei gefn i edrych a oedd y dyn dall yn ei ddylyn, ac wrth ei weled ef yn dyfod yn araf, tybiodd ei fod yn ofni ac yn petruso, a gwaeddodd allan, "Courage, courage, brother, this fire will cure us both" Gall y saint ddweyd uwchben y bedd, gallant ymddyddan a'u gil· ydd yn yr olwg ar ei oerni a'i dduwch, "Cou· rage, brethren, the grave will cure us all." Caiff y plant bychain a fuont feirw yn eu maboed, ac yn wir, y mae yn agos i haner y ddynoliaeth yn meirw cyn sylweddoli eu bod yn fyw; cant hwy gyrff y boreu hwnw yn ateb i'r hyn fuasai eu cyrff pe cawsent fyw i gyraedd deg ar hugain oed. Deuant i fyny o fro galanast gyda chyrff yn eu cyflawn faint, "at fesur oedran cyflawnder Crist." Bu Iesu Grist farw yn ddyn ieuanc, adgyfododd yn ddyn ieuanc, esgynodd i'r nefoedd yn ddyn ieuanc, heb gymaint ag un blewyn gwyn yn ei ben hardd. Daw corff yr hen wr a'r hen wraig bedwar ugain o'r bedd, o dan floedd yr archangel, a phan seinio udgorn Duw, gyda chorff mab ieuanc a chorff merch ieuanc ddeg ar hugain oed, yn eu llawn harddwch, ac

yn eu llawn nerth. Pan yr oeddwn yn dweyd
y sylw hwn mewn un lle, ar ddiwedd yr oedfa
daeth un hen chwaer at y pwlpud, yr hon oedd
uwchlaw pedwar ugain, a stormydd yr anialwch
wedi gadael argraffiadau dyfnion ar ei phabeil
hi; ac meddai, "Yn wir, fy machgen i, yr oedd-
wn i yn sythu yn fy nghefn y boreu heddyw
wrth glywed y caf ddyfod yn ferch ieuanc yn
ol. O bendigedig byth am y gobaith hwn. Fe
fum inau yn ieuanc ac yn ysgafndroed, ond yr
wyf yn gorfod llusgo yr hen gorff yma erbyn
hyn; ei lusgo i'r capel, ac i bob man arall. Di-
olch byth am obaith diwrnod y caf ddod yn
ferch ieuanc yn ol" Corff gogoneddus fydd
corff yr adgyfodiad, ac uwchlaw heneiddio yn
oes oesoedd.

Sylwch ar y cyferbyniadau sydd yn yr adnod-
au dylynol i'r testyn rhwng corff ein gwaeledd
ni, y corff sydd yn myned i'r bedd, a chorff yr
adgyfodiad. Ceir yma bedwar cyferbyniad.
1. Llygredigaeth ac anllygredigaeth "Fe a
heuir mewn llygredigaeth, ac a gyfodir mewn
anllygredigaeth." Dyma hanes dyn ar y ddae-
ar—hau mewn llygredigaeth, ac wedi ymguro
ag amgylchiadau bywyd yn y diwedd yn syrthio

i'r bedd o dan bwysau y ddrychin. Ond "fe a gyfodir mewn anllygredigaeth," yn berffaith bur, yn berffaith iach, ac anfarwoldeb wedi ei argraffu ar bob *atom* yn y corff newydd. 2. Anmharch a gogoniant. "Fe a heuir mewn anmharch, ac a gyfodir mewn gogoniant." Aiff y corff hwn, cyn hir, mor anmharchus, fel y bydd ein cyfeillion goreu yn gorfod chwilio am fedd iddo, i'w gladdu allan o'r golwg. Nid yw cyrff y saint y rhai sydd yn demlau i'r Ys-bryd Glan, ond cyrff eu darostyngiad. Ond a "gyfodir mewn gogoniant." Nis gwyddom eto pa faint fydd ei ogoniant ond gwyddom hyn, y "bydd yn un ffurf a'i gorff gogoneddus ef." Nid y meddwl yw y bydd corff pob un o'r saint yn hollol yr un daldra, ac yr un faint yn mhob modd, â chorff ei ogoniant ef Onid oes yma rai yn cofio am y llysieuyn prydferth yn Nghymru—llygad y dydd? Er eu bod yn prydferthu gwyneb y meusydd yno, eto anfynych y gallech weled dau o honynt yn hollol yr un fath. Yr oedd hwn yn fwy, y llall yn llai; un a bordor felan, y llall â bordor las, y llall â bordor goch, ond llygad y dydd oeddynt oll—pob un yn per·thyn i'r un *type*. Felly hefyd am gyrff y saint

foreu yr adgyfodiad Er y bydd yno gymaint ɔ
amrywiaeth mewn maint a mynegiad ag sydd
yma, eto bydd yr oll ar yr un *type*. Yr un ffurf
a'i gorff gogoreddus ef. 3. Gwendid a nerth
"Fe a heuir mewn gwendid, ac a gyfodir mewn
nerth." Gwan yw y corff presenol ar y goreu.
"Malurir ef yn gynt na'r gwyfyn." Byddi yn
rhy wan yn fuan i wisgo am danat, arall a'th
wregysa; arall yn dy gario i'r bedd. Ond os
syrthi di gan wendid, wedi colli y frwydr, y mae
Mab Duw wedi myned ar ei lw i'w Dad y bydd
iddo dy godi ar dy draed eto. Adgyfodi—codi
ar ol syrthio; codi, ac yn annhraethol well ar ol
y codwm—"mewn nerth." Pa ryfedd i Charles
o'r Bala ddweyd ar ei wely marw,—

"O am gorff, a hwnw yn gadarn,

I ddal pwys gogoniant mawr"

Rhaid cael corff cadarn i ddal tragwyddol bwys
gogoniant ty ein Tad heb wyro dano 4. Corff
anianol a chorff ysbrydol "Fe a heuir yn gorff
anianol, ac a gyfodir yn gorff ysbrydol" Beth
a dybiwch chwi am ragolygon gogoneddus y
saint? Yr wyf wedi ymdrechu dal o'ch blaen
atebiad Paul i'r cwestiwn, "A pha ryw gorff y
deuant?" Ac y mae yr atebiad iddo yn gwisgo

dyfodol y saint â'r gogoniant mwyaf dymunol. Yr wyf yn awyddus i ofyn un cwestiwn wrth derfynu, Beth yw eich rhagolygon at y dyfodol?

Yr oedd Paul yn edrych ar ei farwolaeth fel dyrchafiad yn ngyrfa ei fodolaeth, pan y bydd- ai yn colli y corff anianol, ac yn ymddangos mewn amwisg ysbrydol yn myd goreu Duw, ac yn mysg y cyfiawnion Rhaid fod gan ys- brydoedd y cyfiawnion, fel hyn, ryw fath o gorff ysbrydol rhwng eu marwolaeth a'u hadgyfod- iad, onide ni allant adnabod eu gilydd, a chym- deithasu â'u gilydd. Nis gall bywyd amlygu ei hun ond mewn corff, ac y mae efe yn adeiladu ei gorff ei hun Nis gwyddom fod cymaint ag un natur greedig, dim ond y Duwdod, yn han- fodi heb gorif. A phan y cyll y saint yn angeu y daearol dŷ o'r babell hon, y maent yn myned i mewn i dŷ tragwyddol yn y nefoedd, hyny yw, yn ymddangos mewn corff ysbrydol ,yr hwn sydd fel amwisg yn yr hon y bydd yr ysbryd yn amlygu ei hun. Ond nid yr amwisg ysbryd- ol hon a olygir wrth gorff yr adgyfodiad, oblegid y mae yr adgyfodiad yn golygu fod corff yn dyfod i fyny o'r bedd Ein gorfoledd ydyw y cawn gorff yn nydd Crist, "yr un ffurf a'i gorff gogoneddus ef."

PREGETH X.

FOD SICRWYDD YR ATHRAWIAETH O AN-
FARWOLDEB DYN YN SYLFAEN-
EDIG AR DDADGUDDIAD

Yr hwn a ddiddymodd angeu, ac a ddyg fywyd ac
anllygredigaeth i oleuni trwy yr efengyl —2 Tim i 10.

Meddwl yr adnod hon ydyw fod yr athraw-
iaeth am sefyllfa ddyfodol wedi ei dwyn i'r fath
oleuni gan Iesu Grist, fel ag i'w chodi uwchlaw
ameuaeth. Gwnaed hyn, mewn un ystyr, trwy
ddiddymu angeu. I olwg dynion, trwy holl
oesoedd amser, ymddangosai angeu nid yn un-
ig fel gorchfygwr, a chynyrchydd llygredigaeth,
ond fel terfyngylch tywyll, yn yr hwn yr ym-
gollai dynion o'r golwg. Nis gallesid cyraedd
sicrwydd y tu allan i'r Beibl a oedd gwlad y tu
draw i'r terfyngylch tywyll hwn, yr hon a bres-
wylid gan ysbrydoedd dynion ar ol eu diosg o'r
corff. Pa un a ydyw dynion yn parhau i fodoli
yn y tywyllwch hwn, neu yn cael eu difodi, neu
ynte, a oes haul a dydd y tu draw iddo, nid oes
sicrwydd diymwad. Y tir uchaf y gallodd y

meddwl dynol sefyll arno y tu allan i ddysgeidiaeth y Beibl ydoedd posibilrwydd, tebygolrwydd, ac nid sicrwydd. Credai saint eglwys yr Hen Destament fod gwlad dda y tu draw i'r terfynfylch hwn, oblegid fod rhai pelydrau lled ddysglaer wedi tori trwyddo, ond gwlad ydoedd iddynt hwythau heb ei harchwilio, taflai tywyllwch y terfyngylch ei gysgod dros ei gwyneb. Ond, medd yr Apostol yn y testyn, y mae Iesu Grist wedi diddymu y terfyngylch ei hun; "Yr hwn a ddiddymodd angeu," fel y mae bywyd ac anllygredigaeth y sefyllfa ddyfodol yn ymdori yn oleuni dysglaer ar feddwl dyn, nid oes yr ameuaeth leiaf am fodolaeth y byd a ddaw bellach Golyga y gair a gyfieithir yma yn "anllygredigaeth" anfarwoldeb, neu anallu i ddiflanu, anallu i fyned o fod. Dygodd Crist fywyd ac anfarwoldeb, neu yn ol rhai, bywyd anfarwol, i oleuni trwy yr efengyl, yr hwn nad allasai dyn byth, o dan yr amgylchiadau mwyaf manteisiol, gyraedd sicrwydd yn ei gylch.

Gadewch i ni gymeryd hamdden i edrych pa beth sydd gan Natur a Gwyddoreg i'w ddweyd ar y pwnc dyddorol hwn—anfarwoldeb yr enaid, neu yn hytrach, anfarwoldeb dyn. Ac yn yr ail le, edrychwn i mewn i neillduolrwydd dysgeidiaeth Iesu Grist ar hyn

I. Tystiolaeth Natur a Gwyddoreg ar anfarwoldeb dyn.

Gellir treinu y rhesymau sydd yn codi o dir Natur a Gwyddoreg ar yr athrawiaeth hon dan y penau canlynol: 1. Y prawf uwch-anianol, trwy yr hwn yr amcenir profi fod y meddwl yn rhywbeth gwahanol i'r corff, ei fod yn alluog i fodoli ar wahan i'r corff, nad ydyw y meddwl yn gyfuniad o wahanol elfenau fel y corff, eithr yn undod, o ganlyniad nis gellir ei chwalu. Gwreiddia bywyd hanfodol dyn yn ei ysbryd, ac nid yn ei gorff. Y mae y plentyn yn tyfu am ei fod yn fyw, ac nid yn fyw am ei fod yn tyfu. Nid Myfi yw y corff, ond y mae yn eiddo i mi. Cydnabyddwn hyn mewn iaith gyffredin, gan ddweyd, "Fy llaw," "fy mhen," "fy nghorff;" ond nid ydym yn dweyd am un o'r aelodau hyn, na'r oll yn nghyd, "Myfi." Pwy yw y "Myfi" hwn sydd yn llywodraethu yr holl gorff, ac yn dal cymundeb drwyddo a'r byd allanol? Y mae y Myfi hwn yn rhywbeth byw, yn gallu meddwl, caru, credu, gobeithio, ewyllysio, ac yn bywhau y corff ei hun. Os ydyw y

Myfi hwn yn alluog i fywhau y corff, onid all fyw yn annibynol arno? Os ydyw y Myfi hwn yn gallu gwau gwisg mor hardd o'i amgylch dros amser, onid all fodoli ar ol cael ei ddiosg o'r hen wisg dreuliedig, a gwau iddo ei hun wisg newydd.

2. Y prawf oddiwrth gyfatebiaeth; hyny yw, gan ein bod yn cael ein dysgu nad ydyw mater byth yn diflanu, na'r un gronyn o egni yn diflanu; deddf mater ydyw ffurf-newidiad ac nid diflaniad; gan hyny, ni byddai yn beth naturiol i ni dybied fod yr enaid yn diflanu pan yn gadael y corff. Yn wir, yn ol y wedd neu y ffurf bresenol ar y ddamcaniaeth ddadblygiadol, tybir fod dau beth yn tragwyddol barhau, sef egni a bywyd. Nis gall y ddamcaniaeth hon fodoli, ond megys cwmwl a yrir gan wyntoedd, heb dybied bodolaeth gallu anghyfnewidiol, heb ynddo gynydd na lleihad, fel sylfaen holl arddangcsion Natur. Y gallu cyffredinol hwn sydd yn treiddio trwy bob peth, yn achosi pob cyfnewidiad, tra y mae ef ei hun yn parhau byth yr un fath—"heb gyfnewidiad na chysgod troedigaeth." Os dylynir y dybiaeth hon, gwelwn ei bod yn dysgu fod Natur yn ei gwreiddyn yn

cynwys awgrym pellach na chyfatebiaeth o an-
farwoldeb dyn. Yn ol dadblygiad, anfarwoldeb,
neu dragwyddol barhad, ydyw un o briodoledd-
au y gallu sydd o dan Natur. Ac yn mhellach,
nid yw y syniad o'r posibilrwydd i'r gallu hwn
gyflwyno rhan o'i anfarwoldeb ei hun i ryw rau
o Natur yn beth dyeitur i wyddoniaeth, nac yn
tori ar gadwen dadblygiad. Dyna ydyw bywyd,
y gallu hwn wedi cyflwyno rhan o hono ei hun
i gorff materol. Nid yw y syniad hwn yn
ddyeithr i'r Beibl chwaith. Pa beth ydoedd yr
anadl a anadlwyd yn ffroenau dyn yn Eden?
Pa beth bynag ydoedd, dywedir dau beth neill-
duol am dani, yn gyntaf, anadl Duw ydoedd,
ac felly yn bodoli cyn llunio corff dyn o bridd y
ddaear; yn ail, daeth dyn yn enaid byw drwy
gyfranogiad o anadl Duw; neu yn ol Spencer,
trwy gyfranogiad o'r gallu anwybodadwy sydd
wrth wraidd Natur a'i symudiadau. Fel hyn,
cyflwynir i ni gan ddadblygiad rywbeth mwy na
chyfatebiaeth ar anfarwoldeb dyn, trwy dyb-
osod fod rhywbeth yn bodoli eisoes mewn
Natur ag sydd yn anfarwol.

Yr un pryd, os nad oes gan wyddoniaeth ddim
mwy i'w fynegu i ni na'r syniad o barhad gallu,

ychydig ydym wedi ei enill. Pa gysur i ddyn
ydyw y syniad fod egni Natur, gwreiddyn ei
bodolaeth, a iheswm ei holl ffurf-weddau, yn
dragwyddol ddigyfnewid? Golyga anfarwoldeb
fwy, annhraethol fwy na pharhad swm neu fes-
ur, golyga barhad ansawdd, parhad ymwybod-
olrwydd, parhad rhywbeth nad ellir ei bwyso
a'i fesur. Y mae holl werth y syniad oddiwrth
barhad mater ac egni, gyda golwg ar anfarwol-
deb, yn gynwysedig yn y ffaith nad ydyw cyf-
atebiaeth yn gwrthdaro y syniad hwn.

3. Yr ymresymiad oddiwrth ymwybodolrwydd
ac unrhywiaeth dyn   Addefa y gwyddonydd, yr
athronydd, a'r duwinydd, fod dyn er gwaethaf
pob cyfnewidiad yn meddu teimlad o unrhyw-
iaeth. Hyny yw, teimla mai yr un un ydyw
heddyw ag ydoedd ddeugain mlynedd yn ol.
Rhaid i bawb gydnabod bodolaeth y teimlad
hwn. Pa beth yw yr hunaniaeth hwn? Yn mha
le y cartrefa? Nid ydyw yn cartrefu yn y corff,
canys y mae yr elfenau a'u cyfansoddant ef
mewn hylifiant parhaus fel dyfroedd yr afon.
Ond er yr holl gyfnewidiad hwn, teimlwn ein
bod yn parhau yr un. Nis gall Gwyddoreg
roddi cyfrif am y teimlad hwn, mwy nag y gall

roddi cyfrif am darddiad bywyd, ffynonell eg-
ni, nac am y rheswm sydd yn llywodraethu yr
oll. Ond y mae un peth yn eglur, fod y teimlad
o ymwybodolrwydd o'i unrhywiaeth personol
yn gwreiddio yn ddyfnach na mater. Awg-
ryma y teimlad hwn fod yr enaid yn sylwedd
ysbrydol, yn undod ynddo ei hun, yn rhan o'r
greadigaeth, ac yn ol fy meddwl i, hon ydyw y
ddadl gryfaf sydd yn codi o dir Natur dros an-
farwoldeb dyn. Y foment y caniatewch chwi
fod dyn yn meddu ymwybodolrwydd o'i un-
rhywiaeth, y mae y syniad o ddifodiad yn an-
feddyladwy. Nis gellir meddwl am i'r Myfi, yr
undod ysbrydol hwn ag sydd yn rhan o'r gre-
adigaeth anweledig, syrthio i ddifodiad. Fel
hyn, pa le bynag y ceir ymwybodolrwydd o'i
unrhywiaeth personol, ceir yno sail gref dros
gredu yn mhosibilrwydd parhad diddiwedd y
cyfryw. Nid yw yr ymresymiad hwn eto yn
ein codi i dir sicrwydd.

4. Yr ymresymiad hanesyddol, hyny yw, y
grediniaeth gyffredinol sydd yn mysg dynion o
anfarwoldeb. Y mae y grediniaeth hon wedi
rhedeg i lawr fel afon gref yn mysg pob llwyth,
iaith, a chenedl, o'r dechreuad hyd yr awr hon.

Y mae y dyhead am anfarwoldeb megys cerub yn lledu ei adenydd yn sancteiddiolaf yr enaid. Y ffydd hon sydd yn ei ddyddanu yn ei drallod- au, ac yn cynesu aelwyd ei galon yn ngauaf du a thymestlog bywyd. Dyma un o reddfau dyfnaf ein natur A pha le bynag y ceir greddf, ceir hefyd yr hyn sydd yn gyfatebol iddi. Os ydyw y wenynen yn meddu greddf i gasglu mêl, rhaid fod mêl i'w gasglu; ac os gellir dweyd fod dyhead greddfol yn y fynwes ddynol am barhad bodolaeth, rhaid fod tragwyddol bar- had, neu anfarwoldeb yn aros dyn Nid yw natur yn twyllo ei phlant Y gwirionedd syml ydyw, fod cyfansoddiad ein natur yn awgrymu bodolaeth sefyllfa ddyfodol mor gywir ag y mae adenydd yr aderyn yn awgrymu bodolaeth awyr a gofod, neu y llygaid yn awgrymu bodol- aeth goleuni. Dyma y rheswm fod y gredin- iaeth mewn anfarwoldeb wedi parhau trwy holl oesoedd amser, a hyny o dan bob math o an- fanteision.

Yn awr, pe cysylltid y rhesymau a nodwyd yn nghyd, ni byddai genym brawf sicr dros gredu yn anfarwoldeb yr enaid. Er fod cyfatebiaeth yn bwysig ac yn werthfawr, eto ni ellir profi y

pwnc hwn trwy gyfatebiaeth Gwasanaetha cyf-
atebiaeth i ddangos nad oes un wrthddadl a
godir o dir Natur a gwyddoreg naturiol yn
meddu grym yn erbyn yr athrawiaeth o anfar-
woldeb Rhaid chwilio am sicrwydd o anfarwol-
deb dyn mewn cyfeiriad arall. Er fod Natur
yn awgrymu yn gryf nad ydym i edrych ar y
Creawdwr fel plentyn yn adeiladu ty o goed er
mwyn y boddhad i'w fwrw i lawr; ac er fod y
ddamcaniaeth ddadblygiadol yn cryfhau yr ym-
resymiad am sefyllfa o anfarwoldeb, eto nid yd-
yw eu tystiolaeth yn ddigon cref, goleu, ac an-
sigledig fel ag i godi y pwnc i dir sicrwydd di-
ameuol. Ond y mae Cristionogaeth yn ei godi
i dir sicrwydd diameuol Y mae yr athrawiaeth
o anfarwoldeb yn rhan hanfodol o'r gyfundrefn
o wirionedd a sefydlwyd gan Waredwr y byd.
Gadewch i ni droi at ddysgeidiaeth yr "Hwn a
ddygodd fywyd ac anfarwoldeb i oleuni"

II Sylwn ai neilduolrwydd dysgeidiaeth yr
Arglwydd Iesu ar anfarwoldeb dyn.

"Yr hwn a ddygodd fywyd ac anfarwoldeb i
oleuni trwy yr efengyl" Wrth hyn ni olygwn
mai Iesu Grist oedd cyntaf i ddysgu fod dyn

15

yn anfarwol, a bod sefyllfa ddyfodol o gosb a
gwobr yn ei aros y tu draw i angeu. Na, mor
foreu a dyddiau Job, cawn fod dynion yn credu
mewn bodolaeth sefyllfa ddyfodol, ac nad oedd
dyn yn darfod yn angeu. Dywedai Job ei fod yn
dysgwyl gweled Duw, nid yn ei gnawd, ond heb
ei gnawd, yn ol y Cyfieithiad Diwygiedig. Dys-
gwyliai y cai weled Duw ar ol iddo gael ei ddi-
osg o'r corff. Yn nyddiau ein Gwaredwr, chwi
a gewch fod y grediniaeth hon yn rhan o ffydd
genedlaethol Israel Teimlai y Phariseaid mor
eiddigeddus dros yr athrawiaeth hon, fel y
gwrthodent mewn dygasedd bob syniad croes
iddi. Yn mha beth bynag yr oeddynt yn cyi-
eiliorni yn eu duwinyddiaeth, yr oeddynt yn
iach yn y ffydd ar yr athrawiaeth hon Dysgent
fod y drwg-weithredwyr yn ymgladdu yn Ge-
henna, a bod y da yn esgyn i Baradwys; y naill
i ddyoddef, a'r llall i fwynhau, eto golygent nad
oedd Gehenna a Paradwys ond dwy ran o'r un
byd, sef y byd anweledig. Yn namreg y goludog
a Lazarus, chwi a gewch fod Iesu Grist yn def-
nyddio geiriau ei gydwladwyr ar yr athraw-
iaeth hon, ac yn derbyn eu syniadau. Galwai
uffern yr annuwiol yn Gehenna, a nefoedd y

cyfiawnion yn Baradwys a mynwes Abraham,
a bod y naill le yn ngolwg y llall, yn rhanau o'r
un sefyllfa, a dim ond gagendor yn eu gwahanu
Fel hyn, nid Iesu Grist a ddygodd yr athraw-
iaeth hon i oleuni am y tro cyntaf; ond y
meddwl yw ei fod wedi taflu y fath ffrwd o ol-
euni ar natur a chymeriad y sefyllfa ddyfodol,
fel ag i'w chodi allan o fyd y cysgodion a'r
dychymygion, i'r goleuni diameuol Yn ngol-
euni ei ddysgeidiaeth ef yr ydych mor sicr fod y
nefoedd yn bod fel gorphwysfa y saint, a bod
gwlad Canaan mewn bod, yn llwch yr hon yr
argraffodd y tragwyddol Fab ôl ei droed pan
yn myned i adgyfodi Lazarus o hûn marwol-
aeth. Ond gadewch i ni edrych ychydig yn
fanylach eto ar ddull Iesu Grist yn dysgu y
gwirionedd hwn

1. Dysgai anfarwoldeb dyn trwy ei gymeryd
yn ganiataol; yn wirionedd nad oedd un ameu-
aeth yn ei gylch.

Cyfeiriai y gwirionedd hwn, fel pob gwirion-
edd arall, at allu ysbrydol ei wrandawyr i dder-
byn gwirioneddau ysbrydol. Gan fod dyn yn
meddu greddfau ysbrydol gall dderbyn gwir-
ioneddau ysbrydol a gweledigaethau goruwch-

naturiol   Am y rheswm hwn gall dderbyn trwy
ffydd wirioneddau nas gall eu hamgyffred a'u
deall.   Y mae sicrwydd ffydd yn beth mor wir-
ioneddol i'r enaid o bethau ysbrydol a sicrwydd
gwybodaeth wyddoregol o bethau naturiol.   Am
y rheswm hwn nid yw Iesu Grist yn amcanu
ond unwaith yn unig ymresymu ar y pwnc;
cymer y pwnc yn ganiataol am   fod dyn yn
cario yn ei fynwes ei hun dystiolaeth reddfol i'w
anfarwoldeb.   Onid yw hon   yn ddadl gref?
Onid yw y ffaith ynddi ei hun fod Iesu Grist
yn cymeryd y gwirionedd hwn yn ganiataol, yn
profi ei fod ef ei hun yn ei gredu?   Heblaw
hyn, adeilada ei ddysgeidiaeth am athrawiaeth-
au eraill ar yr athrawiaeth hon   Pa ddyben
fuasai i'r ymgnawdoliad, i'w farwolaeth iawn-
ol, i'w adgyfodiad, os nad yw dyn i fyw byth?
Pa ddyben fuasai ei argymell i fyw yn sanctaidd,
ac i barotoi erbyn dyfodiad Mab y dyn, os nad
oes sefyllfa ddyfodol?   Ni buasai ond gwawd-
iaeth ac ynfydrwydd i'r Iesu ei   hun ddweyd
oddiar y groes, "I'th ddwylaw di, O Dad, y
cyflwynaf fy ysbryd," os nad yw enaid dyn yn
parhau tu draw i angeu.   Fel hyn y mae y syn-
iad o anfarwoldeb yr enaid yn cael ei ddysgu fel

y syniad am fodolaeth Duw, trwy ei gymeryd yn
ganiataol. Y mae yn beth digon naturiol gofyn, O ba le y derbyniodd hwn ei awdurdod i
lefaru mor benodol a diameuol ar barhad bodolaeth dyn? Onid allai yntau fethu? A chaniatau
ei fod y dysgawdwr perffeithiaf a fu ar y ddaear, ac wedi llefaru ar bob pwnc fel un yn ei
ddeall oll, onid allai yntau fethu wrth lefaru ar
hwn? Na, cofiwch hyn. Nid Iuddew ieuanc
deallgar ydvw hwn, wedi cymeryd rhan o
dduwinyddiaeth ei oes i'w gredo, ond Mab Duw
—un sydd yn gallu dweyd. "Myfi yw yr adgyfodiad a'r bywyd " Dyma un sydd yn llefaru am
y nefoedd fel ei gartref Dyma dystiolaeth llygad-dyst am dragwyddoldeb. Ymddiriedwn yn
ei dystiolaeth, a chredwn ei eiriau

2. Yn nysgegidiaeth yr Iesu y mae anfarwoldeb
yn golygu mwy na thragwyddol barhad

Nid yw Iesu Grist yn defnyddio y gair anfarwoldeb gymaint ag unwaith Yr oedd yn air
rhy wael ganddo ef i'w ddefnyddio wrth lefaru
am barhad dyn, oblegid nid yw yn golygu dim
mwy na pheidio marw Y gair a ddefnyddir
gan Iesu Grist pan yn llefaru am ddyfodol y
saint ydyw bywyd tragwyddol. Golyga y gair

bywyd fwy na pheidio marw—bodolaeth fyw.
nwyfus, i weithredu ac i fwynhau. Nid ydyw
Iesu Grist yn sefydlu anfarwoldeb ar gymeriad
dyn; hyny yw, nid y dyn sanctaidd yn unig sydd
yn anfarwol, ond yn ansanctaidd hefyd; "Canys
hwy a ant i gosbedigaeth dragwyddol;" ond y
rhai sydd wedi credu ynddo sydd yn meddu
bywyd. Yn ngolwg y dysgawdwr dwyfol hwn
nid ydyw anfarwoldeb dyn annuwiol yn beth i'w
chwenych o gwbl. Gorfod parhau mewn ym-
wybyddiaeth o'i fodoloaeth y mae yr annuwiol,
"a digofaint Duw yn aros arno ef." "Da fuasai
i'r dyn hwnw pe nas ganesid ef." Y mae y syn-
iad o dragwyddol barhad i ddyn annuwiol yn
ofnadwy, yn ngolwg un sydd yn berffaith adna-
byddus o'i ddyfodol; "yno y bydd wylofain a
rhincian danedd;" "fe'm poenir yn y fflam hon."
Ond ar y llaw arall, os wedi credu yn Mab Duw,
gwyn dy fyd. Gwyn fyd y dydd y'th anwyd
arno, os wyt ti wedi dy ail eni, canys nis gall
tafodau dynion nac angylion fynegu cyfoeth yr
etifeddiaeth sydd yn gorwedd yn y gair bywyd.
"Bywyd tragwyddol a etifedda efe;" bywyd yn
ei lawn ystyr; bywyd yn ei holl deimladau, ei
gyfleusderau, ei ryddid a'i fwynhad; bywyd o

gynydd mewn gwybodaeth a sancteiddrwydd
am byth. Yn awr, heb y pryder lleiaf, egyr Iesu
Grist Baradwys o'n blaen, a theifl ddrws teml
Duw yn y nef yn agored Nid naid i dywyllwch
ydyw marw dyn duwiol, ond myned o un ys-
tafell i vstafell arall well yn nhŷ ei Dad. Nid
ydyw y nefoedd mwyach yn gorwedd yn y cys-
godion a'r tywyllwch, nac yn fyd heb ei archwil-
io. Yn ei eiriau, yn ei ddysgeidiaeth, yn ei ad-
gyfodiad o feirw, ac yn ei esgyniad, wedi dwyn
bywyd ac anllygredigaeth i oleuni. Bu cyfandir
Affrica, ac yn enwedig calon y wlad, yn dywyll
iawn am oesau lawer. Wrth edrych ar y map-
iau o Affrica tua deng mlynedd ar hugain yn ol,
nid oeddym yn cael ond ychydig o enwau ar
hyd ymylon y cyfandir, a'r gair "anwybyddus"
wedi ei argraffu mewn llythyrenau breision ar
ei ganol Gorweddai ei mynyddoedd a'i dyff-
rynoedd, ei llynoedd a'i hafonydd, ei choedwig-
oedd a'i hanifeiliaid, yn nghyd a dull y trigol-
ion o fyw yn y tywyllwch Ond ymgymerod 1
teithiwr anturiaethus ag agor y ffordd drwy
galon y "Cyfandir Tywyll." Mesurodd uchder
ei fynyddoedd, maint ei lynoedd mawrion, a hyd
ei afonydd cryfon, a mynegodd i ni am ddyff-

rynoedd a chocdwigoedd y wlad, a dull y trigol-
ion o fyw. Dygwyd y "Cyfandir Tywyll" i ol-
euni. Yr oedd y byd a ddaw yn fyd tywyll, hyd
yn nod i saint yr Hen Destament, ond y mae
Iesu Grist wedi agor llwybr goleu trwy ei galon,
fel y mae rhai o honoch yn gwybod mwy am y
nefoedd, ac am fywyd ei phreswylwyr, nag yd-
ych yn ei wybod am Affrica. "Yr hwn a ddyg-
odd fywyd ac anllygredigaeth i oleuni trwy yr
efengyl."

3 Nid yn unig y mae Iesu Grist wedi dwyn
bywyd ac anllygredigaeth i oleuni, ond y mae ef
ei hun yn engraifft ac yn gynllun o fywyd yr
adgyfodiad.

Y mae hyn yn beth pwysig Tra y mae Natur
dyn yn ei awgrymu, a gair Duw yn ei addaw,
dyma engraifft o'r bywyd hwnw yn yr Iesu ei
hun. Ar ddydd Nadolig, mewn rhai o eglwysi
Ewrop, gellwch weled dwy fflam yn nesau at eu
gilydd i ganol yr allor, ac yno yn uno a'u gil-
ydd yn un fflam ddysglaer. Arwyddluniau ydyw
y fflamau hyny o'r natur ddynol a'r natur ddwyf-
ol, y rhai a unwyd a'u gilydd drwy yr ymgnawd-
oliad Yr un modd gyda golwg ar anfarwoldeb
dyn. Ar un llaw yr oedd y dyhead am anfarwol-

deb yn llosgi fel fflam yn y fynwes ddynol trwy
yr oesau; ac ar y llaw arall yr oedd tystiolaeth
y Beibl yn llosgi fel fflam loew a chynes o fodol-
aeth sefyllfa ddyrodol; ond yn nysgeidiaeth Iesu
Grist, ac yn enwedig yn ei adgyfodiad, ymun-
odd y ddwy fflam yn nghyd. Yn ei angeu agor-
odd ffordd i wlad y bywyd, a chymerodd y lleidr
edifeiriol i mewn yno gydag ef Boreu y tryd-
ydd dydd daeth yn ol ar hyd yr un ffordd; safai
yn fyw ar lan y bedd, llefarai wrth ei ddysgybl-
ion yn engraifft o fywyd ac anllygredigaeth.
"Yr hwn wyf fyw ac a fum farw, ac wele byw
ydwyf yn oes oesoedd, ac y mae genyf agoriad-
au uffern a marwolaeth." Cysyllta dy hun ag ef,
yr hwn yw yr adgyfodiad a'r bywyd, ac yna bydd
bywyd tragwyddol yn eiddo i ti fel y mae yn
eiddo iddo ef.

PREGETH XI

DEDDF CYD-DDYLYNIAD.

Na thwyller chwi, ni watwarir Duw, canys beth bynag a hauo dyn, hyny hefyd a fed efe. Oblegid yr hwn sydd yn hau i'w gnawd ei hun, o'r cnawd a fed lygredigaeth; eithr yr hwn sydd yn hau i'r Ysbryd, o'r Ysbryd, a fed fywyd tragwyddol —Galatiaid vi 7, 8

Y mae yr egwyddor a osodir i lawr gan Paul yn y geiriau hyn yn fawr a phwysig; ac fel pob egwyddor fawr, gellir edrych arni mewn mwy nag un goleuni, a'i chymwyso at wahanol ran-au o'r greadigaeth. Gelwir hi yn "ddeddf y cynauaf ysbrydol;" neu, a defnyddio gair diw-eddar, yn "ddeddf cyd-ddylyniad y bywyd moes-ol" (the law of moral continuity). Y gwirionedd sydd yn gorwedd yn y ddeddf hon, a'r gwirion-edd ag y mynai yr Apostol i'r Galatiaid sylwi a'no ydyw hwn: fod egwyddor yn bod ag sydd yn sicrhau parhad didor yn natur y bywyd y mae dyn yn ei fyw yn y byd hwn, a'i fywyd a'i sefyllfa yn y byd a ddaw. Nid yn unig mynegir yma fod gweithredoedd dyn, da neu ddrwg, yn cadarnhau ac yn parhau y duedd sydd yn rhoi bod iddynt, ac y bydd ein bywyd yn y byd a ddaw yn dyfiant o'r bywyd presenol; ond y bydd y gosb a'r wobr yn y sefyllfa ddyfodol yn dyfod i'n rhan, nid fel gosodiad penarglwyddiaethol o eiddo Duw, eithr fel canlyniad naturiol ac an-ocheladwy ein bywyd yn y byd hwn. Fel y mae y presenol i ddyn yn gasgliad o'r gorpheol; neu fel y mae gwenith yn tyfu o wenith, neu ddrain yn dyfod o ddrain; yr un modd, yn ol y ddeddf hon, bydd ein gwae neu ein gwynfyd yn ganlyniadau naturiol ein bywyd ar y ddaear. "Canys beth bynag a hauo dyn, hyny hefyd a fed efe." Dyma ddeddf natur, a dyma hefyd ddeddf llywodraeth foesol Duw. Yr ydym yn ngafael y ddeddf hon bob eiliad, a byddwn yn ei gafael am byth .

Nid meddwl diweddar ydyw hwn Y mae lliai yn barod i offrymu anrhegion, aur, thus, a myrr ar allor y "meddwl diweddar." Y meddwl diw-eddar yn wir! Pa le y mae? Pwy a roddodd fod iddo? Pa beth a olygir wrtho? Nis gall gynwys crynodeb o athrawiaethau newyddion— duwinyddol, athronyddol, neu wyddonol. Nis gall olygu parhad a chadwraeth egnion natur, neu sefyllfa o brawf tuhwnt i angeu, neu ddadblygiad. Parhad a chadwraeth egnion natur yw hyn gwenith a gynyrchir gan wenith, drain a gynyrchir gan ddrain, llysieuyn a gynyrchir gan lysieuyn, anifail gan anifail, er dechreuad y greadigaeth. Dadblygiad ydyw hyn: y mae hedyn yn cynyrchu ei ryw ei hun, pob anifail yn cynyrchu ei ryw ei hun, a'r oll o honynt yn cadw yn eu dadblygiad eu hunrhywiaeth, a hyny o dan ddylanwad deddf parhad a chadwraeth eg· nion natur. Pa beth sydd yn ddiweddar yn hyny? Hen ddeddfau yw y rhai hyn sydd yn gweithredu o ddechreuad y greadigaeth hyd yr awr hon. Os oes rhyw ystyr i'r frawddeg "modern thought," nis gall olygu dim mwy na'r golygiad a gyraeddir ac a lunir gan ddyn am y prawfion, y drychfeddyliau, yr egwyddorion, a'r deddfau a ddygir yn barhaus i'w sylw mewn hen ddadguddiad neu mewn hen greadigaeth. Canfod dadguddiad newydd mewn hen ddadguddiad, cloddio allan ddrychfeddyliau newyddion o hen ddrychfeddyliau Duw, dyma eithaf terfyn a gallu dyn. O! y fath fwynhad a dderbynir gan ddyn pan yn meddwl ei fod wedi cael drychfeddwl newydd, neu wedi gwneyd darganfyddiad newydd! Llosga fel mar-

woryn gloew ar allor ei ysbryd, gan luchio gol-
euni hyd at luniau cerubiaid, y rhai sydd ar leni
ei sancteiddiolaf ef. Yn awr, nid yw yr efeng-
yl yn rhyddhau dyn oddiwrth Ddeddf Cyd-
ddylyniad; nid yw yn dinystrio, eithr yn ei chad-
arnhau hi. Deddf y cynauaf ysbrydol yw iod y
drwg yn gynyrch y drwg; ac nas gall y drwg
na'r da ddiflanu, ond rhaid y bydd yn dylanwadu
ac yn rhoddi ffurf ar ein dyfodol. Er fod medd-
ylwyr er's miloedd o flynyddau yn ol wedi gwel-
ed ac wedi sylwi ar ddeddf cyd-ddylyniad yn y
byd moesol, fel y cawn sylwi yn miaen, eto
rhaid addef mai yn yr oes hon y talwyd sylw ar-
benig iddi! Fel y mae y gwyddonydd yn
treiddio yn ei ymchwiliadau i'r greadigaeth fat-
erol ac elfenol, canfydda ddeddf cyd-ddylyniad
yn ymweithio i'r golwg yn mhob rhan o honi,
ac yn dal ei gafael yn mhob peth; ac y mae yn
awgrymu, ar yr egwyddor o gyfatebiaeth, ei bod
yn treiddio trwy y byd moesol ac ysbrydol Yn
awr, os gellir dangos fod deddf cyd-ddylyniad yn
bod, ac yn llywodraethu yn y byd moesol ac
ysbrydol, fel y mae yn bod ac yn llywodraethu
yn y byd materol, dengys i mi, nid yn unig fod
gwcbr a chosb, yn ol natur bywyd dyn yn an-

ocheladwy, ond hefyd pa fath wobr a pha fath gosb sydd yn ei aros "Canys pa beth bynag a hauo dyn, hyny hefyd a fed efe"

Edrychwn ar yr athrawiaeth a ddysgir i ni gan y ddeddf hon.

I. Dengys Deddf Cyd-ddylyniad y bydd cysylltiad didor rhwng ein bywyd yn y byd hwn a'n sefyllfa ddyfodol, fel y mae cysylltiad rhwng yr hyn a hauir a'r hyn a fedir. "Canys beth bynag a hauo dyn, hyny hefyd a fed efe"

Amlwg yw fod y gair "hau" yma yn golygu holl weithrediadau dyn yn eu perthynas â'u canlyniadau mewn ad-daliad. Ac y mae y gair "medi" yn cyfeirio at y dyfodol; nid y dyfodol yn y byd hwn. Gellir cymwyso yr egwyddor hon, mae'n wir, at lawer o bethau a ddygwyddant i ni yn y bywyd hwn; ond nid hyn sydd mewn golwg gan yr Apostol yn y geiriau hyn. Cyfeirir at yr egwyddor hon yn fynych yn y Beibl, a chan ysgrifenwyr paganaidd. Yr oedd yn anmhosibl i feddylwyr, y rhai a sylwent ar weithrediad y teimlad moesol fel prif weithredydd yn y bywyd dynol, fethu a gweled fod rhinwedd yn gwobrwyo ei hun a phechod yn cosbi ei hun "Hyd y gwelais," meddai Eliphas, cyfaill Job, "y rhai a

arddant anwiredd, ac a hauant ddrygioni,a'u med-
ant " "Y neb a hauo anwiredd a fed flinder,"
medd Solomon. "Ei anwiredd a ymchwel ar ei
ben ei hun, a'i draha a ddisgyn ar ei gopa ei
hun." Pedwar cant o flynyddoedd cyn y cyfnod
Cristionogol, mynegai un o'r Groegiaid nad
oedd dim yn dra-arglwyddiaethol, dim yn bleid-
iol yn nghosbau Duw, ond eu bod oll yn un-
iawn ac yn ol deddf "Yr hwn sydd yn dyfeisio
drygioni a orchfygir gan ddrygioni." "Tra y
bydd Duw yn llywodraethu, deil y ddeddf yn
dda, mai yr hyn a wna dyn, dyna hefyd a ddy-
oddefa." "Nid yw dyn ar bob moment o'r
presenol ond canlyniad ei weithredoedd yn y
gorphenol," medd Buddha. Mynai ef nad oedd
tynged person unigol yn dibynu mewn un modd
ar fwriad galluoedd uwch, ond yn ganlyniad ei
weithredoedd ef ei hun—yn ffrwyth ei hau Yr
unig iachawdwriaeth, neu foddion iachawdwr-
iaeth i ddyn, ag y gwyddai ef am dano oedd,
ymryddhau oddiwrth hunanoldeb a chanlyniad-
au cnawdolrwydd. "Ymatal oddiwrth bob pech-
od," ymarfer a phob daioni, a darostwng y nwyd-
au; hyn, yn ol yr hen reolau, oedd athrawiaeth
Buddha. Oddiwrth yr ymadroddion hyn, a'u

cyffelyb, gwelwn fod y meddwl dynol wedi cael
gafael yn yr egwyddor a ddysgir yn y testyn, a
hyny y tuallan i ddylanwad y Beibl Nid eg-
wyddor a ddysgir gan y Beibl yn unig, na chan
Gristionogaeth, ydyw fod tragwyddoldeb dynion
yn cael ei benderfynu gan eu gweithredoedd.
Nid trwy ddadguddiad y derbyniodd Paul hi;
nid ydyw ef yn gwneyd dim mwy na rhoddi sel
ysbrydoliaeth wrth un o brif egwyddorion natur.
Cofiwn mai dysgeidiaeth natur, yr hon sydd yn
derbyn sel dwyfol ysbrydoliaeth yn y Gair ydyw,
fod cosb a gwobr yn ganlyniadau naturiol byw-
yd pob dyn ar ei ben ei hun, ac nid rhywbeth a
osodir arno trwy ymyriad awdurdodol o eiddo
Duw Llenwir yr enaid am byth â gofid neu à
llawenydd, yn ol ei ansawdd foesol, ac yn ol ei
weithredoedd mewn amsêr, a hyny yn ol y
ddeddf ddidor sydd rhwng achos ac effaith.
"Beth bynag a hauo dyn, hyny hefyd a fed efe."

1. Dengys y ddeddf hon yn mhellach y bydd
y gosbedigaeth, neu y wobr, yn ateb i natur y
bywyd a'r gweithredoedd a gyflawnwn.

Y mae y cynauaf yr un o ran natur a'r hadau
a hauwyd. Nid yw efrau yn cynyrchu gwenith,
na gwenith yn cynyrchu efrau, ond pob hedyn

yn cynyrchu ei ffrwyth ei hun. Gwelir yr un eg-
wyddor yn rhedeg trwy ein holl amgylchiadau.
Onid yw diwydrwydd yn tueddu i gynyrchu cyf-
oeth masnachol? Llafur deallol yn cynyrchu
llwyddiant meddyliol? Nis gall cyfoeth gyn-
yrchu gwybodaeth a dysgeidiaeth. Mae pob
cangen yn dwyn ei ffrwyth ei hun, a hynw yn ol
ei natur. Yn ol natur pethau, rhaid i'r un ach-
os gynyrchu yn wastad yr un effeithiau. Nid
oes eithriad i'r ddeddf hon. Sicrheir i ni gan
sefydlogrwydd natur, y bydd i fath neilldrol o
fywyd ar y ddaear gael ei ddylyn gan wobr neu
gosb neillduol yn ol natur y cyfryw fywyd. Yr
un pryd, dylem gofio hyn. nid ydym i olygu fod
bywyd moesol plentyn yn barhad o fywyd moes-
ol ei rieni. Er y gellir dweyd fod hedyn yr un
anwiredd ynddo ef ag sydd yn ei rieni, eto nid yw
yr hedyn hwnw yn dadblygu ei hun yn yr un
ffurf ynddo ef ag ynddynt hwy, a hyny am ei fod
yn berson unigol, yn achos newydd, ac yn cy-
meryd cyfeiriad newydd a neillduol iddo ei hun.
O herwydd hyn y mae yn gyfrifol am ei ymddyg-
iadau; yn dwyn ei faich ei hun; yn medi ei gyn-
auaf ei hun. Bydd y wobr neu y gosb yn dyfod
16

i'w ran, a hyny trwy drefniad Duw, mor naturiol
a gweithrediad deddf hau a medi.   Dichon y
gall dyn osgoi canlyniadau ei bechod yn y bywyd
yd hwn.   Gall y diotwr osgoi effeithiau y gwlyb-
yron meddwol am dro trwy nerth cyfansoddiad;
ond nis gellir osgoi canlyniadau ysbrydol pech-
od, ond yn unig trwy edifeirwch a maddeuant.
Trwy ddyoddef y bydd dynion yn medi-- yn y
ffurf fydd pechod wedi roddi ar gyfansoddiad yr
enaid, yn ffurfiad mewnol eu cymeriad—y pech-
od a hauwyd gan ddyn, yr un math yn hollol o
bechod, yr un un ag a hauwyd y bydd Duw, y
Barnwr cyfiawn, yn gwneuthur cyfiawnder trwy
roddi i bob un yn ol ei weithredoedd.   Os bydd
cosbedigaeth· ychwanegol i hyn ar bechod, bydd
yn gynwysedig mewn hunan-ffieiddiad, gan
ofid mewnol, yn codi-o'r ymdeimlad o u sefyll-
fa, yr hon sydd yn gwrthdaro yn erbyn trefn y
llywodraeth ddwyfol, ac oddiwrth y syniad o'r
hyn a allasent fod.   Bydd y gosb yn cyfateb i
natur neillduol y trosedd   Dyma yw dysgeid-
iaeth deddf cyd-ddylyniad, "Canys beth bynag
a hauo dyn, hyny hefyd a fed efe."

2. Yr ydym yn gweled, o ganlyniad, yn ngol-
euni y ddeddf hon, y bydd Duw yn cosbi pob
dyn yn ol ei gymeriad.

Nid yn ol ei ymddangosiad, nid yn ol ei bro-
ffes, nid yn ol ei weithredoedd eithriadol, eithr
yn ol ei gymeriad Pa le bynag, pa bryd bynag,
pa fodd bynag y gweinyddir y farn ar ddyn,
bydd yn ol ei gymeriad gwirioneddol   Onid yw
y gwirionedd hwn mor oleu yn y Beibl, ac yn
cyfeirio mor uniongyrchol at ein rheswm, fel
mai diangenrhaid yw i mi draethu arno. Dysg
eidiaeth y Beibl a rheswm ar hyn ydyw, y bydd
y farn derfynol ar gymeriad pob dyn yn sylfaen
edig ar berthynas foesol yr enaid â Duw. Y
prawf terfynol ar ein cymeriad, nis gall fod un
arall y tu hwnt iddo, fydd ein perthynas foesol ni
â Duw. Anmhosibl yw rhoddi barn gyfiawn ar
ddyn ar gyfrif un berthynas ddiacarol y saif yn-
ddi; oblegid nis gellir cael ond rhan o hono yn-
ddi; ond y mae perthynas y galon â Duw yn
cynwys ei holl gymeriad moesol ef   Ac yn y
dydd diweddaf, pan y bydd Duw oll yn oll, a
phan y bydd ein holl hanes ninau wedi ei ddir-
wyn i fyny i farn derfynol, o dan oleuni dwyfol
perffaith, y pryd hwnw, i'r graddau y byddwn
mewn perthynas foesol dda â Duw, y galon wedi
ei sancteiddio, yr enaid wedi ei lenwi â goleuni
dwyfol, tynir ni i undeb agosach â Duw, neu

ynte, bydd ein hanwiredd yn ein gwrthdaflu oddi-wrtho.   Bydd pob un o honom yn canfod ei le ei hun yn ol natur ei gymeriad moesol.

3. Byddai yn briodol i ni sylwi a chofio yn wastad fod gweithrediad y ddeddf hon yn gyff-redinol.

"Ei llinyn a aeth trwy yr holl ddaear," ac nid ymgudd dim oddiwrth ei dylanwad. Pan y mae deddf natur yn cosbi ei throseddwyr, y mae ei chosb yn eu hanghymwyso i ddyoddef; wrth ddyoddef lleiheir y gallu i ddyoddef, fel y maent trwy farwolaeth yn myned o afael y ddeddf a'i chosbedigaeth.   Ond am y ddeddf foesol, nid yw dyoddef ei chosb hi yn lleihau y gallu i ddy-oddef.   Dyma hanfod y farwolaeth foesol.   Nis gall un creadur moesol fyw am foment y tu allan i ataelion deddf ad-daliad.

Pa fodd y gall troseddwr y gyfraith foesol, tros-eddwr o ddeddf ei natur ei hun, ddysgwyl am ddyfodol dedwydd? Gwrthdarawiad rhwng rhin·wedd a bai sydd yn cyfansoddi holl ystormydd y llywodraeth foesol.   Dywed rhai mai yr achos o'r "tornadoes" dinystriol, y rhai sydd yn ymwel-ed â rhanau o'n gwlad bob blwyddyn, ydyw fod dau gwmwl—un poeth, yn llawn o oxygen, a'r

llall yn oer, yn dyfod i gyffyrddiad a'u gilydd
Fel y maent yn dyfod yn agosach at eu gilydd,
dechreua y cwmwl trydanol luchio mellt allan
o'i odreu i galon y cwmwl oer. Ac wedi iddynt
ddyfod yn ddigon agos at eu gilydd, ymlapia y
cwmwl oer fel gwisg am galon y cwmwl poeth,
yr hwn sydd yn symud yn ei flaen gyda chyflym-
der digofus, gan greu dinystr yn ei ffordd. Pa
fodd bynag am gywirdeb yr esboniad hwn, digon
i mi yw dweyd yma, mai y gwrthdarawiad rhwng
rhinwedd a bai sydd yn achosi holl ystormydd
llywodraeth foesol Duw. Tra y bydd gorsedd-
fainc Duw yn gartref cyfiawnder a barn, a thra
y bydd troseddau yn cymeryd lle yn y livwod-
raeth, fe wel y troseddwr, fel y gwelodd Ioan yn
ei weledigaeth, fellt yn fflachio allan o'r orsedd-
fainc. Na feddyliwch mai "false alarm" i ateb
i ryw ddybenion cyfnodol ydyw yr athrawiaeth
am gosbedigaeth ddyfodol yr annuwiol; nid
rhywbeth ag y gellwch ei thaflu ymaith fel hen
ddodrefnyn i'r attic. Na, tystiolaeth y Beibl a
thystiolaeth natur ar hyn ydyw, y "bydd i bob
trosedd ac anufudd-dod" dderbyn cyfiawn a
chyflawn daledigaeth. Cyn y gall troseddwr y
gyfraith fod yn ddedwydd yn y byd a ddaw,

rhaid newid dau beth—holl gyfansoddiad y llyw-
odraeth foesol, a chyfansoddiad moesol dyn ei
hun. Os ydyw hyn yn beth anmhosibl; os ydyw
yn beth afresymol dysgwyl i hyn gymeryd lle
byth; yna, rhaid, yn ol cyfansoddiad llywod-
raeth Duw, ac yn ol cyfansoddiad natur y dyn
ei hun, y daw yr anghredadyn i gyfarfod tymestl
fawr, ystorm nad aiff byth drwyddi.

Wrth i mi adael y mater yn y ffurf yma arno,
y mae genyf awydd gwasgu yr ystyriaeth at
feddwl y darllenydd, y bydd y cynauaf yn y byd
a ddaw o'r un ansawdd a chymeriad a'r hyn a
heuir genym bob dydd; ie, a'r hyn ydym yn ei
hau yma a fedir yno "Canys beth bynag a hauo
dyn, *hyny* hefyd a fed efe "
"Our deeds still travel with us from afar,
And what we have been make us what we are."

II. Sylwn ar y ddau fath o gynauaf a nodir yn
Neddf Cyn-ddylyniad. "Oblegid yr hwn sydd
yn hau i'w gnawd ei hun, o'r cnawd a fed lygred-
igaeth, eithr yr hwn sydd yn hau i'r Ysbryd,
o'r Ysbryd a fed fywyd tragwyddol."

Dau ddosbarth o hauwyr sydd yn y byd hwn,
sef y rhai sydd yn hau i'r cnawd a'r rhai sydd yn
hau i'r Ysbryd—dyma yr oll; ac y mae pawb o

honom yn perthyn i'r naill neu y llall o honynt. Dau ddosbarth fydd yn medi hefyd, a bydd pawb o honom yn cymeryd ein lle gyda'r naill neu y llall o'r medelwyr.

1. "Yr hwn sydd yn hau i'w gnawd ei hun, o'r cnawd a fed lygredigaeth;" neu fel y cyfieithir y gair mewn lle arall, a fed ddinystr

Wrth y cnawd y golygir y cyflwr di-aileneolig —pob gweithred ag sydd yn meddu perthynas a boddhad chwantau y natur amanol. Yr hwn sydd yn hau i'r cnawd ydyw yr hwn sydd yn "rhodio yn ol y cnawd," yr hwn sydd yn "medd-wl pethau y cnawd." "Yn synied pethau daear-ol," yn cyflawni "dymuniadau y cnawd a'r medd-yliau," "yr hwn sydd yn defnyddio ei aelodau yn arfau anghyfiawnder i bechod"—a "fed lygred-igaeth." Yr ydym yn gweled megys cwr bych-an o faes y cynauaf yn y byd hwn. Yr ydym yn gweled fod meddwdod yn dwyn ei druem, diogi ei dlodi, balchder ei waradwydd, bywyd aflan ei gondemniad, a gwrthodiad o Dduw, ei gredin-iaeth mewn celwydd. Ond nid yw hyn oll ond rhan o'r cynauaf. Yn mlaen y mae y cynauaf mawr! Dibyna y dyfodol ar y gorphenol a'r presenol, a hyny yn ol deddf achosiaeth. Nis

gellir gosod allan mewn geiriau y syniad yn eg-
lurach fod ein hymddygiadau bob dydd yn ffurf-
io ein tragwyddol dynged Bydd ein dyfodol
yn ganlyniad naturiol ein bywyd yma. Yn sicr,
yr ydym yn rhy dueddol i golli golwg ar y gwir-
ionedd hwn, a thybied fod cosbedigaeth yr an-
nuwiol, fel etholedigaeth gras, yn ganlyniad gos-
odiad penarglwyddiaethol o eiddo Duw, ac nid
yn ganlyniad bywyd dyn ar y ddaear. "Na
thwyller chwi," canys yn ngoleuni yr egwyddor
o gyfatebiaeth sydd rhwng y naturiol a'r ys-
brydol, ac yn ol Gair Duw, gwelwn fod y medi
yn ateb i'r hau mewn natur a graddau. "Yr hwn
sydd yn hau i'r cnawd a fed lygredigaeth."

Wele ein dyfodol yn codi yn naturiol, fel r
nodasom, o'r gorphenol. Dyma ydyw y ddedci
gyffredinol Os gofynwch chwi pa beth sydd yn
rhoddi esboniad—yr unig esboniad ar sefyllfa
bresenol y ddaear yn naturiol, cymdeithasol a
moesol—yr atebiad yw, y gorphenol Onid yw
y dygwyddiadau mawrion a gymerasant le yn
hanes y ddaear, yn anianyddol, i'w gweled arni
yn awr? Pe buaswn yn gallu eich arwain trwy
y cyfnodau mawrion a gymerasant le yn hanes y
ddaear, mynad trwy y naill gyntedd ar ol y llall,

nes eich dwyn i'r cysegr mewnol, buasech yn
gweled Duw yno yn eistedd megys yn nghanol
deddiau ac egnion natur, a phob un o honynt
yn myned ac yn dyfod,, yn rhedeg ac yn gweith
io wrth ei ewyllys ef, nes dwyn y ddaear i drefn.
Os treiddiwch chwi yn ddigon pell yn ol, chwi
a gewch y ddaear fel pe buasai llinyn annhrefn
wedi ei estyn arni Nid oedd dim i'w glywed
ond swn rhuadau cynyrfus ei ffwrneisiau tanllyd,
yn y rhai y bu ei defnyddiau yn ymferwi, yn ym-
rwygo, yn ymluchio, yn ymwahanu ac yn aduno.
Yn y man, yn unol a deddf natur, dechreuodd
oeri. Ffurfiwyd ei chreigiau, y rhai a orwedd-
ent ar eu gilydd fel plyg llyfr O dan symudiad
yr Ysbryd dwyfol ar y dyfroedd, daeth asgwrn
at ei asgwrn; ac yn y man daeth arnynt giau a
chroen. Dyna fywyd yn gosod ei droed i lawr
fel morchwyn yn y dyfroedd cynes; ac fel yr ang-
ylion ar ysgol Jacob, parhaodd i esgyn i fyny yn
y naill gyfnod ar ol y llall nes cyraedd dyn, uch-
der llwch y byd, pan y penderfynodd y Gweith-
iwr Dwyfol i roddi delw ei natur foesol ei hun
yn addurn ar fywyd y greadigaeth. Fel hyn, nid
ydyw sefyllfa bresenol y ddaear ond cynauaf y
gorphenol. Yn y dull hwn y rhaid i ni edrych ar

waith Duw mewn Rhagluniaeth fel un gwaith mawr o'r dechreu i'r diwedd. Y mae y presenol yn ffrwyth y gorphenol, ac yn cynwys hadau y dyfodol. Wel, y mae yr Apostol yma yn cymwyso yr un ddeddf at gynauaf yr anghredadyn a'r credadyn Bydd ein coso neu ein gwobr yn ol ein hau.

"Y mae bywyd dyn fel y flwyddyn gron," medd yr hen athronydd Plato. Mae ganddo amser hau, amser tyfu, amser dyfrhau ac amser cynauaf Amser hau ydyw hi arnom ni heddyw. Dyma ein gwanwyn ni. Byddwn yn dechreu medi cyn hir. Cofiwch nad oes un cyfnewidiad moesol i'w ddysgwyl yr ochr draw i angeu. Beth bynag fydd agwedd foesol yr enaid yn angeu, gyda'r agwedd hono y bydd yn dechreu i hedeg ei yrfa dragwyddol. Wedi i ni unwaith groesi y lein rhwng amser a thragwyddoldeb, bydd cyfnewidiad moesol yn anmhosibl. "Yr hwn sydd yn anghyfiawn, bydded anghyfiawn eto; yr hwn sydd frwnt, bydded frwnt eto." O! ddyn, os byddi di farw heb gael maddeuant o dy bechodau; os byddi di farw ar ol hau i'r cnawd, bydd cynllun llywodraeth Duw wedi newid cyn y byddi di wedi newid dy gynauaf. "A fed lygredigaeth." Dyma ddeddf cyd-ddylyniad; dyma y ddeddf y mae dy fywyd yn ei gafael bob eiliad. A ddymunech chwi gael myned o afaelion y ddeddf hon? A ddymunech chwi gael myned yn rhydd oddiwrth ganlyniadau eich bywyd pechadurus? A ddymunech chwi gael myned yn dragwyddol rydd oddiwrth y medi ofnadwy hwn, "llygredigaeth?" Gall Duw eich rhyddhau chwi heddyw, gall dori y cysylltiad rhyngoch chwi, sydd wedi bod yn hau am y darn goreu o'ch oes i'r cnawd, a'ch cynauaf trwy y Gwr a fu yn medi cynauaf eraill. Medi cynauaf eraill yr oedd y Sanct a'r Cyfiawn pan yr oedd ing ddirwasgol ei cnaid glân yn gweithio ei waed yn ddefnynau o'i gorff. Medi ein cynauaf ni yr oedd efe pan y taflodd y cwestiwn hwnw i wyneb ffurfafen ddu, "Fy Nuw, fy Nuw, paham y'm gadewaist?" Ond ein gorfoledd ni yw hyn· gail Duw ein rhyddhau oddiwrth ganlyniadau ein bywyd pechadurus ar sail yr hyn a wnaeth ef

2. Y cynauaf arall yw gwynfyd plant Duw.

"Eithr yr hwn sydd yn hau i'r Ysbryd, o'r Ysbryd a fed fywyd tragwyddol." Bydd ei wobr yn dyfod yn ciddo i'r credadyn, nid yn ol gras eithr yn ol gweithredoedd, yn ol deddf cyd-

ddylyniad. Trwy ras yr ydym yn cael ein hach-
ub. "Nid trwy weithredoedd cyfiawnder, y rhai
a wnaethom ni, yr achubodd efe nyni." Gras
sydd yn achub; ond bydd y wobr yn y dyfodol
yn ganlyniad naturiol hau i'r Ysbryd. "Fithr yr
hwn sydd yn hau i'r Ysbryd," hyny yw i'r Ys-
bryd Glan Efe sydd yn gofalu am yr had.
Dyma i chwi faes toreithiog i daflu eich hadau
iddo, "hau i'r Ysbryd." Os ydyw y saint ar
brydiau yn cael tywydd blin i hau, yn nghanol y
gwynt a'r ddrychin, cant well hin i fedi—"medi
mewn gorfoledd." "A'r hwn sydd yn dyfod a
ddaw mewn gorfoledd, dan gludo ei ysgubau.'
Byddwch yn helaeth yn eich gweithredoedd da.
Byddwn yn helaeth yn ein cyfraniadau crefyddol.
Cyfranu at gynal gweinidogion yr efengyl sydd
yn cael ei alw yn y fan hon yn "hau i'r Ysbryd.'
Bydded i ni hau mor wastad ag sydd yn bosibl,
oblegid y cynauaf yr ydym ni yn ei hau a fedir
genym—"A fed fywyd tragwyddol." Nid a fed
anfarwoldeb a ddywedir, a hyny am y rheswm
fod anfarwoldeb yn etifeddiaeth trwy greadig-
aeth i ddynion ac i angylion. i'r duwol ac i'r an
nuwiol Bodl byddwn! Ond y mae bywyd
tragwyddol yn nodwedd ar anfarwoldeb y saint

—anfarwoldeb mewn bywyd ydyw. Anfarwoldeb mewn llawn feddiant o b ,b peth ag sydd yn gwneyd bywyd yn ddedwydd, yn ddifyr, yn ddigrif. "Digrifwch tragwyddol sydd ger ei fron ef." Nid yw bywyd tragwyddol y saint yn dibynu ar ewyllys da Duw ei hun Nid wyf yn meddwl y cyfeiliornwn pe y dywedwn fy mod yn meddwl y gallai Duw ddifodi yr annuwiol, am fod ei anfarwoldeb fel creadur yn dibynu yn hollol ar ewyllys da y Duw a'i dygodd ef i fod Ond nid yw anfarwoldeb dedwydd y saint yn dibynu ar ewyllys Duw, a hyny am ei fod wedi myned i gyfamod a'i Fab A dyma addewid fawr y cyfamod hwnw, "Y rhoddai eie iddynt fywyd tragwyddol" Fel hyn y mae cymeriad y Duwdod fel ceidwad cyfamod a bywyd tragwyddol y saint wedi eu cylymu a'u gilydd. Gredadyn, yr hwn sydd yn hau i'r Ysbryd, cyll Duw Dad ei gymeriad fel ceidwad cyfamod a'i Fab cyn y colli di dy wobr.

Yn awr, wrth derfynu, rhaid i mi ddwyn ar gof i chwi un syniad arall sydd yn y testyn, a r hwn a ddysgir gan y ddeddf sydd yn sicrhau y berthynas rhwng yr hau a'r medi. Y mae y medi, y cynauaf, yn lluosogiad ar yr hau. Yr hyn a hauir sydd yn ffrwytho, peth ar ei ganfed, arall ar ei driugeinfed, ac arail ar ei ddegfed ar hugain. Dyma ddeddf natur, onide? Dyma ddeddf y cynauaf ysbrydol hefyd, yn ei wobr ac yn ei gosb. Yn wir, rhydd Paul sel dwyfol ys- brydoliaeth wrth y ddeddf hon pan y dywed, "Yr hwn sydd yn hau yn brin, a fed hefyd yn brin; a'r hwn sydd yn hau yn helaeth a fed hefyd yn helaeth" Nid yn unig bydd y cynauaf yn lluosogiad ar yr hyn a hauwyd, ond bydd y llu- osogiad yn ol y cyfartaledd. Saint llesg a di- egni, diofal a musgrell, na feddyliwch am ioment y cewch chwi fwynhau nefoedd y gweithiwr ffyddlon. Ni bydd eich hau yn caniatau i chwi y fath gynauaf. Bydd y medi mewn mwynhad yn ateb i'r hau, yn ol deddf natur ac yn ol tyst- iolaeth Gair Duw, fel sel ar dystiolaeth deddf cyd-ddylyniad

PREGETH XII.

YMYRIADAU DWYFOL A NATUR MEWN ATEBIAD I WEDDI.

Llefarodd Jcsua wrth yr Arglwydd y dydd y rhoddodd yr Arglwydd yr Amoriaid o flaen meibion Israel, ac efe a ddywedodd yn ngolwg Israel, O haul, aros yn Gibeon, a thithau, leuad, yn nyffryn Ajalon A'r haul a arosodd, a'r lleuad a safodd, nes i'r genedl ddial ar eu gelynion Onid yw hyn yn ysgrifenedig yn llyfr yr uniawn? Felly yr haul a safodd yn nghanol y nefoedd, ac ni frysiodd i fachludo dros ddiwrnod cyfan. Ac ni bu y fath ddiwrnod a hwnw o'i flaen ef, nac ar ei ol ef, fel y gwrandawai yr Arglwydd ar lef dyn, canys yr Arglwydd a ymladdodd dros Israel.—Josua 10 12—14.

Rhyfel-gan ydyw y testyn, yr hon a gyfansoddwyd gan ryw fardd anysbrydoledig ar yr amgylchiad o fuddugoliaeth Israel ar bum brenin cyngreiriol y Canaaneaid, a'r hon a ddyfynwyd gan Josua o lyfr Jaser. Yn y rhyfel-gan dygir ni i ganol trwst a bloeddiadau y rhyfelwyr; ac i sefyll yn nghanol ffrydiau o waed y rhai a gochent wyrddlesni y ddaear ar lethrau bryniau Gibeon, ac ar hyd dyffryn Ajalon Gwaed, gwaed, sydd yn y golwg yn mhob cyfeiriad, a'r awyr yn cael ei rhwygo gan ddolefai y clwyfedigion.

Brwydr fawr ydoedd hon. Yr hyn ydyw brwydr Gettysburg i'r Americaniaid, neu Waterloo i'r Saeson, dyna ydoedd brwydr dyffryn Ajalon i'r Israeliaid. Mynegir yn y benod hon fod dan ymyriad dwyfol wedi cymeryd lle yn mhlaid y genedl yn ystod y frwydr. "Yr Arglwyddd a fwriodd arnynt hwy geryg mawrion o'r nef hyd Azecah; a buont feirw; amlach oedd y rhai a laddwyd gan y ceryg cenllysg na'r rhai a laddodd meibion Israel â'r cleddyf." Yr ail ymyriad ydoedd, i'r haul a'r lleuad sefyll nes i'r genedi ddial ar eu gelynion Gan mai barddoniaeth yw y geiriau, nid ydym i'w deall yn llythyrenol, hyny yw, fod yr haul a'r lleuad wedi sefyll, mwy nag yr ydym i ddeall yr hyn a ddywedir mewn rhyfel-gan arall, fod y ser yn ymladd yn eu graddau dros Israel Nid iaith gwyddoniaeth ydyw, ond iaith barddoniaeth yn rhoddi mynegiad o sefyllfa pethau fel yr ymddangosent i'r synwyrau. Y mae rhai dyddiau yn y flwyddyn pan y mae yr haul a'r lleuad yn ymddangos yn y ffurfafen ar unwaith. Ac ni bu y fath ddiwrnod a hwnw o'i flaen ef, nac ar ei ol ef, fel y gwrandawai yr Arglwydd ar lef dyn." Gwelir ar unwaith fod yr ymyriadau dwyfol hyn â threfn Natur yn cael eu priodoli iel atebiad i weddi Josua.

Efallai nad oes un angylchiad o ymyriad goruwchnaturiol ag y teimlir cymaint o anhawsder i'w esbonio a hwn, yn neilldual gan resymolwyr ac ameuwyr. Onid ydych wedi sylwi y fath ofn sydd gan rai gwyddonwyr yn ein hoes, yn enwedig y rhai hyny ag sydd yn caru cael eu galw yn specialists, i ganiatau gormod o ryddid i'r Duwdod? Nid hwn ydyw yr unig engraifft o ymyriad dwyfol â deddfau y goleuni. Onid ydych yn cofio am y tywyllwch dudew a fu yn gorwedd ar ran o wlad yr Aifft, tra yr oedd goleuni ar y rhan arall o honi, sef yn nhai plant Israel yn Gosen. Ar un llaw, nid oes yr un gwirionedd yn cael ei ddysgu yn egluraeh yn y Beibl na bod Duw yn ymyryd a threfn Natur, a hyny yn fynych mewn atebiad i weddi. Onid ydym yn cofio am weddi Elias, pan y cauwyd y nefoedd am dair blynedd a chwe mis? "Ac efe a weddiodd drachefn, a'r nefoedd a roddes wlaw." Mewn atebiad i weddi holltwyd mor trwy ei galon am filldiroedd o led, trowyd yr afon yn ol, a'r graig yn llyn dwfr, a'r gallestr yn ffynon o

17

ddyfroedd; diffoddwyd angerdd y tân, cauwyd safnau llewod, dychwelodd y cysgod ar ddial Ahaz yn ei ol ddeg o raddau, yn arwydd o estyniad pymtheg mlynedd yn oes brenin duwiol, safodd yr haul a'i lleuad yn eu gyrfa, ac agorwyd pyrth tragwyddoldeb i ollwng eneidiau yn ol i amser. Ar y llaw arall, haera rhai gwyddonwyr fod peirianwaith Natur yn gyfryw fel mai ynfydrwydd o'r mwyaf ydyw credu yn ngwirionedd y pethau hyn. Nid yw Natur yn gwneyd un math o wahaniaeth rhwng y gweddiwr a'r diweddi; yr un dygwydd sydd i'r naill a'r llall. Ac nid yw yn beth tebyg y bydd i Greawdwr Natur, ei ddeddfau, a'i phedair egni a thriugain, ymyryd a'i drefniadau ei hun mewn atebiad i weddi. Mynir genym gredu fod y syniad o unffurfiaeth Natur, a sefydlogrwydd deddf par had (law of continuity) yn gwrthdaro pob syniad am un math o ymyriad goruwchnaturiol mewn atebiad i weddi Fel hyn y lleferir gan lawer. Dichon y dylwn ddweyd hefyd fod tôn rhai ameuwyr gwyddonol yn newid ychydig yn y dyddiau diweddaf hyn. Yn gymaint a bod y fath ddarganfyddiadau wedi eu gwneyd i ddirgelion Natur yn y blynyddoedd hyn, addefa rhai gwyddonwyr Agnosticaid yn awr, fod yr holl wyrthiau a gyflawnwyd erioed yn bosibl trwy weithrediad elfenau Natur ei hun, ac nid trwy ymyriad goruwchnaturiol. Yn y dull hwn, a un awdwr yn mlaen i esbonio y gwyrthiau a gyflawnwyd yn yr Aifft, heb gymaint a chydnabod bys Duw Onid yw rhai esbonwyr diweddar, yn enwedig yr Uchel Feirniaid, yn rhy barod i ollwng eu gafael o'r goruwchnaturiol, a rhoddi y ffordd o flaen pob damcaniaeth wyddonol, rhag ofn iddynt gael eu cyfrif ar ol yr oes? Dywed un o'r dosbarth hwn gyda golwg ar dywyllwch yr Aifft, a'r goleuni yn Gosen, ac am y mynegiad sydd yn y testyn fod yr haul a'r lleuad wedi sefyll, nad oedd yn y naill amgylchiad na'r llall yn golygu yr ymyriad lleiaf a threin reolaidd Natur. Y goleuni oedd yn Gosen, meddai ef, ydoedd y golofn niwl a thân a fu yn arwain Israel yn yr anialwch; a'r golofn hon a aeth dros yr Iorddonen o'r anialwch, ac a safodd uwchben Gibeon a dyffryn Ajalon Os felly, pa fodd y rhoddir cyfrif am y tywyllwch teimladwy oedd yn gorwedd ar y rhan arall o'r Aifft? Neu pa fodd, os oedd trefn Natur yn gweithio yn rheolaidd, yr oedd Josua a meibion Israel yn gweled yr haul yn aros heb fachlud?

Fel y dywedwyd, nid oes yr un gwirioned l yn cael ei ddysgu yn eglurach yn y Beibl na bod Duw yn ymyryd ag achosion, egnion, a deddfau Natur, a hyny mewn atebiad i weddi ei bobl. Ac efallai na byddai yn anfuddiol i ni ymhoii yn fanylach pa fodd y saif y mynegiadau ysbrydoledig hyn â mynegiadau y wyddoniaeth fwyaf ymddiriedol. Wrth i ni gychwyn, y mae un peth yn sicr, hyny yw, nis gallwn wrthod tystiolaeth y Beibl ar hyn heb wrthod ei ddwyfol ysbrydoliaeth. A yw tystiolaeth y Beibl ar hyn, a thystiolaeth gwyddoniaeth brofedig, mor bell oddiwrth eu gilydd ag y mynir i ni weithiau gredu eu bod? Onid yw haeru nad yw Duw byth yn ymyryd ag achosion, egnion, a deddfau Natur, yn hollol anwyddonol? A ydym i olygu fod Duw yn newid ei blaniau mewn atebiad i weddi? Gadewch i ni gymeryd hamdden i ateb y cwestiynau hyn.

I. A yw tystiolaeth y Beibl a thystiolaeth gwyddoniaeth mor bell oddiwrth eu gilydd ag y mynir i ni gredu eu bod?

Nid wyf yn tybied eu bod mewn un modd. Y cwestiwn anhawddaf i'w benderfynu gan rai o arweinwyr ac amddiffynwyr y syniad o ddad-

blygiad ydyw hwn. A ydym i dybied fod y
Duwdod, neu os myner, yr "Anolrheinadwy"
yn ymyryd yn barhaus â Natur, yn ei hegnion
a'i deddfau? A yw y dadblygwyr, y rhai sydd
yn dysgu y syniad am sefydlogrwydd unffurf
Natur, yn dyfod i wrthdarawiad ag athrawiaeth
fawr y Beibl am ragluniaeth ddwyfol? Pa fodd
bynag y saif eu credo am y Beibl, y mae un peth
yn eglur, nas gallant hwy ddal y syniad o ddad-
blygiad yn ei ffurf mwyaf materolaidd, heb
ddysgu fod holl gwrs yr ymweithiad dadblygiad-
ol yn effaith ymweithiad cyson rhyw allu anol-
rheinadwy. Y mae gwadu ymyriad cyson rhyw
allu â Natur yn anwyddonol. Nid yw Mr.
Spencer, ac eraill, yn dewis dweyd beth ydyw
natur y gallu anwybodadwy hwn, pa un ai gallu
ysbrydol, ai materol ydyw Dysgir ni nad oes
un symudiad yn cymeryd lle trwy holl Natur
yn annibynol ar y gallu hwn. Fel hyn, ynte, y
mae ymyriad y gallu hwn (gellwch ei alw yn
Dduw os mynwch) nid yn unig yn beth posibl,
ond yn beth hanfodol angenrheidiol. Heblaw
hyn, nid yw yr ymyriadau dwyfol hyn yn gyf-
yngedig i un oes yn hanes y ddaear, a'r greadig-
aeth oll, ond amlygant eu hunain yn mhob oes

a chyfnod; hyny yw, nid yr ymyriad cyson, ar bob foment, a feddylir, ond yr ymyriadau mawrion a neillduol.

Pan y mae yr awrlais yn taro y mae yn newid ei awr, ac y mae yn taro deuddeg ddwywaith, onid yw? bob pedair awr ar hugain Y mae awrlais arfaeth y Duwdod hefyd yn taro ar ddechreuad cyfnodau pwysig, a phan yn taro newidir yr awr, neu y cyfnod. Yr ydych wedi sylwi, efallai, fod yr ymyriadau dwyfol a gwythiol yn cael eu cyflawni bob amser ar adegau pwysig. Yn llyfr Genesis, am gyfnod o ddwy fil o flynyddoedd, nid ydym yn cael hanes am un wyrth wedi ei chyflawni trwy offerynoliaeth dyn. Ond pan yr oedd awrlais yr arfaeth ddwyfol yn newid ei hawr, ar fynediad Israel o'r Aifft, yr oedd yn taro nes yr oedd deddfau Natur yn plygu yn mhob cyfeiriad; y dyfroedd yn troi yn waed, y mor yn agor, y gallestr yn rhwygo ac yn bwrlymio afon o ddyfroedd gloewon fel y grisial o'i mynwes, y nefoedd yn gwlawio bara angylion. Os cyfrifwch chwi yr ymyriadau dwyfol hyn yn hanes plant cyfamod Abraham, chwi a gewch, yr wyf yn tybied, fod awrlais yr arfaeth wedi taro deuddeg yn llawn. Gallwn

weled yr un peth yn hanes bywyd yr Arglwydd
Iesu a sefydliad Cristionogaeth Ond nid yn
hanes yr eglwys ac yn hanes y ddynoliaeth y
cymerodd yr holl ymyriadau dwyfol hyn le. Nis
gall gwyddoreg roddi rheswm am fodolaeth ped-
air ffaith sylfaenol yn hanes ffurfiad y greadig-
aeth, sef dechreuad symudiad, tarddiad bywyd,
gweithrediad y greddfau anifeilaidd, ac ym-
ddangosiad dyn, ond yn unig trwy dybio ymyr-
iad dwyfol neillduol. Bu adeg, medd y gwydd-
onydd, yn hanes defnydd y greadigaeth, pan nad
oedd un gronyn yn symud, ond yn awr, dywed-
ir nad oes un gronyn yn gorphwys. O ba le y
daeth y pedair atom a thriugain sydd yn perthyn
i fater? Nid ydynt byth yn cynyddu, byth yn
lleihau. Nis gall y fferyllydd eu dinystrio na
newid eu natur. Y maent fel nwyddau y llyw-
odraeth â *stamp* y llywodraeth ar bob un o hon-
ynt, ac nis gellir eu newid. Trwy undeb y rhai
hyn a'u gilydd, eu dylanwad ar eu gilydd, y
ffurfiwyd, meddir, yr holl greadigaeth. Pa fodd
y daethant i fod? neu pa fodd y cynysgaeddwyd
hwy â gallu symudol? Neu meddyliwch am y
dirgelwch rhyfeddol a elwir bywyd, yn nghyfoeth
ei amrywiaeth, yn mhrydferthwch ei liwiau, yn

neillduolrwydd ei reddfau. Pa fodd y daeth r dirgelwch hwn i fod? Pwy a luniodd yr hedyn cyntaf? neu pwy a ffurfiodd yr wy cyntaf? Pwy a roddodd fod i gant a deg ar hugain o wahanol rywogaethau yn hanes y ddaear? Pwy a luniodd eu cyfansoddiad cywrain, ac a roddodd fod i'w natur a'u greddfau? Neu meddyliwch drachefn am ddyn, Pa fodd y dygwyd ef i fod? Pan y dygwyd ef i fod chwanegwyd gallu newydd yn y greadigaeth—gallu ysbrydol, bod hunanymwybodol, un yn teimlo ei fod yn gyfrifol am ei ymddygiadau i fôd uwch, un yn gallu ymresymu, cynyddu mewn gwybodaeth, ac olrhain hanes ei fywyd ei hun. Yn wir, syniad y gwyddonwyr a'r prif athronwyr ydyw fod y teimlad o hunan-ymwybyddiaeth, ac o gyfrifoldeb gan ysbryd rhydd, yn profi ei bôd yn greadigaeth ar ei phen ei hun. Dyn ydyw y canolbwynt—yr *ultima thule*, y meddwl creadigol. Y mae pob enaid yn greadigaeth neillduol o eiddo y Duw anfeidrol—pob enaid yn undod personol newydd yn y greadigaeth, fel nas gellir trosglwyddo y Myfi hwn fel etifeddiaeth oddiwrth y rhieni i'r plant Nid oes dim ond corff dyn wedi ei ymddiried i ail achosion; y mae ei fodolaeth ysbrydol yn greadigaeth uniongyrchol o eiddo Duw.

Fel hyn, trwy y ffeithiau a ddygir i'r golwg gan wyddoreg ddiweddar, y rhai a brofir yn y modd manylaf, argreffir y syniad yn ddyfnach, ddyfnach, ar feddwl yr ymchwilydd, fod yr ymyriadau mawrion a nodwyd yn hanes cynydd y greadigaeth yn ymyriadau uniongyrchol o eiddo y Creawdwr, ac nid yn effeithiau ail achosion. Os ydyw wedi ymyryd o dro i dro ag achosion a deddfau y greadigaeth heb eu dinystrio, paham nad all wneyd yr un peth mewn atebiad i weddi ei bobl? Cydnabyddaf fod Duw yn awdwr trefn yn mhob ystyr, yn cael ei lywodraethu gan egwyddor ac nid cymhellion, yn llywodraethu yn ol deddf, ac nid damwain. Yn mhob man yn ei lywodraeth amlygir trefn, cydunedd, a chyfartaledd. Edrychwch i'r man y mynoch, ac nis gellwch lai na gweled fod llaw anfeidrol rhagluniaeth yn cario ei gweithrediadau yn mlaen yn ol deddf. Ond nid yw y deddfau hyn yn ataliad i weddi, oblegid nid ydyw deddfau Natur yn ddim amgen nag ewyllys Duw i bethau fod fel y maent. Llwybrau ar hyd y rhai y mae egnion naturiol yn rhedeg ac yn gweithio ydyw deddfau Natur.

Yn y fan hon yr ydym yn dyfod i gyffyrddiad a chwestiwn arall. A chaniatau fod y Duw mawr yn ymyryd ag egnïon a deddfau Natur, pan yn perffeithio ei gynllun yn y greadigaeth, a ellir dysgwyl iddo mewn atebiad i weddi ymyryd ag amgylchiadau personau unigol? Onid yw yr unigol yn ymgolli o'r golwg yn nghanol y gweithrediadau dwyfol cyffredinol mewn Natur? Onid yw goleuni yr haul yn etifeddiaeth gyffredinol i bob bôd, ac i bob byd yn y gyfundrefn heulog? Onid yw yr awyr, yn yr hon yr ydym yn byw, yn symud a bod yn eiddo cyffredinol? Ydynt Yr un modd am elfenau eraill Natur. Ac y mae y greadigaeth mor eang fel y cymerodd ddeng niwrnod i'r Arglwydd Iesu yn ei esgyniad, a hyny mewn corff ysbrydol, gyraedd i nefoedd y gogoniant Pan y meddyliwn am fawredd y greadigaeth, peth naturiol ydyw meddwl fod yr unigol yn ymgolli yn y cyffredinol, fel diferion o wlaw yn y mor. Eto iaith y Beibl, ac iaith gwyddoniaeth ydyw, fod y Creawdwr dwyfol yn sylwi gyda'r manylrwydd mwyaf ar yr unigol. "Oni chlyw yr hwn a blanodd y glust, oni wel yr hwn a luniodd y llygad?" "Ystyriwch lili y maes; ystyriwch y brain."

Onid Creawdwr y greadigaeth fawr a wisgodd y lili yn harddach nag yr oedd Solomon yn ei ddillad goreu? Onid efe sydd yn porthi a'lar y nefoedd? Dywed Iesu Grist fod ei Dad yn sylwi mor fanwl ar bersonau unigol, fel nad oes un blewyn o'u gwallt yn troi yn wyn yn annibynol ar ei wybodaeth ef. Y mae y Duw a luniodd y cylch sydd yn llygad y gwybedyn mor berffaith a modrwyau Iau a Sadwrn, yn sylwi gyda'r manylrwydd mwyaf cysegredig ar fanylion eich bywyd a'ch amgylchiadau chwithau. Yn wir, gallwn dybied mai nid mewn creu rhyw gorff anferth o fater y mae ei hyfrydwch penaf ef, eithr mewn creu greddfau, creu pen i ddyn, yr hwn sydd yn fwy o wyrth na'r holl greadigaeth faterol yn nghyd, a chreu ei ewyllys, yr hon sydd yn ddigon cref a rhydd i dori pob deddf yn y byd naturiol a moesol. Dyma y Duw sydd yn gogwydd ei glust i wrando ar lef ei blant pan alwant arno ef Y mae hyn yn ein harwain at yr ail gwestiwn.

II. Onid yw gwadu nad ydyw Duw yn ymyryd a deddfau Natur mewn atebiad i weddi yn hollol anwyddonol?

Yr wyf yn ateb y cwestiwn hwn yn gadarnhaol Ac nis gallaf lai na synu fod llawer o'r rhai hyny sydd yn treulio eu hoes ichwilio i mewn i egnion Natur yn colli eu golwg ar y ffaith fwyaf pwysig a dyddorol, sef y dadguddiad a roddir gan Natur ei hun fod ei hegnion yn effeithio yn barhaus ar eu gilydd, y naill yn gorchfygu y llall, a thrwy hyny yn achosi y cyfnewidiadau mwyaf yn ei harddangosion. Onid yw hyn oll yn wybyddus, nid yn unig i'r gwyddonydd, ond i'r sylwedydd symlaf ar Natur? Cymer y cyfnewidiadau mwyaf le o'n hamgylch trwy ymyriad egnion naturiol ar eu gilydd, a thrwy 'r naill orchfygu dylanwad y llall, eto nid ydynt yn difodi eu gilydd, nac yn cynyrchu annhrefn. Nodaf yma rai engreifftiau i brofi hyn Edrychwch ar y llysiau a'r coed; pa beth ydyw eu defnyddiau? Dim ond gwyneb y ddaear yn benaf wedi ei godi i fyny gan yr egwyddor fywydol, a hyny trwy orchfygu dros amser ddeddf dysgyrchiad Yn ddiweddar yr oeddwn yn edrych ar balas o wydr wedi ei lenwi â dwfr gloew fel y grisial Buasai deddf dysgyrchiad yn gwasgu y palas gwydr yn falurion pe na buasai fod deddf crystaleiddiad, yr hon a ddaliai y gronynau gwydr yn nghyd, yn gryfach na'i dylanwad. Dyma un

o fasnachwyr y ddinas hon yn cyfeirio i'w gar-
tref ar ol cyflawni gwaith y dydd, ac y mae pob
cam y mae yn ei roddi yn ei ddwyn ef yn nes at
ei deulu. Ond edrychwch ar yr un masnachwr
wedi cymeryd llong yn y porthladd yna, yr hon
sydd yn hwylio i'r mor; sylwch arno yn cerdded
yn gyflym o ben blaen y llong i gyfeiriad ei
gartref, ond bob cam y mae yn ei roddi y mae
yn pellhau oddiwrth ei gartref Paham? Ani ei
fod wedi myned i afael gallu arall, ac yn ngafael
y gallu hwnw y mae wedi colli hyd yn nod
rhyddid ei ewyllys dros amser. Onid yw Natur yn
llawn o engreifftiau cyffelyb? Gall y plentyn godi
ei fraich i fyny yn erbyn deddf dysgyrchiad, a'i
dal i fyny dros amser, am fod y nerth sydd yn ei
ewyllys ef yn gryfach na'r ddeddf. Yr un modd
yn hollol, gall haiarn nofio ar wyneb y dwfr, am
fod ewyllys Duw hollbresenol o dano Nid oes,
mi dybiaf, fwy o ddirgelwch yn y naill nag yn
y llall. A chyda golwg ar yr ymyriadau
gwyrthiol y cyfeirir atynt yn y Beibl, mewn ateb-
iad i weddi, y maent yn bethau mor naturiol i
ewyllys Hollalluog, yr hon sydd yn preswylio
bob moment yn nghanol peirianwaith Natur,
ag ydyw i ddyn symud ei gorff mewn ufudd-dod
i gymellion ei ewyllys.

Heblaw hyn, onid yw dyn trwy nerth ei ewyll-
ys, nid yn unig yn darostwng mater, nid yn un-
ig yn ei gorff, ond yn darostwng holl egnion
Natur at ei wasanaeth? Trwy nerth ei ewyllys
gall adeiladu cartref iddo ei hun o ddefnyddiau
y greadigaeth, yn faterol ac yn fywydol; gall
agor ffordd i fasnach trwy galon y mynyddoedd
cedyrn, a danfon ei feddyliau ar hyd gwaelodion
y moroedd dyfnion, a throi mellt y nefoedd i
redeg ei gerbydau. Ac os gall dyn wneyd v
pethau hyn, a llawer mwy, trwy nerth ewyllys,
a hyny heb greu yr annhrefn lleiaf, onid all Duw
wneyd yr un peth? Ai Duw ydyw yr unig un
sydd wedi rhwymo ei ddwylaw â deddfau fel nad
all ateb "llef dyn" pan yr ewyllysia efe wneyd
hyny? A yw Natur, tra yn agor ei dorau a'i
dirgelion o flaen ewyllys dyn, yn eu cau o flaen
ewyllys Duw? Yn wir, nis gall y gwyddoreg-
wyr ganiatau y fath ryddid i ewyllys y creadur
i ymyryd ag achosion a deddfau y greadigaeth,
a gwadu y posibilrwydd hwn i'r ewyllys ddwyfol,
a bod yn gyson a hwy eu hunain. Ar dir gwydd-
oreg, os addefir y naill, rhaid addef y llall hefyd.

O'r holl adroddiadau a geir yn y Beibl am ym-
yriad Duw â threfn Natur mewn atebiad i weddi,

nid oes yr un ag yr ymosodir yn llymach arno
na'r adroddiad yn y testyn, fod yr haul a'r lleu-
ad wedi sefyll. Haerid yn chwerthinllyd fod y
fath beth yn anmhosibl. Ond dywed y Prof. O.
M. Michell, un o'r awdurdodau uchaf ar y mater
hwn, y gallesid estyn hyd y dydd mewn dwy
ffordd, sef trwy atal ychydig ar gylchdro v
ddaear ei hun, neu trwy ddirwasgiad yr awyr-
gylch mewn trefn i gynyrchu adlewyrchiad yr
haul. Gall dyn trwy nerth ewyllys atal symud-
iadau peirianau ar dir a mor, ac onid allai ew-
yllys Duw atal symudiadau y ddaear am ychyd-
ig amser nes i'w bobl etholedig orchfygu eu
gelynion? Ond y mae hyn yn ein harwain at y
trydydd cwestiwn.

III. A ydym yn cael lle i gasglu fod Duw yn
newid ei fwriadau mewn atebiad i weddi?

Hwn ydyw y cwestiwn anhawddaf ei ateb. Y
mae esbonwyr y Beibl a duwinyddion yr eglwys
wedi bod yn ymdrechu â'r cwestiwn hwn cyn
geni gwyddoreg. Hen athrawiaeth yn nghredo
yr eglwys er's oesoedd ydyw unffurfiaeth a sef-
ydlogrwydd Natur. A yw bwriadau y Duw yn
Dri yn Un wedi eu llunio mor berffaith a manwl
yn nhragwyddoldeb fel nad ellir dwyn i fod un

math o gyfnewidiad, gwelliant, neu feddwl new-
ydd? A chaniatau fod ei ymyriadau â Natur, y
rhai a geir yn y Beibl, yn wirionedd, onid oedd-
ynt yn ddalenau yn y bwriad tragwyddol? Yr
atebiad a roddir gan dduwinyddion i'r cwestiwn
hwn ydyw trwy ddweyd fod Duw wedi rhagwel-
ed gweddiau ei bobl, a bod y weddi a'r atebiad
yn ddolenau yn nghadwen yr arfaeth dragwydd-
ol. Nid wyf yn gwybod am un gyfundrefn yn
dyfod yn agosach at y syniad hwn na chyfun-
drefn ddadblygiadol Herbert Spencer. Yn
nghadwen ei ddadblygiad ef, nid y naill ddolen
sydd yn rhoddi bod i'r agosaf ati, eithr rhyw
allu anwybodadwy sydd yn rhoddi bod i'r holl
ddolenau. Nid yw dadblygiad ond angenrheid-
rwydd heb ryddid, yr hwn sydd yn codi o natur
y gallu sydd yn dadblygu. Ond yn ol syniad
duwinyddiaeth Gristionogol, ac yn ol mynegiad-
au y Beibl, dysgir ni fod dau allu mawr yn
gweithredu, y rhai a ymddangosant yn groes i'w
gilydd, sef rheidrwydd a rhyddid. Pa fodd y
gellir dal, ar un llaw, sefydlogrwydd Natur, ac
ai y llaw arall, ryddid a chyfrifoldeb dyn?
Dyma un o'r dirgelion sydd wrth wraidd ein
personoliaeth. A charwn argraffu ar eich medd-

wl mai nid yr atebiad i'r weddi, nid ei chanlyn-
iadau, ydyw y peth pwysicaf o lawer i berthyn
iddi, ond y weddi ei hun. Y peth uchaf, cyntaf,
a phenaf mewn gweddi ydyw cymundeb medd-
wl y gweddiwr â Duw. Yn y cymundeb hwn
bedyddir ysbryd dyn â thonau o ddylanwadau
dwyfol Ond os nad yw y weddi yn ddim ond
dolen yn nghadwen arfaeth dragwyddol Duw;
os yw y weddi a'r atebiad wedi eu rhagordein-
io er tragwyddoldeb, ac o ganlyniad yn rhwym o
gymeryd lle, pa fodd y gwn i fod fy ysbryd mewn
cymundeb â Duw. Nid ydyw yr atebiad a rodd
ir i'r cwestiwn hwn gan dduwinyddion yn sy-
mud yr anhawsder. Nid yw yn cyfarfod a'r
teimlad crefyddol sydd yn nghalon y gweddiwr
—am ei fod yn rhy beirianyddol. Nid y cwest-
iwn yn meddwl y gweddiwr ydyw beth a feddyl-
iodd y Duwdod am dano mewn arfaeth a rhagor-
deiniad, ond beth yw ei feddwl am dano ef yn
awr.

I mi, nid ellir ateb y cwestiwn hwn yn fodd-
haol heb dybied yr hyn nad ydych chwi, efallai.
yn barod i'w dderbyn, sef nad yw y Duw mawr
wedi llunio ei fwriadau yn nhragwyddoldeb di-

18

ddechreu mor fanwl fel nad yw byth yn newid dim arnynt, na byth yn eu gwellhau. Nid yw gwyddoreg na'r Beibl yn dysgu y fath syniad. Tystiolaeth gwyddoreg ydyw ei fod wedi cymeryd miliynau o oesoedd i wellhau arno ei hun. Nid y creaduriaid perffeithiaf a ymddangosasant gyntaf yn hanes y ddaear, ond y rhai mwyaf anmherffaith. Syrthiai y naill rywogaeth ar ol y llall o fodolaeth, a dygid i fodolaeth rywogaethau perffeithiach. Deddf cynydd ydyw deddf y greadigaeth. Ac yn awr pan y trown i'r Beibl dysgir ni yno fod Duw yn newid hyd yn nod ei fwriadau dwyfol mewn atebiad i weddi. Onid yw y ffaith hon yn rhoddi nerth ac egni newydd yn ein gweddiau? Pe buasem yn argyhoeddedig fod pob ochenaid, pob gweddi a deisyfiad, a phob deigryn yn y rhagordeiniad dwyfol cyn bod amser, oni fuasai yn gwywo pob egni i weddio? Y mae y ffaith fod yn bosibl i Dduw newid ei fwriadau, a hyny er ei ogoniant ei hun, ac er llesad ei greaduriaid, yn rhoddi nerth newydd yn ein gweddiau. Y mae y Beibl yn llawn o engreifftiau o hyn Yn Deut ix chwi a gewch fod y Jehofah mawr yn newid ei fwriad dair gwaith mewn atebiad i weddi Moses. Pan wnaeth Is-

rael y llo aur llefarodd yr Arglwydd wrth Moses,
gan ddywedyd, "Gwelais y bobl hyn; ac wele,
pobl war-galed ydynt. Paid a mi, a mi a'u
dystrywiaf hwynt, ac a ddileaf eu henw hwynt o
dan y nefoedd." Bu Moses yn gweddio am
ddeugain niwrnod a deugain nos; "Ni fwyteais
fara, ac nid yfais ddwfr, canys ofnais rhag y
soriant a'r dig trwy y rhai y digiodd yr Ar-
glwydd wrthych i'ch dinystrio chwi. Eto gwran-
dawodd yr Arglwydd arnaf y waith hono hefyd."
Wrth Aaron hefyd y digiodd yr Arglwydd yn
fawr, i'w ddyfetha ef; a mi a weddiais hefyd dros
Aaron y waith hon." Pan y pechodd y genedl
drachefn yn Cades-Barnea trwy wrthod tystiol-
aeth yr ysbiwyr a ddanfonwyd i edrych ansawdd
gwlad yr addewid, penderfynodd Duw yr ailwaith
eu dinystrio, ond safodd Moses ar yr adwy y
waith hon eto. "Mi a syrthiais ger bron yr Ar-
glwydd ddeugain niwrnod a deugain nos, fel y
syrthiaswn o'r blaen; am ddywedyd o'r Ar-
glwydd y dyfethai chwi." Newidiodd y Duw
mawr ei fwriad dair gwaith mewn atebiad i weddi
ei was. Os dywedwch chwi mai iaith ddynol
ydyw hon, yn cael ei chymwyso at Dduw, ac nad
ydym i olygu ei fod ef yn newid ei fwriadau tra-

gwyddol, nid oedd Moses yn credu hyny. Cred-
ai Moses yn syml fod Duw yn penderfynu din-
ystrio y genedl, a chredai hefyd y gallai, mewn
atebiad i'w weddi daer—gweddio am ddeugain
niwrnod, dynu ei fwriad yn ol. Ac felly y bu.
Credai y Gwaredwr yn ngardd Gethsemane, pan
y disgynai y dafnau gwaed o'i gorff i'r barug
gwyn gan ing ei feddwl, y gallai ei Dad newid
ei fwriad, pan y dolefodd dair gwaith, "O Dad,
os yw bosibl, aed y cwpan hwn heibio oddiwrth-
yf." Ni buasai ystyr i'r fath archiad heb i ni
dybied hyn Wrth derfynu, yr wyf yn awyddus
i ail gadarnhau y syniad yn eich meddwl chwi
fod y Duw yr ydych yn galw ar ei enw yn fod
rhydd, yn hunan-ewyllysydd, ac yn feddyliwr.
Ai yn y tragwyddoldeb diddechreu y meddyliodd
y Duw mawr y cwbl? Y mae y meddyliwr yn
ddiddechreu, ond y mae dechreuad i'w feddyliau
—y meddwl am greu, a'r meddwl am achub, ac
y mae yn rhaid fod meddyliau newyddion, a
bwriadau newyddion yn rhedeg trwy ei feddwl
anfeidrol bob moment. Gall newid ei fwriad
mewn atebiad i weddi. Mewn atebiad i weddi
gall peth annhraethol bwysicach gymeryd lle
nag i'r haul a'r lleuad sefyll. Gall gyrfa annuwiol

eich mab neu eich merch gael ei hatal, fel yr ataliwyd ymchwydd yr Iorddonen, nes newid eu tragwyddoldeb ar ei hyd. Pan y daw pob meddyliwr i ddeall yn briodol fod pob enciliad oddiwrth y goruwchnaturiol, yn enciliad hefyd oddiwrth yr hyn sydd yn wir ddynol, bydd y dadleuon gwag yn erbyn gwyrth a gweddi y ffydd yn syrthio i dragwyddol ddystawrwydd.

PREGETH XIII.

Y GORUWCHNATURIOL A GWYDDOREG.

Canys sylfaen arall nis gall neb ei osod, heblaw yr un a osodwyd, yr hon yw Iesu Grist. Eithr os goruwch-adeilada neb ar y sylfaen hon, aur, arian, meini gwerth-fawr, coed, gwair, sofl, gwaith pob dyn a wneir yn am-lwg canys y dydd a'i dengys, oblegid trwy dân y dat-guddir ef a'r tân a brawf waith pawb, pa fath ydyw. Os gwaith neb a erys yr hwn a oruwch-adeiladodd ef, efe a dderbyn wobr. Os gwaith neb a losgir, efe a gaiff golled, eithr efe ei hun a fydd cadwedig, eto, felly, megys trwy dân —1 Corinthiaid 3 11—15

Yn ol gosodiad yr Apostol yn y testyn, yr yd-ym yn gweled fod sylfaen Cristionogaeth wedi ei gosod i lawr, ac nis gellir ei newid. "Canys sylfaen arall nis gall neb ei gosod, heblaw yr un a osodwyd, yr hon yw Iesu Grist." Y tair ath-rawiaeth fawr ag sydd yn gorwedd yn sylfaen Cristionogaeth ydynt ymgnawdoliad tragwyddol Fab Duw, ei farwolaeth ddirprwyol, a bod yn rhaid i ddyn fyned o dan y cyfnewidiad moesol a elwir ailenedigaeth, cyn y gall fod mewn sef-yllfa gymeradwy yn ei berthynas a Duw. Nis gellir cyraedd sicrwydd am yr athrawiaethau hyn trwy y dull casgliadol a ddefnyddir gan wyddoniaeth ac athroniaeth, ond yn unig trwy ddadguddiad uniongyrchol. Am y rheswm hwn saif Cristionogaeth ar ei phen ei hun, fel crefydd oruwchnaturiol yn mysg holl grefyddau y byd Fel y mae yr haul yn sefyll ar ei ben ei hun yn nghanol cyfundraethau y nefoedd, felly hefyd y saif Cristionogaeth ar ei phen ei hun fel crefydd ddadguddiedig yn nghanol holl gyfundraethau crefyddol y byd.

Y syniad arall sydd yn y testyn ydyw hwn: Gall dynion adeiladu ar y sylfaen a osodwyd gan Dduw naill ai aur, arian, meini gwerthfawr, neu gced, gwair a sofl. Pa beth a olygir wrth y tri ffigiwr cyntaf—aur, arian, meini gwerthfawr? Nid cymeriad crefyddol, nid crefydd bersonol gywir; eithr y credo, neu yr athrawaethau a goleddir gan Gristionogion. Os byddant yn adeiladu athrawiaeth iach, yr athrawiaeth sydd yn ôl duwioldeb, ac mewn undeb o ran ei natur a'r sylfaen, fe erys eu gwaith; fe ddeil ddydd y prawf. "Ond os gwaith neb a erys, yr hwn a oruwchadeiladodd ef, efe a dderbyn ei wobr." Os ydyw y syniad hwn yn gywir, fel yr wyf yn credu ei fod, rhaid fod y tri ffigiwr arall—coed, gwair, a sofl, yn golygu credo cymysglyd, athrawiaeth-

au anmhur; eto yn fath o Gristionogaeth, yr
hon sydd wedi ei chymysgu naill ai â phagan-
iaeth, fel athrawiaethau a defodau y Babaeth, neu
ag Iuddewiaeth, yn debyg fel y mae ffurf-wasan-
aeth Esgobyddiaetn, yr hwn sydd yn hollol ar
ddelw ffurf-wasanaeth y synagogau Iuddewig;
neu ag athroniaeth a gwag dwyll. Meddyliwch
am y ffurf sydd ar Gristionogaeth yn y grefydd
Babaidd, yr hon sydd wedi ffosylu er's oesoedd,
neu y ffurf sydd arni mewn Esgobyddiaeth A
ydych yn meddwl pe buasai Mab Duw yn ym-
ddangos heddyw yn y cnawd yn y wlad hon, y
buasai Cristionogion yn mysg gwahanol enwad-
au crefyddol yn barotach i'w dderbyn nag yr
oedd yr ysgrifenyddion a'r Phariseaid yn Israel?
Ni buasai yr eglwys Esgobaethol yn ei dderbyn
na'r eglwys Babaidd, mam puteindra y ddaear,
yn ei dderbyn o gwbl, oddieithr ei fod yn cefnogi
addoliad angylion, saint-addoliad, a'r gyffes-gell.
Ni buasai yr eglwys Esgobaethol yn ei dderbyn
chwaith os buasai yn llefaru yn erbyn Esgob-
yddiaeth. A fuasai y Cristionogion trochyddol
tybed, yn barod i dderbyn Iesu Grist, os na bu-
asai yn cefnogi bedydd trwy drochiad? Chwi a
welwch ar unwaith mai ffurf ar Gristionogaeth

ydyw y pethau hyn. Nid athrawiaethau yn mil-
wrio yn uniongyrchol yn erbyn Cristionogaeth,
ond dynion, hyny yw, Cristionogion yn adeil-
adu â defnyddiau gwaelion o goed, gwair a sofl.
Dywed yr Apostol yma y bydd y prawf tanllyd
a wneir ar waith pob un o'r adeiladwyr hyn yn
nydd Crist yn gyfryw fel y llosgir eu hadeilad
y i lludw; "ond efe ei hun a fydd cadwedig, eto
felly megys trwy dân." Caiff efe ei hun ei gadw,
am ei fod ar sylfaen dda, ond fe gyll ei holl
waith, ac fe gyll ei wobr am byth. Cofiwch hyn,
mai colled yn mhob ystyr ydyw i ddyn golli ei
afael ar yr athrawiaeth sydd yn ol duwioldeb,
a cholled a effeithia ar ei dragwyddoldeb ar ei
hyd—colli ei wobr. Nid wyf yn dweyd, sylwch.
y gall darn o wirionedd gadw dyn, na, rhaid
cael y sylfaen yn gyflawn, ond gall dynion adeil-
adu â darnau o wirionedd, a hyny er eu colled.

Pan yr oedd yr Apostol Ioan yn byw yn
Ephesus, lle yr oedd dau lanw meddyliol yr oes-
oedd hyny yn dyfod i wrthdarawiad, sef llanw
meddyliol Asia, â llanw meddyliol Ewrop, tyb-
iai ei fod yn canfod yn y gwrthdarawiad hwn
Anghrist yn codi ei ben, ac yn dechreu cymeryd
ffurf. Dyma yr hyn a eilw Ioan yn "ysbryd y

cyfeiliorni." Erbyn hyn y mae yr ysbryd hwn wedı casglu corff mor gryf iddo ei hun, fel y gellir dweyd fod yn ein hoes ni ddwy Gristionogaeth, sef Cristionogaeth Crist a'r Apostolion, a Christionogaeth yr oes hon. Nid yw y ddiweddaf ond math o dyfiant o eiddo yr oes hon yn benaf, a gelwir ei seiliau fel y canlyn: Cristionogaeth ar sail Gwyddoreg—Cristionogaeth ar sail Athroniaeth—Cristionogaeth ar sail Moeseg—Cristionogaeth ar sail Dynofyddiaeth—Cristionogaeth ar sail Cydetifeddiad (*socialism*) Y mae pob un o'r rhai hyn yn adeiladu gyda darn o wirionedd, yr hwn sydd yn cyfeirio at ryw egwyddor bwysig mewn Cristionogaeth. Nid ydym i edrych arnynt fel ysgol o feddylwyr, a phob un yn sefyll ar ei phen ei hun, ond yn hytrach gellir edrych arnynt fel rhaff pum cainc, wedi ei chordeddu yn nghyd, yr hon sydd yn cyraedd o'r nefoedd i'r ddaear, a miloedd o ddynion brwdfrydig yn ymaflyd yn ei phen isaf, ac yn bygwth tynu y nefoedd i lawr i'r ddaear; dıuostwng y goruwchnaturiol, a daearoli yr ysbrydol. Tra y mae Cristionogaeth yn ddigon cang a chyffredinol i gymeryd i mewn ac i gynwys ynddi ei hun yr holl linellau hyn o feddwl;

hyny yw, y mae yn perthyn iddi ei hochr wydd-
onol, athronyddol, foesol, dynofyddol (humanitar-
ian) a chymdeithasol, eto y mae yn annhraeth-
ol fwy na hwy oll yn nghyd, am ei bod yn grei-
ydd ddwyfol, ddadguddiedig, oruwchnaturiol
ac ysbrydol Anmhosibl yw diosg Cristionog-
aeth o'r nodweddau uchel hyn heb roddi bod i
Gristionogaeth newydd, yn yr hon y sicrheir
y gall y dyn anianol dderbyn y pethau sydd o
Ysbryd Duw. Ac fel y dywedwyd, wrth ddylyn
un, neu yr oll o'r pum llinell o feddwl a nodais,
yr ydym yn nghanol math o Gristionogaeth new-
ydd, yr hon sydd yn gynyrch yr oes hon; eto yn
proffesu ei bod yn adeiladu ar y sylfaen a osod-
wyd gan Dduw. Gadewch i ni sylwi yn fanyl-
ach ar ddwy o'r llinellau hyn, sef yr amcan i syl-
faenu Cristionogaeth ar sylfaen wyddonol ac
athronyddol.

I. Yr amcan i sylfaenu Cristionogaeth ar sail
wyddoregol.

Gyda golwg ar berthynas gwyddoreg a Christ-
ionogaeth, yn enwedig o dan y syniad o ddad-
blygiad, rhaid i bob meddyliwr ag sydd wedi talu
sylw dyladwy i'r pwnc gydnabod, nad ydyw yn
cyffwrdd mewn un modd a'r gwirioneddau mwy-

af hanfodol mewn Cristionogaeth. Ni fedd y pelydr lleiaf o oleuni ar Bersonoliaeth Duw, personoliaeth dyn, nac ar yr athrawiaethau mawrion sydd yn dal cysylltiad a'r rhai hyn, megys y dadguddiad a roddodd Duw i ddyn, anfarwoldeb yr enaid, sefyllfa ddyfodol, ymwybyddiaeth ddynol, cydwybod fel rhan o'r ymwybyddiaeth, rhyddid ewyllys, natur pechod, y waredigaeth oddiwrth bechod, nac ar yr ochr grefyddol i ddyn. Dyma gylch, ie, dyma fyd eang o wirioneddau dwyfol na fedd gwyddoreg agoriad i agor y drws i mewn iddo. Ffydd yn unig sydd yn meddu agoriad sydd yn ffitio i gloion y byd ysbrydol. Fel y mae agoriad cerub yn agor i wres y byd ysbrydol, felly hefyd y mae agoriad ffydd yn agor i mewn i'w holl oleuni ef. Dywed Kant mai prif ddiffyg yr ymresymiad oddiwrth amcan ydyw. ei fod yn cyfeirio at archadeiladydd, ond nid at Greawdwr; gellir dweyd yr un modd am y dull casgliadol (inductive method), yr hwn a ddefnyddir gan wyddoreg, arweinia yr ymchwilydd at ryw fath o achos cyntaf, ond nid yw yn gallu mynegu pa fath achos ydyw. A yw yn berson? A yw yn Dduw personol? Nid oes yma atebiad. Ar ol teithio

yn flinedig trwy wastadeddau, cymoedd, a rhwng
holltau y mynyddoedd, i ddylyn ffrwd yr effaith
i gyfeiriad y ffynon, neu yr achos, yno gadewir
ni ar finion y byd materol, ac heb agoriad yn ein
llaw i fyned uros y trothwy i deml y byd ysbryd-
ol. Galwch, os mynwch chwi, yr Achos hwn yn
iaith yr oes, "Yr Anwybodadwy," yr "Hollol,"
yr "Anolrheiniadwy," yr hwn nid yw yn dal un
math o gysylltiad deallol â dyn. Adeilada
Agnosticiaeth ein hoes ei chyfundrefn ar Natur
ac nid ar Dduw personol, a chyhoedda yn hyf
nad yw yn derbyn un math o ddysgeidiaeth na
thystiolaeth ond yr hon a brofir yn ol y "scien-
tific method." Yn awr, gan nad ellir profi Crist-
ionogaeth yn ol y dull hwn, rhaid ei gwrthod fel
dadguddiad oddiwrth Dduw, a'i bwrw dros y
bwrdd i'r mor.

Fel y sylwyd, arf gweithiol y gwyddonydd yd-
yw y dull casgliadol, neu fel y gelwir ef yn fyn-
ych yn bresenol, y dull casgliadol gwyddoregol
(inductive scientific method). Nid ydyw y dull
hwn o ymresymu yn golygu dim mwy na'ch bod
yn dylyn y ffrwd at ei ffynon; dylyn yr effaith
gweledig at yr achos anweledig Dyma y dull
o ymresymu a ddylynwyd gan Aristotle wrth

chwilio am wirioneddau a ffeithiau anianyddol
rhyw dri chant o flynyddoedd cyn Crist; a dyma
y dull a ddefnyddiodd Lord Bacon gyda'i ath-
roniaeth   Dyma hefyd y dull a ddefnyddid gan
ysgrifenwyr y Beibl ganoedd o flynyddoedd cyn
i'r naill na'r llall o'r athronwyr hyn ddechreu an-
adlu. "Oni chlyw yr hwn a blanodd y glust?
Oni wel yr hwn a luniodd y llygad?" medd y
Salmydd. Dyma y dull casgliadol   Yr wyf yn
addef yn rhwydd, fel y rhaid i bob meddwl an-
mhleidiol wneyd, fod gwyddonwyr wedi cyf-
lawni gwaith mawr a da—gwaith ag y mae duw-
inyddiaeth ac esboniadaeth Feiblaidd yn eu man-
tais, trwy y dull hwn. Ond y mae yn derbyn
cam ar law ei gyfeillion; ei ladd yn nhy ei gar-
edigion, trwy gael ei orfodi i fyned dros ei der-
fynau priodol. Haerir yn fynych nad ellir cyr-
aedd sicrwydd gyda dim ond yn ol y dull casgl-
iadol, a gorfodir ef trwy drais i fyned dros droth-
wy y gweledig a'r materol i archwilio yr anwel-
edig a'r ysbryaol Un peth yw derbyn a chroes-
awu ffrwyth llafur dirfawr gwyddoreg mewn
Natur, peth arall ydyw cymwyso y dull casgliad-
ol a gwyddoregol at y goruwchnaturiol. Eng-
raifft dda o'r ymgais hwn ydyw llyfr y Prof.

Drummond, "Natural Law in the Spiritual World," yr hwn a ymddangosodd dros amser fel seren wib yn ffurfafen llenyddiaeth yr oes, ond y mae yntau erbyn hyn wedi cyraedd y ddaear. Yr wyf yn awyddus i nodi allan rai o brif derfynau y dull gwyddoregol pan y cymwysir ef at Gristionogaeth, ac yn mha le y mae ei ddiffyg.

1. Y mae terfynau y dull casgliadol o ymresymu yn rhy gyfyng i'w gymwyso at Gristionogaeth, yr hon sydd yn sylfaenedig ar ddadguddiad uniongyrchol oddiwrth Dduw.

Gall yr ymchwiliad i Natur, yn ol y dull casgliadol, ddadguddio sefydlogrwydd deddfau a chyd-berthynas egnion naturiol, ond nis gall esgyn yn uwch, am y rheswm ei fod wedi cyraedd hyd ei derfynau eithaf Os yw gwyddoreg yn sylfaenedig ar ffeithiau naturiol, y mae Cristionogaeth yn sylfaenedig ar ffeithiau dadguddiad, y rhai sydd mor sicr a phenodol a'r lleill Os gall gwyddoreg ein cynysgaeddu ag un math o sicrwydd, gall Cristionogaeth ein cynysgaeddu a math arall o sicrwydd—sicrwydd uwch, yr hwn sydd yn sylfaenedig ar ddadguddiad o Dduw personol. Os mynwch gyfyngu Cristionogaeth o fewn terfynau y dull gwyddoregol hwn, rhaid

i chwi foddloni ar ddwyn yr hon sydd yn rhydd,
fel y dywed Paul am y Jerusalem uchod, i gaeth-
iwed, profi yr ysbrydol wrth y naturiol; a'i dwyn
yn ddarostyngedig i'r naturiol, a bwrw allan bob
peth gwyrthiol fel ynfydrwydd ofergoelus. Ni
byddai hyn yn ddim amgen nag ymgais i gyi-
yngu y mor i wely yr afonydd, y nefoedd i gylch
y ddaear, a rhwymo adenydd archangylion, a'u
gorfodi i rodio ar hyd y mynyddoedd fel y tru-
einiaid a ysgymunid yn yr hen oesoedd gan yr
Eglwys Babaidd. Yr unig ffordd i Gristionog-
ion i ymgadw rhag cael eu cipio ymaith gan
ddylanwad y syniad poblogaidd mai trwy y
"scientific method" yn unig y gellir cyraedd tir
sicrwydd, ydyw iddynt gadw mewn cof eu bod
yn cyfyngu eu hunain i un ffurf neillduol o ath-
roniaeth, ac o fewn terfynau un dull o ymchwil-
iad ag sydd yn rhy gyfyng i gynwys nac i egluro
yr ochr ysbrydol, hyd yn nod i ddyn. Cydna-
byddid y terfynau hyn gan Aristotle a Bacon.*
Pa fodd y gellir cyraedd gwybodaeth mewn tir-
iogaeth ag y mae gwyddoreg wedi ei thyngedu

---

*Not only fantastical philosophy but heretical religion spring
from the absurd mixture of matters divine and human. It is,
therefore, most wise to render unto faith the things that are of
faith's —Bacon's Novum Organum, Bk 1. lxx

yn dragwyddol fod yr "Anwybodadwy?" Ni raid i ni wrth lygad profrwyd i weled y bydd yr Agnosticiaeth hon wedi cyraedd pen ei thaith cyn hir.

2. Y diffyg arall sydd yn perthyn i'r dull casglaaol gwyddoregol ydyw ei fod yn syrthio yn fyr i egluro yr ysbrydol a'r gwyrthiol.

Pan yr amcenir cymwyso egwyddorion a deddfau y byd naturiol at y byd ysbrydol, yr yd- ym yn colli ein gafael ar yr ysbrydol. Y rhes- wm am hyn ydyw fod egwyddorion a nerthoedd y byd ysbrydol yn hollol wahanol o ran *math* i ddeddfau ac egnion Natur. Nid ydynt yn tarddu o'r un ffynonell. Tra y mae egnion Natur yn tarddu oddiwrth y materol, y mae y rhai ysbryd- ol yn tarddu oddiwrth Berson. Gall gwyddoreg sefyll o flaen cysegr Duw a dyn, archwilio def- nyddiau y wahanlen, ond nis gall fyned i sanct- eiddiolaf Duw na dyn, nis gall archwilio y Myfi —yr Ego—yr hwn sydd tu ol i'r llen; y pur o galon, ac nid y clir ei olwg, sydd yn gweled Duw mewn Natur.

Dichon fy mod wedi dweyd digon i argyhoeddi eich meddwl fod y dull gwyddoregol yn rhy gyf-

19

yng i'w gymwyso at bethau ysbrydol. Yr ydym
yn clywed rhai yn dweyd yn hyf, mae yn wir, fod
y syniad am Dduw iddynt hwy yn fwy gogon-
eddus, fel un y cario ei waith yn mlaen heb ym-
yryd â threfn reolaidd Natur, a bod Cristionog-
aeth yn ymddangos iddynt hwy yn fwy derbyn-
iol, wedi alltudio o honi yr elfen wyrthiol, am ei
bod yn fwy cydffurf â gwaith Duw yn y gread-
igaeth, a gelwir y rhai hyny sydd yn credu yn
wahanol yn ddallbleidwyr cyfyng eu meddyliau.
Ond ar ba ochr, dybygwch chwi, y mae mwyaf o
gulni? Pa un ai yr Agnosticiaid, y rhai sydd yn
byw megys ar ynys fechan yn nghanol y mor,
ac yn dweyd nad ydynt yn gwybod dim am y
cyfandir eang, y llynoedd a'r afonydd mawrion,
a'r mynyddoedd uchel sydd yn bodoli y tu allan
i'w hynys hwy, ai y rhai sydd yn cymeryd gafael
yn y cyfandiroedd hyn o feddwl, ac yn eu har-
chwilio? Pa un ai ar ochr y rhai sydd yn der-
byn ffeithiau naturiol, yn ogystal a gwirioneddau
ysbrydol a goruwchnaturiol, ai y rhai sydd yn
gwrthod pob gwirionedd ond y rhai a brofir yn
ol y dull gwyddonol? Pwy sydd yn fwyaf ortho-
doxaidd, pa un ai y rhai sydd yn derbyn gwyrth-
iau fel ffeithiau, os yn sylfaenedig ar dystiolaeth

ddiameuol, ai y rhai sydd yn gwrthod yr elfen or-
uwchnaturiol yn hollol am ei bod yn taro yn er-
byn eu gwyddoreg hwy? Wrth wrando ar am-
ddiffynwyr y "Dduwinyddiaeth Newydd" yn llef-
aru, "yr hon sydd yn fwy rhesymol," meddir, "ac
yn fwy cydffurf a'r meddwl diweddar," gallech
dybied, ac y mae llawer yn tybied, ei bod mor
eang a'r gwirionedd ei hun. Yr ameuwr o
ddwyfol ysbrydoliaeth ein Beibl, ac o'r elfen
wyrthiol mewn Cristionogaeth, ydyw yr *hero*;
hwn ydyw y meddyliwr annibynol, hwn a gan-
molir am ei feiddgarwch yn tori allan o'r culni
duwinyddol. Yn yr oes hon, ac o dan ddylan-
wad efengyl yr oes, y mae yr heretic a'r orthodox
wedi newid lle Gynt, yr heretic a gondemnid,
ond efe yw yr arwr yn bresenol, tra y mae yr
orthodox yn disgyn ar ei liniau, fel Stephan, o
dan gawod o geryg Yn awr, pa beth ydyw cyf-
eiriad a dylanwad y dduwinyddiaeth newydd
hon, neu "yr hen ffydd ar ffurf newydd?" Hyn
Ail foldio athrawiaeth y Drindod; gwrthod cen-
edliad gwyrthiol Crist o Mair; gwadu fod corff
naturiol yr Iesu wedi adgyfodi, dylasem gael
mwy o oleuni ar ei esgyniad i'r nef; nid yw y
rhagfynegiadau am ei ddyfodiad i farnu y byw

a'r meirw, yn ddim ond ffigyrau dwyreiniol am yr hyn sydd yn cymeryd lle yn barhaus; n/d ellir credu yn yr Ysbryd Glan fel y Trydydd Person yn y Drindod. Dyma i chwi rai o fynegiadau y dduwinyddiaeth newydd, yr hon a lunir yn ol y dull casgliadol a gwyddoregol, a'r hon o dan ymddangosiad o Gristionogaeth, sydd yn gwadu ei hegwyddorion a'i ffeithiau mwyaf hanfodol. Os ydych am eangder, dyfnder, lled a hyd, daliwch eich gafael yn Nghristionogaeth y Testament Newydd. Dyma y grefydd sydd yn cyfarfod a'ch angenion moesol ac ysbrydol. Gall gwyddoreg eich porthi a'ch dilladu, a goleuo y greadigaeth o'ch blaen hyd at y seren bellaf yn yr eangder, ond Cristionogaeth, fel crefydd ddwyfol, all ddiwreiddio elfenau y farwolaeth foesol sydd yn eich natur, eich sancteiddio ar ddelw Duw, ac agor byd o anfarwoldeb goleu a dedwydd o'ch blaen.

Ond gadewch i ni wasgu yn nes at wraidd y pwnc hwn, a sylwi

II. Ar ba sail y gellir cyraedd sicrwyad am Gristionogaeth fel crefydd oruwchnaturiol?

Os nad ellir cyraedd sicrwydd ar dir gwyddoreg, a ellir cyraedd sicrwydd ar ryw dir arall?

Y mae y cwestiwn hwn yn ein dwyn wyneb yn wyneb a dull arall o gyraedd sicrwydd, a hyny am bethau dwyfol a gwyrthiol, sef ar sail tystiolaeth. Pe buasai Cristionogaeth yn ddim ond cyfundrefn o athroniaeth, gallasech, fel Kant, Hegel, &c., ei nyddu allan o'ch meddyliau eich hunain, ac wedi ei gorphen, ei hamddiffyn trwy gyfres o ddadleuon poethion yn erbyn ymosodiadau awdwyr cyfundraethau athronyddol eraill; ac ni buasai miliynau o feibion dynion yn gofalu o gwbl pa un ai chwi ai eich gwrthwynebwyr a enillodd y ddadl. Oblegid iddynt hwy y mae dadleuon athronyddol yn fwy diystyr na churiadau cleddyfau y rhai a chwareuant mewn ffugfrwydr. Pe buasai Cristionogaeth yn wyddoreg, gallasech gyraedd tir sicrwydd trwy gasglu ffeithiau, ac yma, yn ol y dull casgliadol, ddarganfod yr egwyddor, neu y ddeddf, yr hon sydd yn llywodraethu y ffeithiau hyny. Ond nid athroniaetth, nid gwyddoreg, ydyw Cristionogaeth, ond *newydd*. Tybiwch fod dau ddyn wedi glanio yn y ddinas hon o Gymru, y rhai a dystiolaethant fod hen ewythr i chwi wedi marw yn y wlad hono, ac wedi gadael etifeddiaeth i chwi yn ei ewyllys. Yr ydych yn credu eu tystiolaeth, ac

yn cychwyn dros y mor i Gymru, ac yn ol tyst-
iolaeth y dynion yr ydych yn cael gafael ar ei ew-
yllys, yr hon sydd wedi ei llawnodi gan yr hen
wr ei hun, a chan dystion   Yr ydych yn galw yr
hyn a glywsoch gan y ddau ddyn·yn newydd, a
thrwy ymchwiliad chwi a gawsoch fod y newydd
yn gorphwys ar ffaith hanesyddol   Wel, dyna
yw yr efengyl, newydd; newydd da, mae yn wir,
o lawenydd mawr fod Ceidwad wedi ei eni yn
ninas Dafydd. A oes sicrwydd am wirionedd y
newydd hwn? A oes sail ddigonol dros gredu
fod Ceidwad i'r colledig? Nid all fod un cwest-
iwn pwysicach na hwn. Newydd yw hwn o beth
wedi ei fwriadu y tu allan i'n gwybodaeth ni,
nad allasem o dan unrhyw amgylchiad gael gaf-
ael ynddo; nid allasem trwy nerth ein deall a'n
rheswm ei gasglu. Pwy allasai gasglu yn mlaen
llaw y buasai yr ymgnawdoliad yn cymeryd lle?
Pwy fuasai yn dychymygu y buasai Tragwyddol
Fab Duw mewn cnawd yn marw dros ei eiynion?
Gwirioneddau yw y rhai hyn sydd yn gorphwys
ar sail tystiolaeth. Y Beibl, a'r Beibl yn unig,
fel dadguddiad oddiwrth Dduw, sydd yn tyst-
iolaethu am hyn. Ar dystiolaeth y Beibl y gor-
phwys Cristionogaeth am ei phrawf, yr hwn sydd

wedi ei lefaru gan ddynion sanctaidd Duw, megys y cynyrfwyd hwy gan yr Ysbryd Glan.

Meddyliwch am y prawfion allanol a mewnol sydd genym o ddwyfoldeb y Beibl. Nid allaf yn awr fyned i mewn i neillduolion y prawfion allanol na mewnol—y prawfion sydd yn sylfaenedig ar natur cynwysiad y Beibl fel gwirionedd dadguddiedig, y rhai nad allesid eu cyraedd ond yn unig trwy ddadguddiad, yn nghyd a thystiolaeth y Beibl am ei ysbrydoliaeth ei hun; a'r prawfion mewnol, y rhai sydd yn mhrofiad miliynau o gredinwyr, fod y Beibl yn "Air Duw," yn ' Dystiolaeth Iesu Grist," ac nadoes un broffwydoliaeth o "ddeonghad priod, ond dynion sanctaidd Duw a lefarasant megys y cynyrfwyd hwy gan yr Ysbryd Glan." Fel hyn, y mae Cristionogaeth yn gorphwys am ei sicrwydd, nid ar yr inductive scientific method, ond ar dystiolaeth Duw ei hun.

A yw adgyfodiad yr Arglwydd Iesu yn ffaith? Os ydyw, y mae yn ffaith anesbonadwy yn ol y berthynas sydd rhwng rhagflaenydd a chanlyniad, neu ddeddf achos ac effaith; nis geilir ei phrofi yn ol yr inductive method. Ffaith yw yr adgyfodiad sydd yn sylfaenedig ar dystiolaeth

ymddiriedol. Ac y mae y prawf a ydyw Crist-
ionogaeth yn grefydd oruwchnaturiol yn gor-
phwys ar ffaith yr adgyfodiad o'r bedd newydd
Iachawdwriaeth i ddynion colledig ydyw Crist-
ionogaeth, ac y mae y Beibl yn dadguddio cyn-
llun yr iachawdwriaeth hon. "Nid oes enw ar-
all wedi ei osod yn mysg dynion trwy yr hwn y
mae yn rhaid i ni fod yn gadwedig." Gellwch
fod yn feddianol ar ryw fath o grefydd, gellwch
gredu yn Nuw heb fod yn Gristion. N·d oes
neb yn Gristion ond yr hwn sydd yn "credu yn
Nuw Dad holl gyfoethog, Creawdwr nef a aaear,
ac yn ei Fab ef Iesu Grist." Gellwch g·leddu
syniadau gwahanol am natur pechod, natur ffydd
gyfiawnhaol, sancteiddhad, y gosbedigaeth dra-
gwyddol, ond nis gellwch fod yn Gristion heb
gredu yn ymgnawdoliad Mab Duw Y Duw-
ddyn ydyw pen conglfaen teml Cristionogaeth.
"Sylfaen arall nis gall neb ei gosod, ond yr hon
a osodwyd, sef Iesu Grist." "Nid oes iachawd-
wriaeth yn neb arall, nac enw arall wedi ei osod
yn mysg dynion trwy yr hwn y mae yn rhaid i
ni fod yn gadwedig." Yn hwn yn unig y mae
Duw yn cymodi y byd ag ef ei hun, heb gyfrif
iddynt eu pechodau. "Yr ydych yn credu yn

Nuw," meddai yr Iesu wrth ei ddysgyblion pan ar eu gadael, "credwch ynof finau hefyd." Wel, y mae credu yn ymgnawdoliad Crist yn sefyll neu yn syrthio gydag athrawiaeth fawr ei adgyf-odiad ef. Os nad ellir profi fod Crist wedi cyfodi o feirw, "Bwytawn ac yfwn, a byddwn lawen, canys yfory marw ydym " Tyner i lawr holl eg-lwysi cred; a bydded y ddaear yn aflunaidd; "es-tyner arni linyn annhrefn," os Crist ni chyfodwyd o feirw. Ond os ydyw ei adgyfodiad ef yn ffaith hanesyddol brofedig a diameuol, y mae Cristion-ogaeth yn gorphwys ar wyrth yr ymgnawdoliad, yn yr hon y codwyd mater y greadigaeth wedi ei sancteiddio i undeb â'r Duwdod yn Mherson y Mab, a gwyrth yr ymgnawdoliad yn cael ei chad-arnhau gan wyrth yr adgyfodiad. Pa ddyben i chwi ddadleu yn nghylch posibilrwydd gwyrth, os ydych yn credu yn adgyfodiad Crist. Y mae gwyrth fawr yr adgyfodiad yn cadarnhau posibil-rwydd pob gwyrth a gyflawnwyd erioed.

Nid yw yn angenrheidiol i mi heddyw eich ad-goffa am gadernid y prawfion, ar y rhai y gor-phwys adgyfodiad Crist, ond gallaf ddweyd cy-maint a hyn, nad oedd yn beth naturiol i'r medd-wl dynol ei dderbyn heb y dystiolaeth fwyaf di-

ameuol o'i phlaid. Pe buasech chwi yn dweyd
wrthyf fod y dyn a gladdwyd yr wythnos ddiw-
eddaf, yr hwn a fu farw o fewn ychydig latheni
i'r eglwys hon, wedi adgyfodi, ac wedi ymddang-
os yn fyw, yn mhen tri diwrnod, i'w frodyr yn eu
cyfarfod eglwysig, ni buaswn yn eich credu.
Gwn y buaswn yn syrthio i gyflwr meddyliol
Thomas pan y clywodd y newydd fod Crist yn
fyw Buaswn yn barod i ddweyd, "Ni chredaf
hyn oni chaf ei weled ef ei hun, a gweled rhai o
nodau ei frwydr olaf ag angeu yn ei goiff ef."
Yr wyf yn tybied mai hyn fuasai eich cyflwr
meddyliol chwithau—ameuwyr. Na, nid prawf-
ion cyffredin, ond rhai anghyffredin ac eithriad-
ol o gryfion, a allasent argyhoeddi meddyliau ci
ddysgyblion ei fod ef yn fyw Nis gallasai dim
llai na'i weled ef ei hun, gweled yn ei ddwylaw ôl
yr hoelion, clywed ei lais, cymdeithasu a bwyta
gydag ef, a allasai eu hargyhoeddi ei fod ef yn
fyw. Y mae yn haws i ni gredu yn ei adgyfod-
iad nag ydoedd i'r dysgyblion, oblegid dau res-
wm. Yn gyntaf, yr ydym ni yn gweled mai nid
adgyfodiad dyn cyffredin, fel mab y weddw o
Nain, neu Lazarus o Bethania, ydoedd ei adgyf-
odiad ef, ond adgyfodiad dyn anghyffredin, dyn

eithriadol, un yn sefyll ar ei ben ei hun yn mysg meibion dyn. Dyn ag ydoedd yn sefyll yn y berthynas agosaf â holl hanesiaeth yr eglwys Iuddewig, yn ganolbwynt ac yn feddwl ei holl hanes o'r dechreuad; a phan y bu hwn farw, yr oedd proffwydoliaethau—y proffwydoliaethau a gerddasant o'r blaen, yn llyfrau cysegredig y genedl hon, y buasai iddo adgyfodi o feirw y trydydd dydd. Nid oedd ei ddysgyblion, dim cymaint ag un o honynt, yn deall effaith hon, "Canys hyd yn hyn ni wyddent yr ysgrythyr fod yn rhaid iddo gyfodi o feirw." Tystiolaeth eu synwyrau yn unig a'u hargyhoeddodd ei fod ef wedi adgyfodi. Yr ail reswm dros i ni gredu yn ei adgyfodiad ydyw y ffaith o fodolaeth yr eglwys Gristionogol yn y byd er's tua dwy fil o flynyddoedd. Os Crist ni chyfodwyd, y mae y ffaith fwyaf pwysig yn hanes y byd yn anesbon·iadwy, ac yn sylfaenedig ar y tywod, ac nid ar y graig. Ond er i ystormydd o ymosodiadau, corwyntoedd rhesymoliaeth, gwlawogydd a drychinoedd anffyddiaeth, a holl ddylanwadau gelynol drygau y greadigaeth yn eu hundeb a'u gilydd, ruthro ar y sylfaen hon, y mae yn parhau yn ansigledig. "Y mae cadarn sail Duw yn sefyll." Gorphwys Cristionogaeth am ei phrawf, fel y dywedwyd, ar sail tystiolaeth ddiameuol. Nid yn unig Cristionogaeth ydyw y ffordd feraf, a'r ffordd ddiogelaf i'r nefoedd, ond dyma yr unig ffordd. Cofiwch hyn, nid oes gan y ffordd hon *rival.* Tua blwyddyn yn ol aethym gyda boneddwr o Gymru i swyddfa y railroad, yr hwn oedd yn ymofyn pa un oedd y ffordd feraf a diogelaf i Chicago Wedi iddo fyned i'r swyddfa, ymaflodd mewn dau neu dri o fapiau o'r prif ffyrdd rhwng New York a Chicago, a phob un yn honi mai hi oedd y feraf a'r ddiogelaf i'r teithwyr. Ond am y ffordd i'r bywyd, nid oes gan Gristionogaeth *rival.* Ac y mae hon yn ffordd berffaith ddiogel. Mentrwch arni, anwyl ddynion, a chwi a laniwch yn ninas Duw. Pan yr adeiladwyd yr elevated road yn y ddinas hon, yr oedd gan y dinasyddion ofn teithio arni. Wrth weled hyn penderfynodd cwmni y ffordd newydd, redeg pwysau aruthrol yn ol a blaen drosti, i argyhoeddi y bobl o'i chadernid a'i diogelwch Elevated road i'r nefoedd yw Cristionogaeth, ac y mae eisoes wedi dal holl bwysau athroniaeth resymolaidd Germani, ac ameuaeth Lloegr ac America, ac nid ydyw yn crynu o dan gerbydau ysgafnach evolution yr oes hon. Yr wyf fi wedi penderfynu mentro y ffordd hon am dir y bywyd

---

YR ELFEN FOESOL AC YSBRYDOL YN NGWYRTHIAU YR ARGLWYDD IESU.

Yn wir, yn wir, meddaf i chwi, Yr hwn sydd yn credu ynof fi, y gweithredoedd yr wyf fi yn eu gwneuthur, yntau hefyd a'u gwna, a mwy na'r rhai hyn a wna efe: oblegid yr wyf fi yn myned at fy Nhad.—Ioan 14:12.

Yr enw a roddir yma gan yr Arglwydd Iesu ar ei wyrthiau ydyw "gweithredoedd." Gelwir hwy gan ysgrifenwyr y Testament Newydd dan amryw enwau, megys "arwyddion," "rhyfeddod-au," ac "amryw nerthoedd;" ond gan Iesu Grist ei hun, "gweithredoedd," "Y gweithredoedd yr wyf fi yn eu gwneuthur." Ac yn ei enau ef y mae yr enw hwn ar y gwyrthiau yn dra arwydd-ocaol. Golyga nad oedd yr hyn a ystyrir gan ddynion yn arwyddion, yn rhyfeddodau, yn am-ryw nerthoedd, ac yn wyrthiau goruwchnaturiol, yn ddim ond gweithredoedd perffaith naturiol iddo ef. Tarddant o'i ewyllys ef mor naturiol, rhydd a diymdrech, ag y tardda gweithredoedd dyn o'i ewyllys yntau, a hyny heb ddinystrio trefn reolaidd natur. Gweithredoedd dyn ydyw yr hyn sydd o fewn cylch ei allu i'w cyflawni, a phethau sydd yn naturiol iddo i'w cyflawni. Gweithredoedd Person Dwyfol ydyw yr hyn sydd o fewn cylch ei allu yntau, a phethau hollol naturiol iddo i'w cyflawni Nid gweithredoedd Moses ydoedd y gyfres o ymyriadau goruwch-naturiol a gyflawnwyd gan Dduw trwyddo ef yn yr Aifft, ond gwyrthiau. Yr oeddynt yn gymaint o wyrthiau i Moses ag oeddynt i Pharaoh, am nad oeddynt o fewn cylch ei allu naturiol ef i'w cyflawni. Dyna y gwahaniaeth mawr rhwng Crist a Moses, yn ogystal a phawb arall ag y cyflawnwyd gwyrthiau trwyddynt. Gweithredoedd ydoedd y gwyrthiau iddo ef, y rhai a gyflawnai mor naturiol a rhwydd ag ydyw i ddyn anadlu, a hyny am ei fod, fel y dywed yma, "Yn y Tad, a'r Tad ynddo yntau."

Cyflawnai yr Iesu ei weithredoedd nerthol, fel Achosydd Newydd, yn nghanol cyfundrefn fawr ac ardderchog Natur, a hyny heb droseddu yn erbyn gweithrediadau rheolaidd ei hachosion a'i deddfau A phe buasai eisieu rhoddi darnodiad byr o wyrth, dyna ydyw —Gweithred yn cymeryd lle trwy ymyriad achosydd newydd yn nghyfundrefn Natur, ac nid mewn canlyniad i weithrediad rheolaidd natur ei hun. Gall yr achosydd newydd hwn fod yn ddyn, yn sefyll yn awdurdod Duw, ond yma, y Duw-ddyn ei hun ydyw. Yn sicr, gallwn fforddio gollwng ein gafael bellach o'r hen syniad fod y Duw-ddyn, neu, hyd yn nod dynion sanctaidd Duw, yn tori ac yn atal deddf natur, pan yn cyflawni gwyrthiau. "Ni ddaeth y Person hwn i dori ond i gynawni" pob deddf. Pan yn meddwl, ac yn siarad, am gysondeb ac unffurfiaeth natur, yr ydym mewn perygl i wneyd gwaith Duw yn fath o beiriant, olwynion, cymalau, pinau, a chysylltiadau, yr hwn sydd mor gywrain a manwl, fel pe byddai mewn perygl o gael ei atal, neu ei ddinystrio, gan y cyffyrddiad lleiaf âg ef. Yr ydym o angenrheidrwydd yn credu yn nghysondeb ac unffurfiaeth natur, oblegid y mae a fyno hyn a ffurfiad arferion naturiol a chymeriad moesol dyn. Ond yr ydym yn credu hefyd fod peirianwaith natur mor eang ac annhraethol fawr, fel y gall Achosydd Newydd ymddangos yn nghanol ei olwynion, a rhoddi bod i weithred newydd, a hyny i amcan neillduol, heb aflonyddu am eiliad ar symudiad cyson ac unffurf ei olwynion. Onid yw natur ei hun yn llawn o hyn? Pan y teflwch gareg i fyny, rhaid iddi fyned yn erbyn gallu deddf dysgyrchiad, ond nid ydyw hyny yn tori nac yn atal gweithrediad y ddeddf. Yr unig eglurhad ar hyn ydyw, fod natur yn ddigon eang i gynwys ynddi ei hun achos newydd, yr hwn a genedlir ar y pryd yn ewyllys y dyn sydd yn taflu y gareg, tra y mae gallu dysgyrchiad yn gweithredu mor gryf ag erioed. Yn yr un modd, nid ydyw gwyrth yn droseddiad ar ddeddf natur; ond yn effaith gweithrediad Achosydd Newydd, yn cynyrchu gweithred oruwchnaturiol. Yr oedd gweithredoedd Iesu Grist yn hollol naturiol iddo fel Person Dwyfol, ac er eu bod yn oruwchnaturiol nid oeddynt yn droseddiad ar y naturiol.

Yn awr, dyma y mater sydd gan Iesu Grist yn yr adnodau blaenorol, pan yn ateb dymuniad Phylip. "Dangos i ni y Tad," medd Phylip, 'a digon yw i ni" "Y neb a'm gwelodd i a welodd y Tad," medd yr Iesu, "Credwch fi, fy mod i yn y Tad, a'r Tad ynof finau, ac onide, credwch fi er mwyn y gweithredoedd eu hunain." Yr oedd y gweithredoedd a gyflawnid ganddo ef, nid yn unig yn profi dwyfoldeb ei anfoniad; ond yr oeddynt yn profi ei fod ef yn Dduw, yn wir

Dduw, o wir Dduw. A thrwy grediniaeth ynddo ef yn y cymeriad hwn, galluogid ei ddysgyblion i gyflawni gwyrthiau—gwyrthiau o'r un natur a'r rhai a gyflawnid gan Grist ei hun, a gwyrth-iau mwy o ran natur na'r rhai a gyflawnwyd ganddo ef, "Yn wir, yn wir, meddaf i chwi, yr hwn sydd yn credu ynof fi, y gweithredoedd yr wyf fi yn eu gwneuthur, yntau hefyd a'u gwna, a mwy na'r rhai hyn a wna efe, oblegid yr wyf fi yn myned at fy Nhad " Yr wyf fi yn myned i'r nefoedd i anfon yr Ysbryd Glan i chwi, a thrwy ei ddylanwad ef byddwch chwi, fy nysgyblion, yn foddion yn ei law ef nid yn unig i wneyd gwyrth-iau ar natur, ond i gyflawni gwyrthiau mwy na'r rhai hyn. Byddwch yn foddion i argyhoeddi ac i aileni dynion. Dyma wyrthiau yn y greadig-aeth foesol.

Y mater y gelwir eich sylw ato ydyw nodwedd foesol ac ysbrydol gwyrthiau yr Iesu, yr hon sydd i gael ei chario allan dan ddylanwad yr Ys-bryd Glan, yn ngwaith yr eglwys, ac yn ngwein-idogaeth yr efengyl hyd ddiwedd amser.

I. Sylwn ar nodwedd foesol ac ysbrydol gwyrthiau yr Arglwydd Iesu.

20

Ni chyflawnodd y Gwaredwr gymaint ag un
wyrth nad oedd nodwedd foesol iddi. Amcanion
moesol yn unig oedd yn cyfreithloni eu cyflawn-
iad Nodwn dair elfen neillduol sydd yn dangos
y nodwedd hon a berthyn iddynt.

1. Yr oeddynt yn arddangosiad o dynerwch,
trugaredd, a chydymdeimlad yr Iesu â dyn yn ei
holl anffodion a'i ddyoddefaint.

Nid rhyw chwareuon nwyfus o eiddo gallu
dwyfol yn lluchio i'r golwg yn awr a phryd ar-
all, fel fflachiadau mellt y nefoedd, er creu syn-
dod, ydoedd ei weithredoedd nerthol ef. Gwir
iddo roddi awgrym pan y melldithiodd y ffigys-
bren diffrwyth beth a allasai hollalluowgrwydd
noeth ei wneuthur mewn byd euog. Ond yn ei
wyrthiau yr oedd ei dragwyddol allu ef, mewn
undeb â'r drugaredd fwyaf tyner a dwyfol, yn
estyn ymgeledd, ac yn symud gofidiau dynion.
Y mae gwahaniaeth mawr rhwng gweithrediad-
au trydaniaeth (*electricity*), fel y gweithreda yn ei
gyflwr rhydd a nwyfus mewn natur, a'r hyn yd-
yw pan wedi ei ddarostwng o dan lywodraeth
dyn. Gellir ei weled yn ei gyflwr rhydd a nwyf-
us yn y fellten, yn ymsaethu ac yn ymdoni fel
ruban tanllyd; yn drisglo y coed, yn cipio ym-

aith fywyd anifeilaidd a dynol yn fynych, ac yn
trywanu mynwes y cwmwl tew, nes y clywir ei
1uddfanau yn llenwi yr holl nefoedd, a'1 ddagrau
yn disgyn yn gawodydd breision i'r ddaear; ond
dan law dyn yn swyddfa y telegraph gwasan-
aetha y gallu aruthrol hwn fel angel cymwynas-
gar. Rhed ar hyd y llwybr a drefnwyd iddo,
gyda chyflymdra annirnadwy drwy y dyffryn-
oedd, dros benau y mynyddoedd, a than waelod-
ion y moroedd dyfnion, a chyflwyna feddwl y
naill ddyn 1'r llall. Trwy ei wasanaeth ef cys-
ylltir llys wrth lys, teyrnas wrth deyrnas, gor-
seddfainc wrth orseddfainc. Y mae wedi difodi
pellder. Wel, rhywbeth fel hyn oedd gwyrthiau
y Gwaredwr—ei dragwyddol allu ef—y gallu a
greodd y bydysawd mewn moment, a losgodd
ddinasoedd y gwastadedd yn lludw, a ysgytiodd
Pharaoh a'1 lu yn y Mor Coch, yn rhedeg ar lin-
ynau tyneraf calon Duw mewn cnawd i agor
llygaid deillion, 1 iachau pob math o afiechyd yn
mhlith y bobl, i adgyfodi y meirw, ac 1 gyhoeddi
blwyddyn gymeradwy yr Arglwydd.

Yr ydym wedi arfer dysgwyl am fath o gyd-
gyfartaledd yn yr elfenau a ffurfiant bob cymer-
iad gwir fawr. Os bydd un yn arddangos gallu

meddwl cryf, ond calon fechan, a dynoliaeth fâs, gellwch ei edmygu, ond nid ei garu. Ar y llaw arall, os bydd un yn arddangos calon fawr a chynes, gellwch ei garu, ond nid ei edmygu. Ond am gymeriad gwir fawr, un yn gallu cymeryd gafael ar eich edmygedd a'ch calon, rhaid iddo gysylltu y ddwy hyn yn ei gymeriad, sef mawredd meddyliol a mawredd calon. Ni raid dweyd fod y ddwy elfen yma, sef mawredd gallu —gallu dwyfol a chalon ddynol, wedi eu huno yn ei gymeriad ef, ac yn ymwthio i'r golwg yn ei weithredoedd. Craffwch arno wrth fedd ei gyfaill Lazarus yn gorchymyn iddo ddyfod allan. Pan yr oedd efe yn gorchymyn "Lazarus, tyred allan," nid oedd efe i gyd yn y bedd ar y pryd; ond daeth yno. Daeth ei enaid o daith pedwar diwrnod yn nhragwyddoldeb i undeb â'i gorff ef. Dechreuodd ei galon guro, ei waed redeg, a bywyd gynesu gwadnau ei draed ef, a cheisiai ymrolio allan o'r bedd yn ngwisgoedd marwolaeth. O! 'r fath allu! Pwy yw hwn! Ond pan y mae yn gorchymyn ei adgyfodiad o'r bedd, a ydych yn sylwi ar y dagrau a redant dros ei ruddiau, gan ddisgyn yn berlau gloewon ar ei fynwes, a hyny o gydymdeimlad pur â'r teulu yn

eu helbulon. O'r fath galon dyner¹ "Yr Iesu
a wylodd." Fel y nodwyd, amcan mawr gwyrth-
iau y Duw-ddyn oedd symud ymaith adfyd a
thrueni meddyliol a chorfforol dyn   Ac y mae
am i ni ddeall trwy ei weithredoedd nerthol mai
hyn yw ei amcan heddyw yn yr efengyl. Pan y
tawelodd yr ystorm ar For Galilea, y mae am i
ni ddeall y gall dawelu ystormydd moesol yr en-
aid. Pan y porthodd y miloedd pobl hyny â'r
pum' torth haidd a'r ddau bysgodyn, y mae am i
ni ddeall mai efe yw "Bara y bywyd," a phan yu
adgyfodi y meirw y mae am roddi ar ddeall i ni
mai "Efe yw yr adgyfodiad a'r bywyd." Fel
hyn, chwi a welwch fod ei "weithredoedd ef" yn
arddangosiad o'i drugaredd a'i dynerwch grasol
at ddynion yn eu hadfyd a'u trueni.

2. Yr ail elfen sydd yn dangos nodwedd foesol
ei wyrthiau ydyw ei barchedigaeth ddofn i drefn
Natur, ac i fywyd cyffredin dynion

Pan y caniatai i'w allu goruwchnaturiol weith-
redu o fewn cylch y pethau materol, ac yn llwybr
y bywyd cyffredin, gellwch benderfynu fod yn
hyny ddarlun o'i waith yn nhrefn gras, ac yn y
cylch ysbrydol Yr oedd yn gosod y naturiol dan
deyrnged i'r ysbrydol, hyd yn nod yn ei wyrth-

ıau, fel y maent yn fath o ddamegion i egluro natur teyrnas nefoedd. Nı wyrodd y gradd lleiaf oddiwrth amcan ysbrydol ei wyrthıau. Cymellwyd ef gan Satan i droi y ceryg yn fara; a gofynai yr Iuddew yn barhaus am "arwydd o'r nef." Buasaı cyflawni gwyrth mewn ufudd-dod ı gais y naıll neu y llall, neu pe buasai yn ei chyflawni i foddhau eı gywreınrwydd ei hun yn ei daflu o'r ffordd yn y fan. Y mae pobl yr "arwyddion" a'r rhyfeddodau eto yn myned dan wraidd dylanwad ei eglwys ef.

Heblaw hyn, pa bryd bynag y cyflawnai weithred oruwchnaturiol ı amcan moesol, talai y parch dyfnaf i drefn natur. Nodwn engraifft neu ddwy i ddangos hyn. Pan ballodd y gwin yn y brıodas yn Cana Galılea, "Mam yr Iesu a ddywedodd wrtho ef, nid oes ganddynt mo'r gwin," Yr Iesu a ddywedodd wrthi, "Beth sydd a wnelwyf â thi, wraig? nı ddaeth fy awr i eto." Pa beth a olyga wrth y gair "ni ddaeth fy awr i eto?" Hyn, medd un, nid oedd eu gwin hwy wedi darfod yn hollol. Pan y mae gan y dynol ychydig dan ei law, nid ydyw y dwyfol byth yn dyfod allan. Wedi ı'w gwin hwy ddarfod y dywedodd yr Iesu, "Llenwch y dyfrlestri o ddwfr;" a hwy a'u llan-

wasant hyd yr ymyl. Trowyd ef yn win yn y
fan; ac meddai llywodraethwr y wledd wrth y
priodfab, "Pob dyn a esyd y gwin da yn gyntaf;
ac wedi iddynt yfed yn dda, yna un a fo gwaeth:
tithau a gedwaist y gwin da hyd yr awr hon."
Paham na buasai yr Arglwydd Iesu yn creu y
gwin ar unwaith, yn hytrach na throi y dwfr yn
win? Am fod ei lygaid ar drefn reolaidd natur
pan yn cyflawni y wyrth, a mynai ef dalu gwar-
ogaeth i hono. Trwy drefniad y gallu dwyfol
troir y dwfr yn win bob blwyddyn yn nghorff y
winwydden Neu meddyliwch am wyrth y pum'
torth a'r ddau bysgodyn. "A'r Iesu a gymerth
y torthau, ac wedi iddo ddiolch, efe a'u rhanodd
i'r dysgyblion, a'r dysgyblion i'r rhai oedd yn
eistedd: felly hefyd o'r pysgod gymaint ag a fyn-
asant." Chwyddai y bara yn ei ddwylaw ef, yn
nwylaw y dysgyblion wrth ei gario i'r bobl, ac
yn nwylaw y bobl wrth ei fwyta. Tybiwch eich
bod yn gweled bachgenyn yn eistedd wrth ochr
ei fam ar y glaswellt, a lwmp o'r bara haidd yn ei
law, ac yn dal i fwyta arno, a'r lwmp yn dal ato
yntau; yna yn codi ei lygaid i fyny, gan ddweyd,
"Fy mam, yr wyf wedi cael digon er's meityn."
"Dyro ef i lawr ar y glaswellt yna," meddai y
fam. "A chasglwyd o'r briwfwyd a weddillasid
ddeuddeg basgedaid yn llawn." Dyma fasged

lawn o fwyd i bob un o'r deuddeg i wynebu ar newyn y byd; ac y mae cynwysiad y basgedi mor llawn heddyw ag erioed. Er mai hon ydyw y wyrth a'r wedd fwyaf creadigol arni o holl wyrthiau yr Iesu eto chwi a welwch ddelw trefn natur yn ei gwyneb. Gallasai ef droi y ceryg yn fara i'r bobl, a'r glaswellt yn bysgod, ond yn hytrach na gwneyd hyny, trodd yr ychydig yn llawer. Felly y mae ef wedi arfer porthi y ddynoliaeth o'r dechreuad. Y gronyn sydd yn myned i'r ddaear sydd yn tarddu o honi, peth ar ei ganfed, arall ar ei driugeinfed, ac arall ar ei ddeg-fed ar hugain. Pan yr anfonodd efe Pedr i fwrw bâch i'r mor i gael arian i dalu y dreth, anrhydeddodd ei ddull ef o fyw, a'i gelfi pysgota—oblegi'i drwy bysgota, a dal pysgod, a gwerthu pysgod, yr arferai Pedr enill arian i gynal ei hun, ei deulu, ac i dalu pob treth a degwm. Yn y modd hwn, anrhydeddai yr Iesu drefn natur, drefn cymdeithas, a dull bywoliaeth dynion, mor bell ag yr oedd hyn yn ddichonadwy. Cadwai ei allu goruwchnaturiol o dan y fath warogaeth fel na chaniatai iddo ymddangos un amser pan y gallai y dynol gyflawni y peth. Olew a gafodd y wraig weddw i dalu ei dyled; blawd o flawd, pysgod o bysgod, a manna, fel hâd coriander i Israel yn yr anialwch, hyny yw, gwnaeth y manna mor debyg ag oedd yn ddichonadwy i'r bwyd oedd yn tyfu yn naturiol ar raddfa fechan yn yr amalwch.

Yn awr, oddiwrth y wedd yma ar weithredoedd nerthol yr Iesu, awgrymir i ni ddwy egwyddor foesol bwysig. Yn gyntaf, pan y mae Duw yn achub dyn gwna hyny yn berffaith unol â threfn ei feddwl fel creadur—parcha ei ewyllys, sylfaen ein cyfrifoldeb, trwy ei henill, ac nid ei gorfodi trwy drais. Cewch yr anrhydedd o ufuddhau i ddylanwad dwyfol yn eich iachawdwriaeth. Yr ail egwyddor ydyw, nas gellir dysgwyl i Dduw wneyd y peth allwn ni ei wneyd. Rhaid i chwi gyflawni eich dyledswyddau eich hunain, a chof-iwch, pa bryd bynag y gorchymyn Duw ddyled-swydd arnom, nad oes y fath beth yn bosibl ag anallu i'w chyflawni. Gyda'r gorchymyn rhydd allu i gyflawni yn mhob amgylchiad.

3. Elfen sydd yn dangos amcan moesol gwyrthiau yr Arglwydd Iesu ydyw ffydd.

Ei gwestiwn mawr ef yn wastad ydoedd naill ai i'r dyoddefydd ei hun, neu i'r neb a elai ato yn achos y dyoddefydd, fel y canwriad yn achos ei was yr hwn oedd mewn poen dirfawr, "A wyt ti yn credu?" Paham y gofynai y cwestiwn hwn? Paham yr oedd yn cau pawb i ffydd? Am mai ffydd ydyw yr unig linc sydd yn cysylltu person dyn â Pherson y Gwaredwr. A phan y ffurfid yr undeb hwn rhwng person y gofynydd â Pherson

y Gwaredwr, rhedai ei allu goruwchnaturiol trwy
yr undeb, a chyflawnai y drugaredd ofynedig,
naill ai i'r gofynydd ei hun, neu i'r hwn y gofyn-
ai drosto. Un athrawiaeth bwysig yn nghredo
yr Hindw ydyw, pe gallai ddarostwng y greadig-
aeth elfenol yn ei gorff, ac uno ei enaid â'r ys-
bryd mawr a chyffredinol sydd yn llanw pob
peth, y gallai gyflawni gwyrthiau wrth ei ewyll-
ys. Pe y gallai unwaith gyraedd hyn, creda y
gallai ehedeg trwy yr eangder; bod yn weledig
neu yn anweledig; iachau heintiau, ac adgyfodi
y meirw. Trwy undeb agos rhwng ei ysbryd ef
â'r ysbryd mawr sydd yn llenwi natur oll y dys-
gwyliai wneyd hyn. Nis gallasai yr Iesu gyf-
lawni gwyrthiau, hyny yw, yn unol âg amcan y
prynedigaeth, heb undeb ysbryd dyn trwy ffydd
â'i Berson ef. O herwydd hyn, dywedir nas
gallasai efe wneuthur gwyrthiau yn Nazareth,
oblegid eu hanghrediniaeth hwy. Fel mater o
allu noeth, gallasai osod Nazareth, a'r bryn serth
y tu ôl i'r pentref distadl hwnw, yn frycheuyn ar
wyneb un o'r ser sefydlog, mor rhwydd a rhoddi
llygaid i'r dall. Ond nis gallasai gyflawni gwyrth-
iau yno, yn unol ag amcan mawr ei fywyd a'i
ddyfodiad i'r byd, *heb ffydd* A byddai yn dda
i chwi gofio yr hen wirionedd unwaith eto, nad
all achub un pechadur heb undeb ffydd â'i Ber-
son ef A'r foment y credwch chwi ynddo, bydd'

rhinwedd ei Anfeidrol Iawn yn llifeirio trwy yr undeb, nes cryfhau eich gwendid moesol â dwyfol haeddiant yn oes oesoedd. Credwch ynddo. Os ydych yn awyddus i fod yn y bendefigaeth uwchaf yn yr ymerodraeth ddwyfol, credwch ynddo. "Cred yn unig"—dim ond credu.

Ond heblaw hyn eto, trwy ei wyrthiau yr oedd am i ddynion ddeall nid yn unig y gallasai iachau eu cyrff, a chyflawni eu diffygion naturiol, megys dallineb, byddardod, &c., ond y gallasai faddeu eu pechodau—symud ymaith am byth yr achos o'u holl anffodion corfforol ac ysbrydol. Os gallasai efe sychu y ffrydiau, paham nad allasai sychu y ffynon? Os gallasai ddileu yr effaith, paham nad allasai ddileu yr achos ei hun? Pan y cariwyd mewn gwely y gwr claf o'r parlys ato gan bedwar, yn Capernaum, y gair cyntaf a ddywedodd wrtho oedd, "Ha fab, maddeuwyd i ti dy bechodau." Tarawodd yn gyntaf oll ar ffynon foesol ei holl drallod—"Maddeuwyd i ti dy bechodau " A'r mynyd y dywedodd y gair "Maddeuwyd," yr oedd bywyd naturiol, cryf ac iach, yn cerdded trwy ei gorff gwywedig, nes cario gwywdra y parlys o'i flaen. A welwch chwi mor rhwydd y pletha y fraich, a fu yn wywedig, am y gwely i'w godi ar ei gefn, "Ac a aeth allan yn eu gwydd hwynt oll hyd oni synodd pawb, a gogoneddu Duw." Os nad oedd lle

iddo ddyfod trwy y drws at yr Iesu yn ei wely,
ac os bu raid ei ollwng i'r ty trwy agoriad yn y
tô, yr oedd yno ddigon o le iddo fyned allan trwy
y drws â'i wely ar ei gefn O! yr oedd yn teimlo
yn dda, yn llawn o nerth bywyd, yn rhedeg tua
chartref â'r gwely ar ei gefn. Dyma yr agoriad
i'r hanes,—"A phan welodd yr Iesu eu ffydd
hwynt." Ffydd pwy? Ffydd y pedwar a'u car-
iasant ef at yr Iesu, a ffydd y gwr claf ei hun.
Yr oedd y pedwar dyn wedi myned i edrych am
y gwr claf, ac yn ymddyddan wrth ei wely, "A
glywaist ti," medd un o honynt wrtho, "am y
gwr ieuanc, yr Iesu yna? Y mae hwnw yn gallu
iachau pawb o ba glefyd bynag a fydd arno, a phe
y caet ei weled ef, gwnai tithau yn iach yn y
fan " "O na chawn ei weled ef," meddai y claf.
Ar hyn dyna ryw un yn gwaeddi wrth y drws,
"Y mae yr Iesu newydd ddyfod i mewn i'r dref,
a thyrfa fawr wedi myned ar ei ol ef at dŷ
Simon." Cododd y pedwar yn y fan y gwely ar
eu hysgwyddau, gan ei ddwyn ef at yr Iesu. Yr
oedd y gwr oedd yn ei wely, a'r pedwar oedd o
dan y gwely, yn credu y gwnaethid ef yn iach.
'A phan welodd yr Iesu eu ffydd hwynt, Efe a
ddywedodd wrth y claf o'r parlys, Ha fab madd-
euwyd i ti dy bechodau: cyfod i fyny dy wely a
rhodia." Synodd pawb; a gogoneddu Duw a
wnaethant, gan ddywedyd, "Ni welsom ni er- .

ioed fel hyn," neu fel y mae yn y Cyfieithiad Di-
wygiedig, "We never saw it on this fashion."
Dyma ffasiwn newydd yn Capernaum! Gallwn
ninau ddweyd yn mhellach, pa bryd bynag y
mae undeb ffydd yn cymeryd lle rhwng enaid
pechadur â Pherson yr Iesu, newidia holl ffas-
iwn ei fywyd yn y fan. Daw yr euog condem-
nedig yn ddieuog, daw y marw ysbrydol yn
fyw, daw y gelyn yn fab ac yn etifedd, a'r aflan
yn wynach na'r eira. A ydych chwi yn gweled
y ffasiwn yn newid yn y dyddiau hyn yn hanes
bywyd dynion? Ni cheir gweled hyn heb ffydd
yn Iesu Grist. Pe caem ef i'n plith buan y new-
idiai ffasiwn y pregethu, y gweddio, y canu, a
holl ordinhadau yr eglwys.

Oddiwrth yr egwyddor hon, gwelir hefyd fod
yn bosibl i'r naill ddyn gredu dros y llall, ac i'r
naill dderbyn bendith trwy grediniaeth y llaii
drosto. Credodd y canwriad yn ngallu yr Iesu
dros ei was, a derbyniodd y gwas yr iachad.
Credodd y wraig o Ganaan dros ei merch, ac
iachawyd hi.

II. Sylwn fod yr egwyddor foesol sydd yn
ngwyrthiau y Gwaredwr i gael ei chario allan yn
ngwasanaeth ei eglwys, ac yn ngweinidogaeth
yr efengyl hyd ei ail ymddangosiad ef.

Yr hwn sydd yn credu ynof fi, y gweithredoed
yr wyf fi yn eu gwneuthur, yntau hefyd a'u gwna.

a mwy na'r rhai hyn a wna efe, oblegid yr wyf
fi yn myned at fy Nhad" Y mae yr Iesu wedi
ymddiried i'w eglwys i gario allan egwyddor
foesol ei wyrthiau ef. Y mae ei orchymyn mawr
i'i dysgyblion yn cynwys hyn,—"Iachewch y
cleifion," meddai, "glanhewch y rhai gwahan-
glwyfus, bwriwch allan gythreuliaid, adgyfodwch
y meirw, a phregethwch yr efengyl." Y mae
gwaredigaeth yr efengyl yn waredigaeth gyflawn
i ddynion, nid yn unig oddiwrth effeithiau pech-
od ar yr enaid, ond oddiwrth ei effeithiau ar yr
holl ddyn—gorff ac enaid. Ymlidir y gelyn o'i
holl diriogaethau. Fel hyn, y mae yr efengyl
yn gwellhau dyn yn ysbrydol, ac wrth wneyd hyn
yn ei wellhau yn gymdeithasol a gwladwriaethol.
Nid ydyw y sefydliadau mawrion a gyfodir dan
ddylanwad yr efengyl, i'r deillion, y mudion, y
byddariaid, yr amddifaid a'r hen yn ddim ond
parhad o egwyddor foesol gwyrthiau y Gwared-
wr Ac ni orphwys yr efengyl hyd nes y "rhydd-
heir y creadur yntau hefyd o gaethiwed llygred-
igaeth i ryddid gogoneddus plant Duw. Ac nid
yn unig y creadur, ond ninau hefyd, y rhai sydd
genym flaenffrwyth yr Ysbryd; yr ydym ninau
ein hunain hefyd yn ocheneidio ynom ein hun-
ain, gan ddysgwyl y mabwysiad, sef prynedig-
aeth y corff." Gellwch edrych yn mlaen am y
gobaith gwynfydedig, ac ymddangosiad gogon-

iant y Duw mawr, pan y bydd y corff a'r enaid wedi eu glanhau oddiwrth holl effeithiau pechod.

"A mwy na'r rhai hyn a wna efe, oblegid yr wyf fi yn myned at fy Nhad" Nid mwy mewn nifer, neu helaethach o ran cylch, neu fwy fel arwyddion a feddylir. Dichon fod rhai o'r Apostolion wedi cyflawni mwy o wyrthiau na Christ; ac yn sicr, yr oedd y cylch y cawsant eu cyflawni yn llawer eangach, ond er hyn, nid oeddynt yn fwy fel arwyddion goruwchnaturiol. Y mae y cyfryw gyferbyniad rhwng y gwyrthiau a gyflawnwyd gan Grist â'r rhai a gyflawnwyd gan y dysgyblion, yn ddyeithr i iaith y Testament Newydd; mwy o ran eu natur a'u heffeithiau ydyw y meddwl, hyny yw, o dan dywalltiad yr Ysbryd Glan, yr hwn ni roddwyd eto. Cyflawnid gwyrthiau ysbrydol trwy aileni dynion. Ac y mae aileni un pechadur yn fwy gwyrth na'r holl wyrthiau a gyflawnwyd erioed ar natur. Nid oedd y gwyrthiau a gyflawnwyd gan Iesu Grist ei hun yn cyraedd yn mhellach na'r byd naturiol. Ond y mae aileni un pechadur y fath wyrth fel y mae yn cyraedd i ganol y byd ysbrydol, ac ar darawiad amrant yn newid perthynas dyn â Duw, ac â'r holl greadigaeth foesol Am y gwyrthiau a gyflawnwyd ar natur, nid oeddynt ond o fyr barhad, oblegid y mae natur yn fwy na'i deddfau, ac yn gallu adferu ei hun yn fuan. Os hollt-

wyd y Mor Coch yn ddau, os ciliodd yr Iorddon-
en yn ei hol, ar ol i Israel fyned trwy y naill, a
chroesi y llall, ymaflai deddf natur yn y dwfr,
gan ei ddwyn i'w drefn reolaidd. Er i'r Iesu
roddi llygad i'r dall, clust i'r byddar, tywyllid y
naill a phylid y llall gan ddeddfau natur. Ac am
a wyddom ni, dygwyd y rhai a adgyfodwyd o
feirw i fro marwolaeth yn ol. Ni chyflawnwyd
cymaint ag un wyrth ar natur sydd wedi aros yn
wyrth. Nid oedd y gwyrthiau a gyflawnwyd ar
natur ond megys ol troed y Duwdod ar draeth-
ydd anian, yr hwn a olchid ymaith gan ym-
dreigliad y don gyntaf. Ond am wyrthiau yr
Ysbryd Glan, gwyrthiau fel yr eiddo dydd y Pen-
tecost, yn aileni dynion, erys y rhai hyn yn
wyrthiau am byth. Peth mawr oedd iachau hen
giefyd etifeddol fel y gwahanglwyf; peth mwy
yw lladd gelyniaeth y galon. Peth mawr oedd
adgyfodi mab ar y ffordd i'r gladdfa, a'i roddi
i'w fam: peth anfeidrol fwy ydyw adgyfodi pech-
adur o fedd pechod. Dyma y wyrth a lanwa eg-
lwysi Cymru â saint, ac a bobloga y nefoedd â
dinasyddion. Pa fodd y gellir cael y gallu nwn
i wneyd gwyrthiau ysbrydol yn y dyddiau hyn?
Y mae yr adnod nesaf yn dweyd, "A pha beth
bynag a ofynoch yn fy enw i, hyny a wnaf; fel y
gogonedder y Tad yn y Mab." Awn ato ef, a
gofynwn hyn yn ei enw.